新能源汽车系列规划教材

汽车底盘系统任务驱动合集

赵振宁　鲁孝飞　主　编

蔡文博　吕志强　副主编

李春明　主　审

電子工業出版社

Publishing House of Electronics Industry

北京・BEIJING

内 容 简 介

《汽车底盘系统任务驱动合集》是《汽车传动系统构造与检修》和《汽车行驶与操纵系统构造与检修》的任务驱动版本，需要配合《汽车传动系统构造与检修》和《汽车行驶与操纵系统构造与检修》两本教材实现理论和实践的练习强化。

本书可作为高职高专学校“汽车检测与维修”、“新能源汽车技术”等汽车专业教材的课上或课下学习的辅助练习手册。

图书在版编目（CIP）数据

汽车底盘系统任务驱动合集 / 赵振宁，鲁孝飞主编. —北京：电子工业出版社，2018.2

ISBN 978-7-121-33137-4

Ⅰ. ①汽… Ⅱ. ①赵… ②鲁… Ⅲ. ①汽车—传动系—构造—高等职业教育—教材②汽车—传动系—车辆修理—高等职业教育—教材③汽车—行驶系—车辆修理—高等职业教育—教材④汽车—操纵系统—车辆修理—高等职业教育—教材 Ⅳ. ①U472.41

中国版本图书馆 CIP 数据核字（2017）第 299422 号

策划编辑：程超群
责任编辑：靳　平
印　　刷：北京盛通印刷股份有限公司
装　　订：北京盛通印刷股份有限公司
出版发行：电子工业出版社
　　　　　北京市海淀区万寿路 173 信箱　邮编　100036
开　　本：787×1 092　1/16　印张：14.25　字数：362 千字
版　　次：2018 年 2 月第 1 版
印　　次：2018 年 12 月第 2 次印刷
定　　价：34.00 元

凡所购买电子工业出版社图书有缺损问题，请向购买书店调换。若书店售缺，请与本社发行部联系，联系及邮购电话：（010）88254888，88258888。

质量投诉请发邮件至 zlts@phei.com.cn，盗版侵权举报请发邮件至 dbqq@phei.com.cn。

本书咨询联系方式：（010）88254577，ccq@phei.com.cn。

前　言

在教学中我们发现以下几个现象：

一是学生在课堂上没有记笔记的习惯了，当然，这与教学中大量采用PPT教学有关，PPT教学中学生是很难记笔记的。教师应少用PPT教学方式，多用边拆边讲的教学方式来吸引学生，将理论和实践融在边拆边讲中，加强过程考核，如能说出、能画出、能操作出等。

二是学生课上和课下没有练习的习惯，教师在这方面是有责任的。职业教育和学历教育有所不同，学历教育老师经常带领学生练习，职业教育在理论上需要加强引导，课上教师强化当时学的内容，课下学生要自己强化当天学习的内容，所以需要理论部分的任务驱动。任务驱动合集的好处是紧贴教材，避免任务的随机性，任务由学生自主根据老师的教学进度来完成，有计划性。学习过程中，任务完成情况有据可查，有积累性。

当然，任务形式也不限于我们的任务驱动合集，采用上交一段视频或用办公软件上交任务也是一种不错的方法，只是这种任务布置通常会过于随机，因为这种任务通常是老师灵感一现后给出的。

三是在实训阶段，教师口头布置任务，不能充分发挥学生自己的能动性，甚至很多学生在实训完成后也不清楚布置的任务是什么。实训中的任务驱动有利于学生明确任务，老师和学生可在完成任务时学习到要学习的内容，老师和学生也容易发现不足。

为了使现代职业教育内容跟上职业教育发展的步伐，我们编写了《汽车底盘系统任务驱动合集》作为《汽车传动系统构造与检修》和《汽车行驶与操纵系统构造与检修》的配套练习，所以本书直接采用《汽车传动系统构造与检修》和《汽车行驶与操作系统构造与检修》中的图及图号。

本书主要由长春汽车工业高等专科学校教师赵振宁组织编写，其中长春汽车工业高等专科学校鲁孝飞老师编写了《汽车传动系统构造与检修》部分的第1章、第2章和第3章，长春汽车工业高等专科学校蔡文博老师编写了《汽车传动系统构造与检修》部分的第6章和第7章，无锡市科元技工学校吕志强老师编写了《汽车行驶与操纵系统构造与检修》部分的第1章和第2章，其余章节由赵振宁编写。全书由长春汽车工业高等专科学校校长李春明教授担任主审，在此对他的工作深表感谢。

本书可作为高等职业院校汽车检测与维修、新能源汽车、汽车制造与装配等所有汽车类专业的练习手册。

编　者

目 录

《汽车传动系统构造与检修》

《汽车行驶与操纵系统构造与检修》

《汽车传动系统构造与检修》

·第1章·

汽车传动系统概述

1. 传动系统的作用

汽车一般是由__________________、_________________、_________________和车身组成，底盘由___________系统、___________系统、___________系统和___________系统四大系统组成，其中传动系统和制动系统是两个较大的系统。

汽车传动系统____的总称，其功用是将____。

2. 传动系统组成

载货汽车及部分乘用车，其底盘一般由________、________、__________（万向节和传动轴）、_________组成，如图 1-1 所示。汽车变速器若采用________________________时，液力变矩器占据________位置，实现________功能，自动变速器实现手动变速器的________功能。对于四轮驱动汽车变速器还要包括___________。

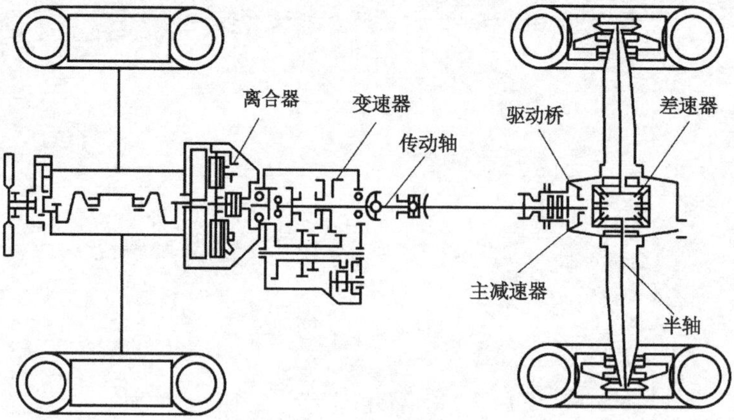

图 1–1　汽车传动系统的组成

传动系统各组成部分的功用如下。

1）离合器作用

____

____

____

____。

2）变速器作用

____

____

____

____。

3）四驱分动器作用

____

____

____

____。

4）万向传动装置作用

____

____

____

____。

5）驱动桥作用

____

____

____

____。

3. 传动系统布置

汽车传动系统布置主要根据发动机与驱动车轮的位置划分为发动机、__________（简称前置前驱，英文简称 FF）、__________（简称前置后驱，英文简称 FR）、__________（简称后置后驱）、__________（英文简称 4WD）驱动等。

发动机前置和后置的优缺点：

____

____

____

____。

前置前驱是国内大多数乘用车采用的布置形式，它再根据发动机布置的方向可以分为发动机横置前驱和纵置前驱两种，分别如图 1-2（a）和图 1-2（b）所示。

1）前置前驱

发动机布置在汽车前部，动力经过__________、__________、__________，最后传到前驱动__________。变速器与驱动桥之间省去了__________，这样就使结构简单紧凑、整车质量小、高速行驶时__________好。

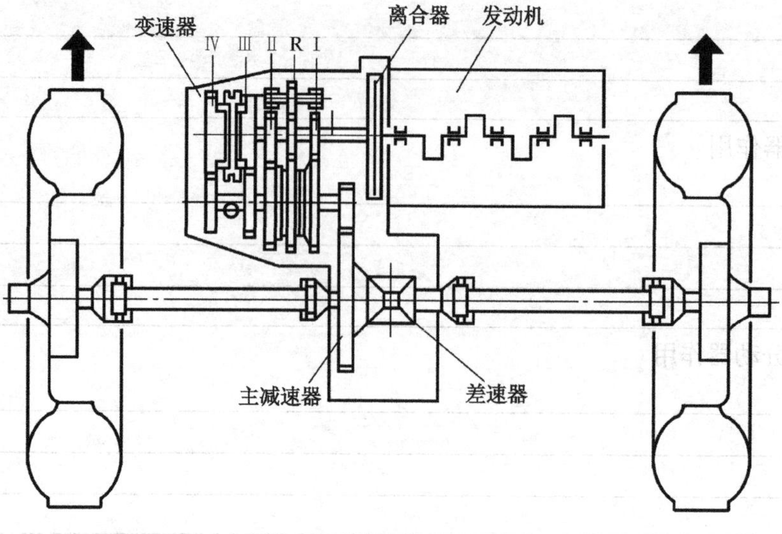

（a）发动机横置前驱示意图

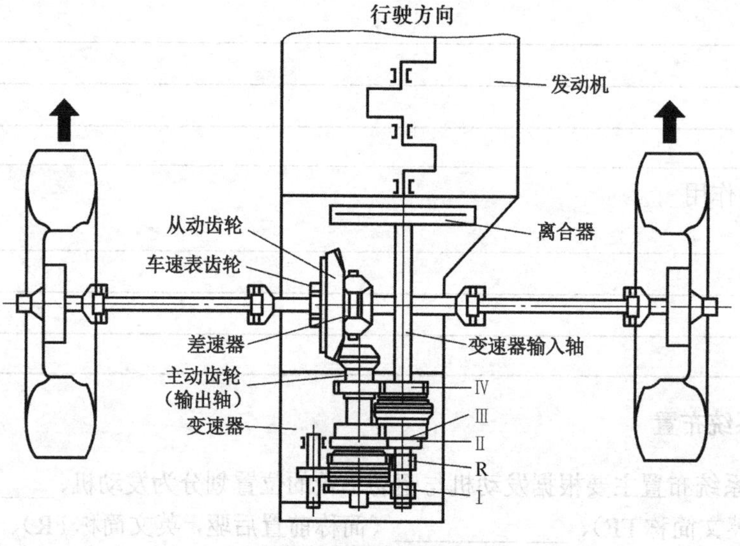

（b）发动机纵置前驱示意图

图 1-2　发动机前置前驱示意图

2）前置后驱

前置后驱是____________、________________和______________的采用形式。发动机布置在汽车前部，动力经过__________、__________、__________、__________，最后传到驱动车轮，使汽车行驶。

3）后置后驱

如图 1-3 所示，发动机布置在汽车后部，动力经过__________、__________、__________、__________、__________，最后传到后驱动车轮，使汽车行驶。这种布置形式便于车身内部的布置，减小发动机传入室内的____________，一般用于____________。

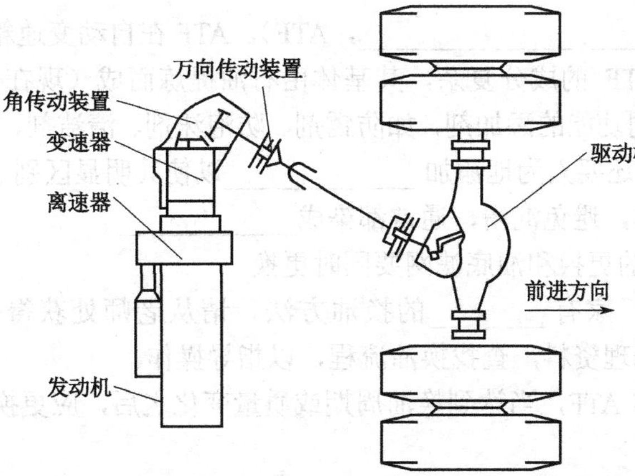

图 1–3 发动机后置后驱示意图

4）四轮驱动

根据图 1-4 所示的四轮驱动示意图，写出四轮驱动的特点：____。

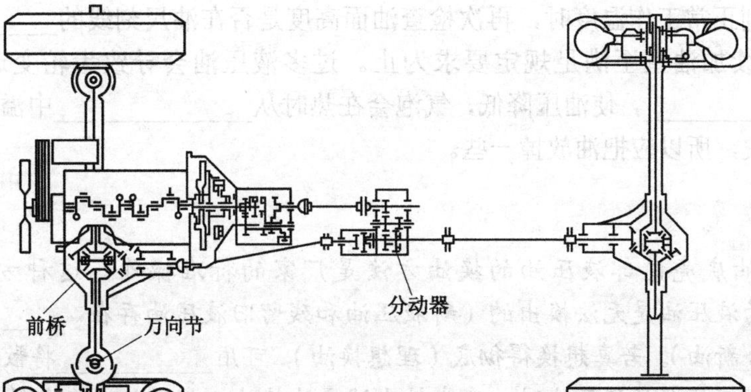

图 1–4 四轮驱动示意图

4. 传动系统维护与保养

1）手动变速器传动系统

实训指导

写出图 1-1 中哪个部位需要润滑，上网查找汽油机机油、变速器齿轮油和驱动桥油的各自特点。

汽油机机油：____。

变速器齿轮油：____。

驱动桥油：____。

目前，汽车上常见的自动变速箱都是基于液压传动原理的，它们的正常工作都依赖于自动变速箱油（______________________，ATF）。ATF在自动变速箱中作为液压介质起到润滑、冷却的作用。ATF 的成分复杂，其基体由石油提炼而成（现在也出现了__________的ATF），再加上各种不同功能的添加剂，如防锈剂、防泡沫剂、清洁剂、抗磨损剂、抗氧化剂、黏稠度调节剂等，此外还要人为地添加____________以使其明显区别于车上使用的其他（主要是发动机机油）液体，避免混淆，通常都染成____________。

2）自动变速器油的更换和油底滤网要同时更换

注意：有些汽车厂家有________的换油方法，请从老师处获得你校车型底盘的原厂________或________修理资料，查找换油流程，以指导操作。

自动变速器油又称ATF，当达到换油周期或质量变化之后，应更换ATF。一般具体操作方法如下。

（1）车辆运行至自动变速器达到正常工作温度____________________后停车熄火。

（2）拆下自动变速器油底壳上的放油螺塞，将油底壳内的液压油放净（带有溢流管的要将溢流管拆下）。

（3）为了更换油底壳内的______________，要拆下油底壳。清洗油底壳时要将油底壳内磁铁上的铁屑清洗干净后放回，因为有的放油螺塞是磁性的。从自动变速器加油口加入规定牌号和数量的液压油。

启动发动机，检查自动变速器油面高度。要注意由于新加入的油液温度较低，油面高度应在油尺刻线的__________附近，如果过低，应继续加油至规定油面高度。行驶至发动机和自动变速器达到正常工作温度时，再次检查油面高度是否在油尺刻线的__________附近，如果过低，应继续加油直至满足规定要求为止。过多液压油会导致齿轮变速机构将油打出__________________，使油压降低，气泡会在热时从______________中溢出，滴在排气管上，易引起火灾，所以应把油放掉一些。

技师指导

上述只换油底壳内部液压油的换油方法是厂家的标准操作，这种方法__________和__________内的液压油是无法换出的（新液压油和残留旧液压油存在________，一般换油就是这样旧油混合新油）。若真想换得彻底（理想换油），可用___________将散热器内的残余液压油吹出。想换变矩器的液压油时，可先按上述方法换油，然后让汽车行驶约________min将变矩器的油导入油底壳后，再次换油。也可采用专用_____________换油，方法是将设备的两根接管串入外部的连接散热器一根油管拆开形成的两根油管上，将新油压注入变速器，同时旧油流出变速器。所以，两根管路中要找那个从散热器回变速器的油管，并将其接上加油机来加注新油。

·第 2 章·

离 合 器

2.1 作用、设计要求和分类

1. 离合器作用

什么是离合器？

____
____。

离合器的设计目的是为了保证____________________，必要时__________动力传递。

2. 设计要求

根据离合器的功用，离合器应满足下列要求。

（1）____。
（2）____。
（3）____。
（4）____。

3. 组成和分类

这里的离合器仅指手动变速器，手动变速器离合器的组成和分类方式如图 2-1 所示。

其中，膜片弹簧式离合器是本书重点，三种操纵机构以机械操纵机构和液压操纵机构为本书重点。

手动变速器离合器的组成和分类

- 压盘总成
  - ________式（轿车和货车）
    - ________
    - ________
  - 中央螺旋弹簧式（少数货车）
  - 螺旋弹簧圆周均布式（货车或农用车）
- 离合器片总成
  - 单片式（轿车、货车和客车）
  - 双片式（重型货车）
- 操纵机构
  - 机械操纵机构（轿车和小型货车，通常配有机械助力）
  - ________机构（轿车和中型客车）
  - ________式操纵机构（重型货车和大型客车）

图 2–1　手动变速器离合器的组成和分类

2.2 膜片弹簧式离合器

1．离合器构造

离合器由__________和__________两部分组成，离合器总成由__________总成和__________总成两部分总成。膜片单片式离合器构造如图 2-3 所示。

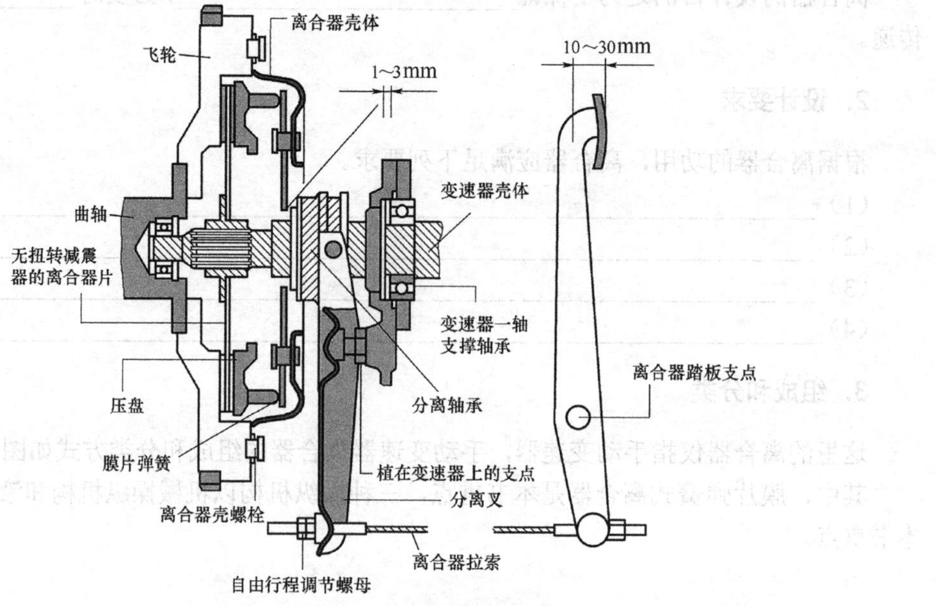

图 2–3　膜片单片式离合器构造

图 2-3 中，__________经离合器拉索至__________称为操纵机构，__________、__________及__________等称为压盘总成。

离合器片又称__________，为从动部分，为变速器一轴输入动力；__________和__________为主动部分，前接发动机曲轴。而从离合器踏板到分离轴承构成离合器的操纵机构。离合器操纵机构大约有__________的放大能力。

【完成任务】离合器压盘总成中的弹簧是为了离合器的“合”还是“离”的作用而设计的？________；操纵机构设计是为了能实现离合器的“合”还是“离”而设计的？__________。

结合离合器分类，把图 2-3 中的膜片弹簧换为中央螺旋弹簧称为__________，把图 2-2 中的膜片弹簧换为圆周均布弹簧后称为__________。

压盘和离合器壳之间的传动片、分离轴承的回位弹簧并没有在图 2-3 中画出来。

2. 离合器工作原理

如图 2-3 所示，离合器的工作原理可从驾驶员不踩离合器踏板、踩下离合器踏板和抬起离合器踏板 3 个动作进行原理说明。

1）不踩离合器踏板

____

____

____。

概念 1： 自由间隙

自由间隙一般为几毫米，这个间隙称为离合器自由间隙，图 2-3 中的自由间隙是________；这个间隙是不能测的，但可通过调节自由间隙来解决驾驶员挂挡打齿的问题。

【完成任务】设计自由间隙的目的是当离合器片磨损变薄后，压盘将向前移动压紧离合器片，膜片弹簧的分离指后移顶靠在分离轴承上，若离合器片再进一步磨损将导致膜片弹簧的分离指靠在分离轴承上，膜片弹簧的分离指向前受力，导致离合器打滑，传递的转矩下降，车辆行驶无力，而且会加速从动盘的磨损。汽车行驶时间越长，这个自由间隙将变大还是变小？__________，所以要调整自由间隙。

如图 2-3 所示，调节自由行程调节螺母后，若中间段离合器拉线变短，则自由行程是增大了还是减小了？__________。

概念 2： 踏板自由行程

为了保持合适的离合器的自由间隙和操纵机构零件的弹性变形所需要的离合器踏板行程称为离合器踏板自由行程。

可以通过调节操纵机构的离合器叉来改变分离拉杆的长度，从而对离合器踏板自由行程进行调整。

【完成任务】是离合器踏板自由行程大还是离合器自由间隙大？__________。

2）踩下离合器踏板

____

____

____。

3）抬起离合器踏板

____

____

____。

3．离合器片总成

扭转减震器的作用：____

____

____。

写出图 2-7 所示的带扭转减震器的从动盘的元件名称。

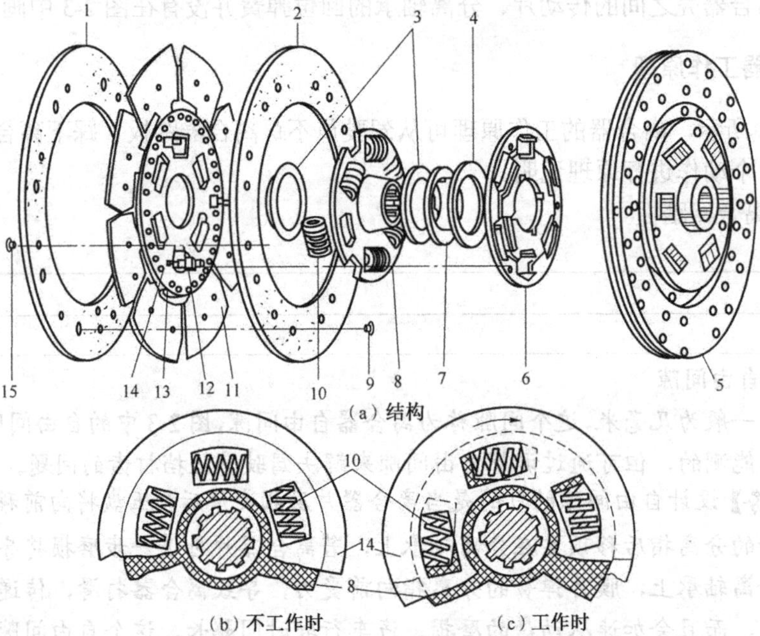

1，2—__________；3—__________；4—__________；5—__________；

6—__________；7—__________；8—__________；9，13，15—__________；

10—__________；11—__________；12—__________；14—__________

图 2–7　带扭转减震器的从动盘

【完成任务】根据图 2-7，写出从动盘主要部件的连接关系。

在图 2-7 中，1 通过__________穿过 11 与 2 连接；5 是否包括 1 ~ 4 和 6 ~ 15？__________；6、8、14 上的 6 个窗口是容纳__________的。

4．压盘总成

【完成任务】在图 2-8 中，在圆周均布弹簧离合器中采用了__________根弹簧，__________个分离杠杆平面调节支点，离合器壳外沿的大孔为离合器壳与飞轮的连接螺栓，数一数有__________个大孔。

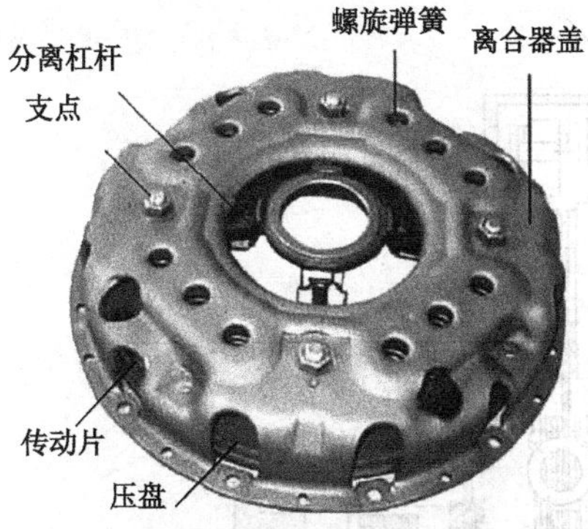

（a）圆周均布弹簧离合器压盘总成

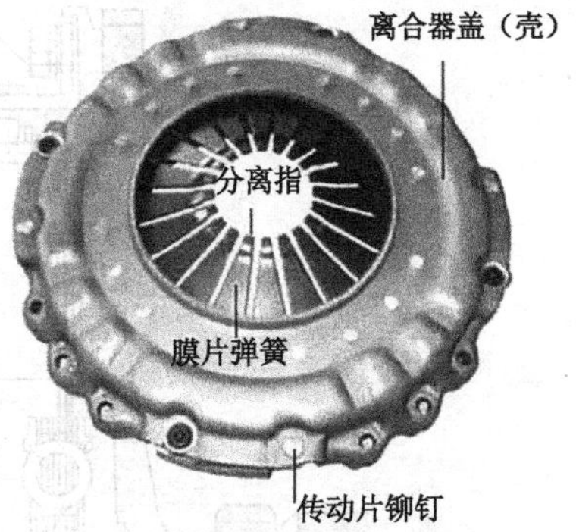

（b）膜片弹簧离合器压盘总成（推式）

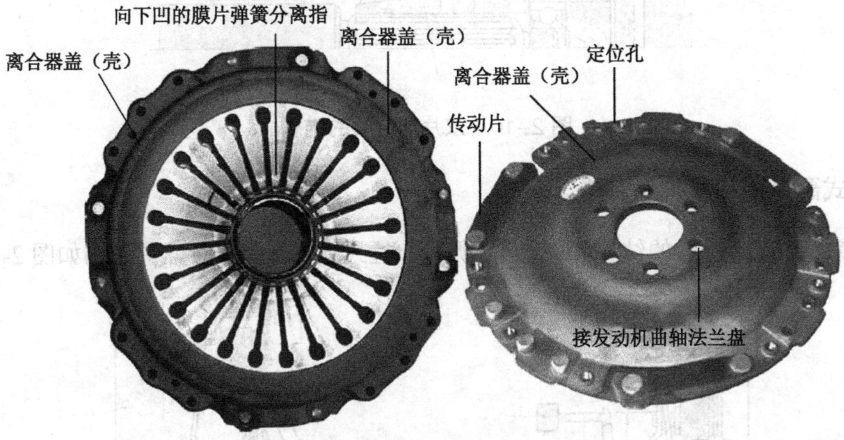

（c）膜片弹簧离合器压盘总成（拉式）

图 2-8　各种压盘总成实物

2.3 双片离合器

离合器按从动盘的数目可以分为____________和____________。乘用车、客车和部分中、小型货车多采用单片离合器，因为发动机的最大转矩一般不是很大，单片从动盘就可以满足动力传递的要求。

1. 双片离合器

双片离合器由于增加了一片从动盘，使得在其他条件不变的情况下，比单片离合器所能传递的转矩增大____________倍，多用于____________货车和____________辆上，其结构如图 2-10 所示。

写出图 2-10 所示的双片离合器的元件名称。

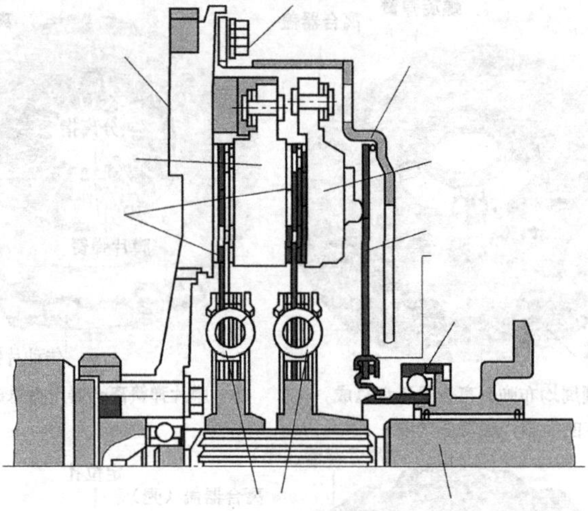

图 2-10　双片离合器的结构

2. 拉式离合器和推式离合器

推式膜片弹簧离合器的结构如图 2-11 所示。拉式膜片弹簧离合器的结构如图 2-12 所示。

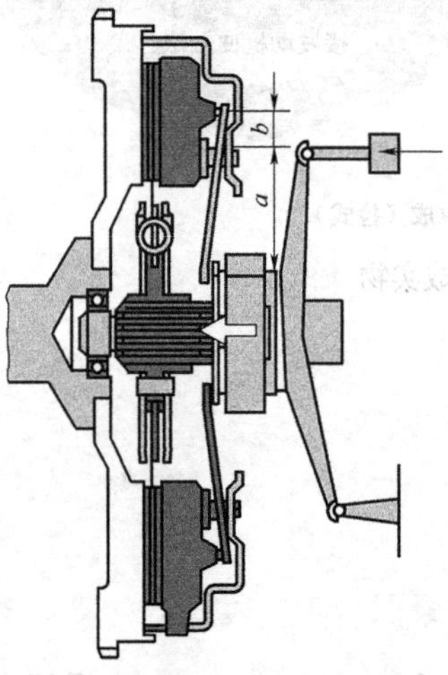

图 2-11　推式膜片弹簧离合器的结构

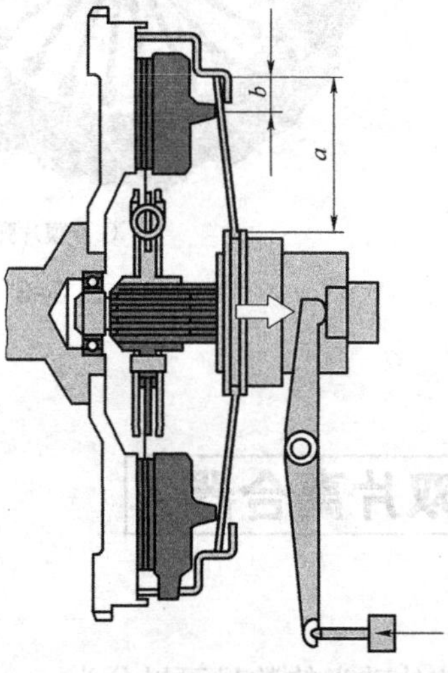

图 2-12　拉式膜片弹簧离合器的结构

什么是推式膜片弹簧离合器？

____

____

____。

什么是拉式膜片弹簧离合器？

____

____

____。

【完成任务】请根据图 2-11、图 2-12 写出杠杆比。

推式膜片弹簧离合器杠杆比：__________；拉式膜片弹簧离合器杠杆比：__________。

4．捷达拉式离合器

写出图 2-13 所示的捷达轿车拉式膜片弹簧离合器的元件名称。

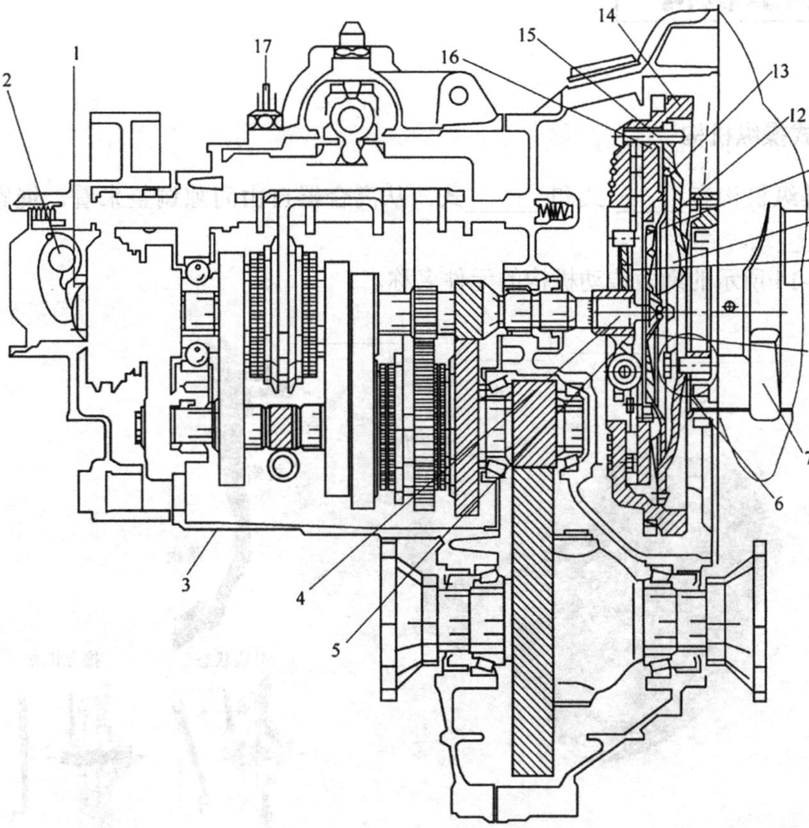

（a）变速器与离合器结构

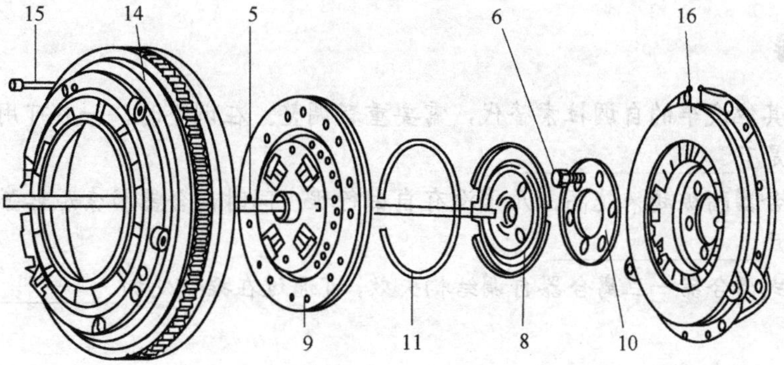

（b）离合器零部件分解图

1—____________；2—____________；3—____________；4—____________；
5—____________；6—____________；7—____________；8—____________；
9—____________；10—____________；11—____________；12—____________；
13—____________；14—____________；15—____________；16—____________；
17—____________

图 2–13　捷达轿车拉式膜片弹簧离合器

2.4 操纵机构

1. 机械式操纵机构

机械式操纵机构有______式和______式。从离合器自由间隙调整来看，绳索式又分为______和______式。

写出图 2-14 所示的绳索传动机构的元件名称。

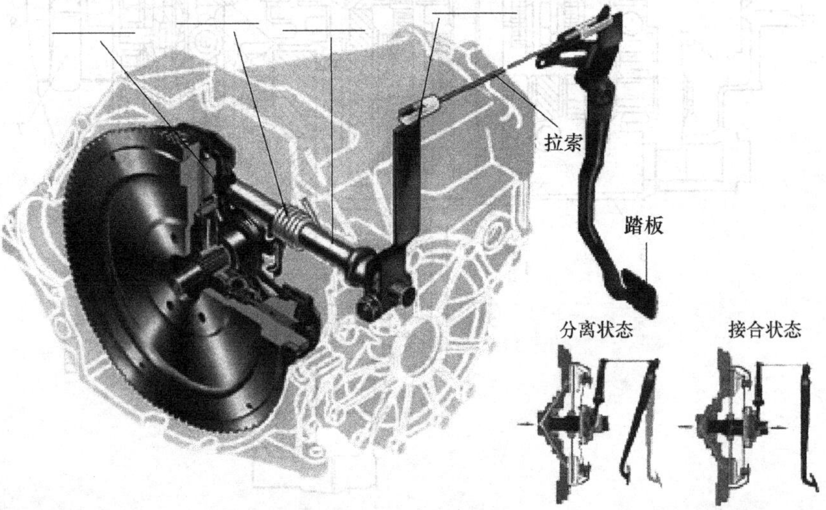

图 2-14　绳索传动机构

技师指导

如果要用其他汽车的自调拉索替代，需要重新调整。在调整时，一般可用倒挡是否打齿来检验离合器是否______________。

若感觉离合器踏板越来越高，几乎没有自由行程，同时离合器拉索原始弧度变得平坦，那说明离合器片______________了，

捷达自调式离合器一旦离合器自调结构失效，可通过在摇臂处加______________以缩短离合行程。

2. 液压式操纵机构的结构

写出图 2-16 液压式操纵机构的元件名称。

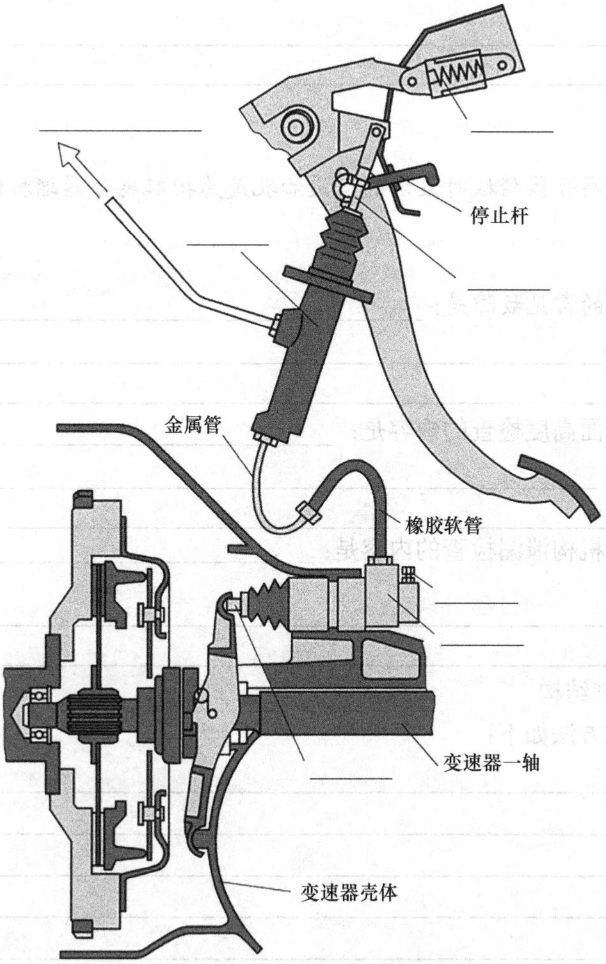

图 2-16 液压式操纵机构

1）离合器主缸的结构（见图 2-17）

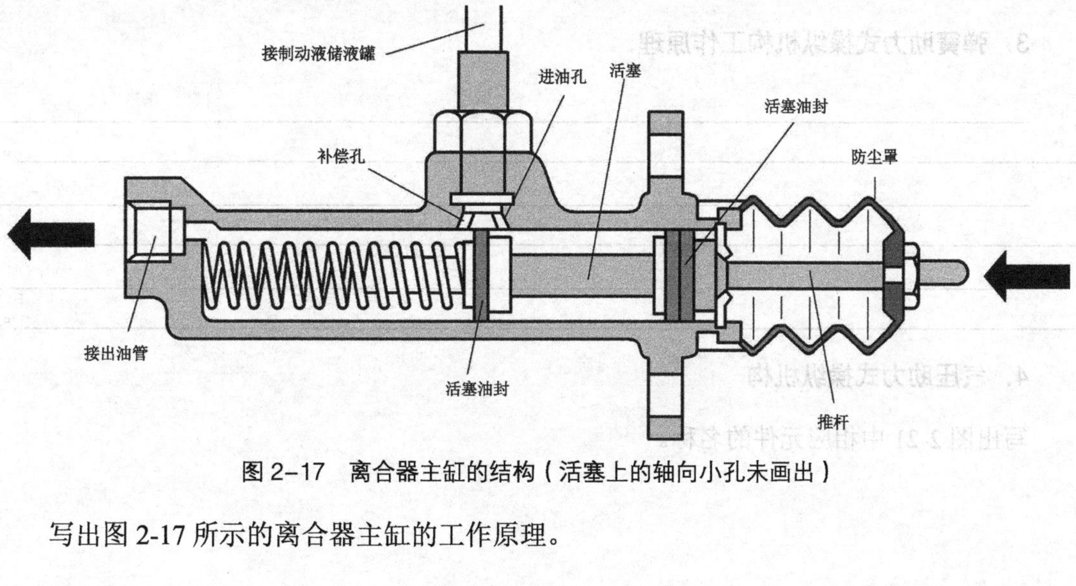

图 2-17 离合器主缸的结构（活塞上的轴向小孔未画出）

写出图 2-17 所示的离合器主缸的工作原理。

____

____。

技师指导

补偿孔是为不踩离合器踏板时设计的，进油孔是为抬起离合器踏板设计的。

技师指导

更换离合器主缸的常见故障是：______________________________

____

____。

离合器储液罐液面高度检查的内容是：____________________________

____

____。

离合器液压操纵机构泄漏检查的内容是：__________________________

____

____。

2）离合器工作缸结构

二人协作法排气方法如下：

____

____

____

____

____

____

____

____。

3．弹簧助力式操纵机构工作原理

____

____。

____

____。

____

____。

4．气压助力式操纵机构

写出图 2-21 中相应元件的名称。

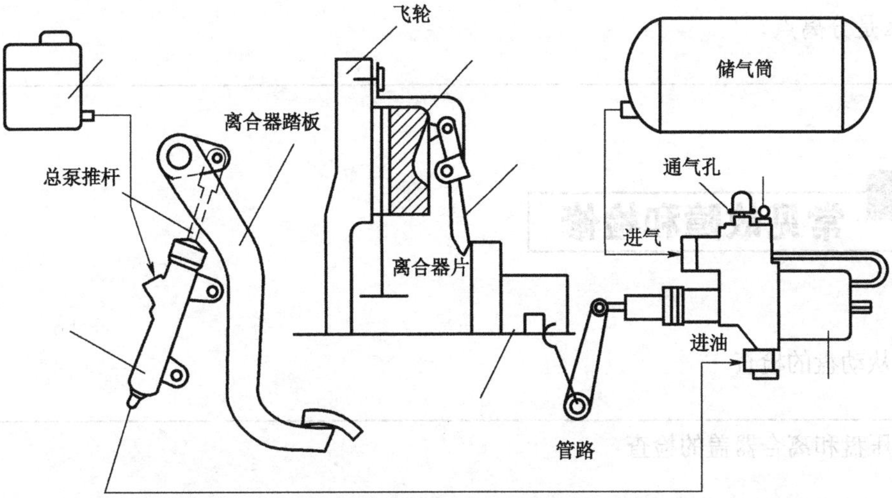

图 2–21 液压操控气压助力式操纵机构（放气螺丝作用是放液压油中空气）

5. 分离轴承和分离叉

写出图 2-22 中相应元件的名称。

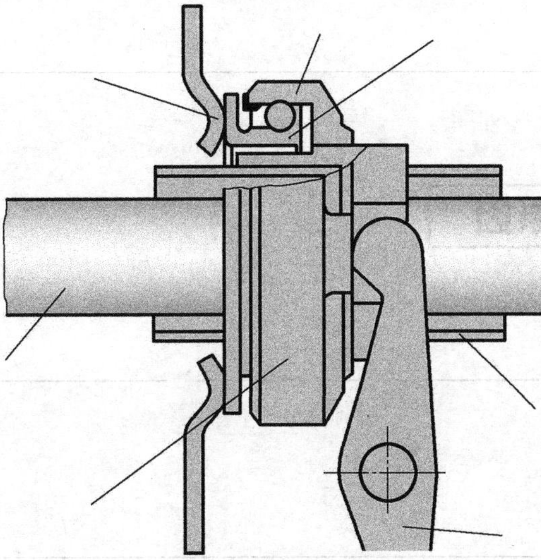

图 2–22 分离轴承的结构

6. 一般检修

1）检查离合器踏板响应性

____。

2）检查离合器踏板高度

____。

3）检查离合器踏板自由行程

____。

4）离合器分离点的检查

什么是分离点？

____。

2.5 常见故障和检修

1．从动盘的检查

____。

2．压盘和离合器盖的检查

____。

3．膜片弹簧的检查

____。

4．分离轴承的检查

____。

5．飞轮的检查

____。

2.6 典型故障原因

离合器的常见故障有____________、____________、____________和____________等。

1．离合器打滑

1）现象

____

____。

2）原因

（1）____。

（2）____。

（3）____。

（4）____。

（5）____。

（6）____。

3）诊断与排除

（1）____。

（2）____。

（3）____。

（4）____。

2. 离合器分离不彻底

1）现象

____。

2）原因

（1）____。

（2）____。

（3）____。

（4）____。

（5）____。

（6）____。

3）诊断与排除

（1）____。

（2）____。

（3）____。

技师指导

当自由间隙调节螺母调到尽头后，仍不能换挡，很可能是膜片弹簧的分离指变软造成的。

3. 起步发抖

1）现象

____

2）原因

（1）____。

（2）____。

（3）____。

（4）____。

（5）____。

（6）____。

（7）____。

3）诊断与排除

（1）____。

（2）____。

（3）____。

（4）____。

4. 离合器异响

1）现象

____

2）原因

（1）____。

（2）____。

（3）____。

（4）____。

（5）____。

（6）____。

3）诊断与排除

（1）____。

（2）____。

（3）____。

·第3章·

手动变速器

3.1 基本知识

1. 变速器的功用

什么是速比或传动比？____。

什么是变速器？____。

变速比和变扭比在纯机械传动中相等吗？____________________________。

换挡杆上能发现什么信息？_____________________________________。

调速器和变速器的区别是什么？___________________________________。

2. 换挡杆

1）前进挡

通常所说变速器几挡是不包括_______的，6 挡变速器速比有 6 个前进_______，多数最高挡为______挡，即速比______1，对于货车最高挡速比可能就是_______，不再设超速挡，6 个速比需要 6 对（或 6 副）齿轮来实现。

2）倒挡 R

R 为________倒挡的英文缩写，发动机的旋转方向从前往后看为顺时针方向（本田车系除外）。为了实现汽车的向后行驶，变速器中设置了_______挡，在结构上增加了____轴。

3）空挡 N

N 为_________空挡的缩写，在发动机________、_______运转、变速器________、汽车_______和_______等情况下，都需要中断发动机的动力传递，因此，变速器中设有空挡。

两轴、三轴变速器换挡手球如图 3-1 所示。

对于重型汽车通常采用_______变速器，变速器由_______变速器和_______变速器两部分构成。四轴变速器手动变速器手柄如图 3-2 所示，当操纵手柄上的按钮在上部时为副变速箱直接输出；当操纵手柄上的按钮在下部时为副变速箱减速输出。

图 3–1　两轴、三轴变速器换挡手球

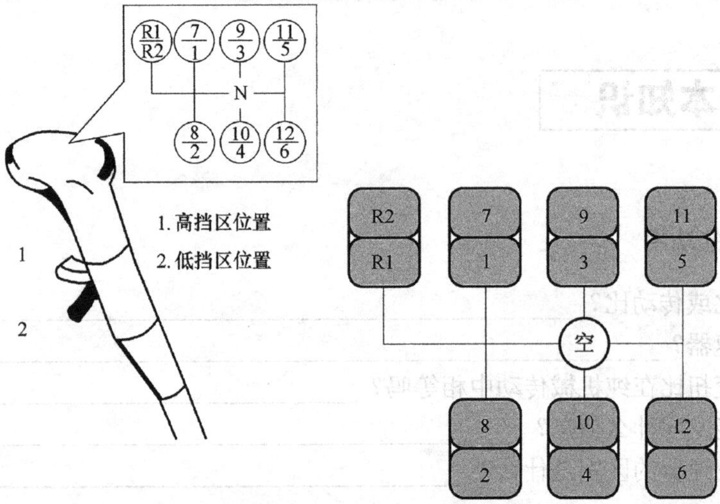

图 3–2　四轴变速器手动变速器手柄

3. 使用变速器的目的

发动机的功率提升主要靠发动机________提升来实现，因为汽车上发动机怠速转矩到最大转矩的变化范围________，这与汽车实际需要大扭矩的行驶状况是不相适应的，对于轿车发动机的转矩要经传动系统放大________至________倍才能驱动汽车（通常变速器 1 挡速比为 4～5，主减速器速比为 5～8）。

汽车之所以能行驶主要靠驱动桥内部的________器，其次才靠变速器。但由于主减速器结构简单，又是个固定的速比，还不用驾驶员去控制，所以它的功劳总被人们忽视。

现代变速器有增大最大传动比，同时减小最小传动比的趋势，这样使变速器变速范围更宽，汽车性能更好，其具体好处有以下两点。

（1）____。

（2）____。

4. 汽车变速器分类

如图 3-3 所示，本分类只针对已商品化且在我国国内有大量分布的变速器。

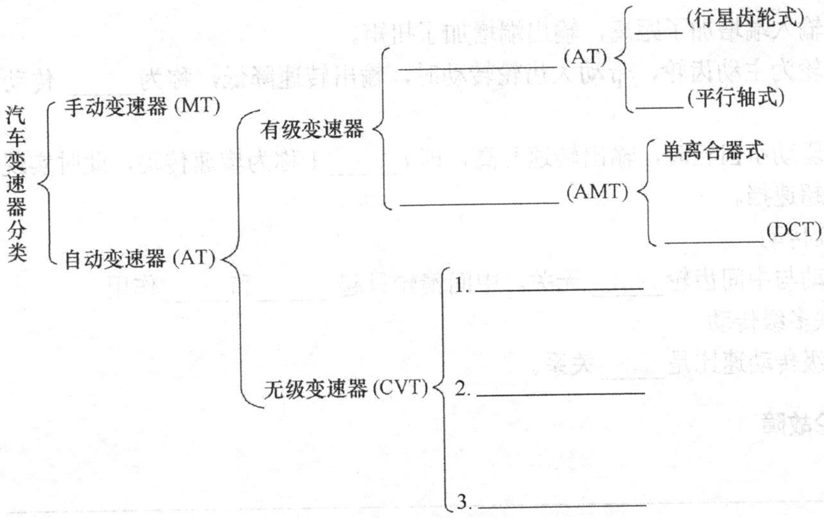

图 3–3　汽车商品化变速器分类

5. 手动变速器分类

手动变速器包括__________机构和__________机构两大部分。齿轮变速机构的主要作用是改变齿轮的__________和__________；操纵机构是在驾驶员的__________控制下实现速比的改变。

手动变速器一般可以按照变速器__________和__________方式进行分类。

1）按变速器轴数分类

齿轮变速机构是变速器的主体，按壳体内轴的数量手动变速器可分为轿车的__________式变速器、货车的__________式变速器、重型货车的__________式（这种变速器也称主、副箱变速器）变速器 3 种。变速器壳体内倒挡轴是不计的。

2）按操纵方式分类

手动变速器按照变速操纵杆（变速杆）和变速器之间位置的不同，可分为________操纵式和__________式两种。

3）按锁止机构布置方式分类

手动变速器的锁止机构布置方式分为__________布置和__________布置两种。直接操纵式变速器大多为拨叉轴布置式，是一种被淘汰的方式；换挡轴布置式更为普遍，远距离操纵式大多为换挡轴布置式。

3.2 齿轮传动

1. 速比

1）速比 i

在纯机械传动中，速比 i 和变扭比 K__________。速比增大，输出速度变慢，扭矩越大，本质上是在输入端增加了距离，输出端增加了扭矩。

当小齿轮为主动齿轮，带动大齿轮转动时，输出转速降低，称为______传动，此时速比 i______1。

大齿轮驱动小齿轮时，输出转速升高，即 i______1 称为增速传动，此时实现升速降扭，为变速器的超速挡。

2）连续传动

连续传动与中间齿轮______无关，中间惰轮只起______和_____作用。

3）串联多级传动

串联多级传动速比是_____关系。

2. 齿轮故障

1）____。
2）____。
3）____。
4）____。
5）____。

3.3 同步器

1. 同步器的功用

同步器的功用是：____。

2. 同步器的构造

目前所采用的同步器几乎都是___________式惯性同步器，按锁止装置不同，可分为_______式惯性同步器和__________式惯性同步器。

3. 工作原理

下面以二挡换三挡为例，说明锁环式惯性同步器的工作原理，如图 3-14 所示。

1）空挡位置

____
____。

2）挂挡

____
____。

3）锁止

____

____。

4）同步啮合

____

____。

3.4 传递路径

1．二轴式

1）发动机纵向布置的二轴式变速器

写出图 3-16 各挡动力传动路径。

1 挡：____。

2 挡：____。

3 挡：____。

4 挡：____。

5 挡：____。

倒挡：____。

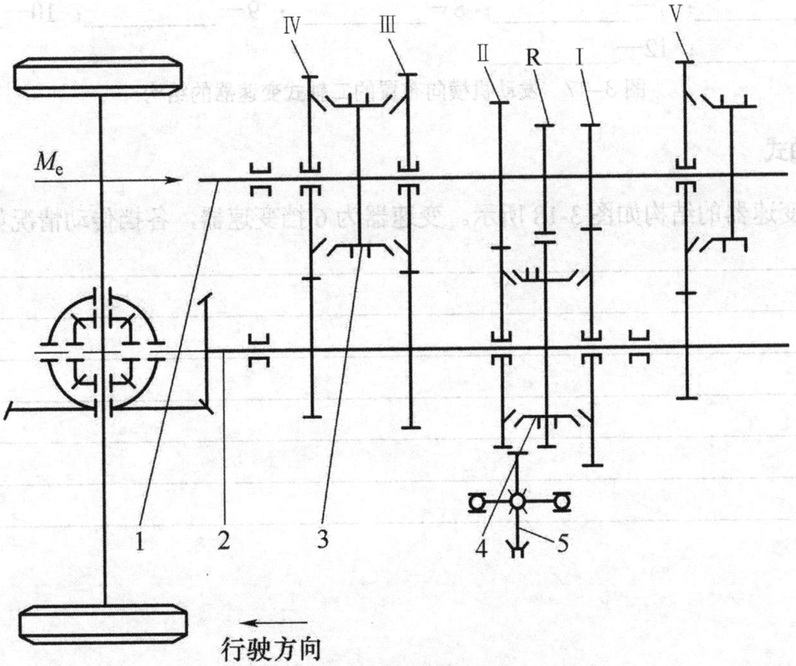

图 3–16　发动机纵向布置前驱的红旗 5 挡变速器示意图

2）发动机横置的二轴式变速器

写出图 3-17 所示的相应元件的名称。

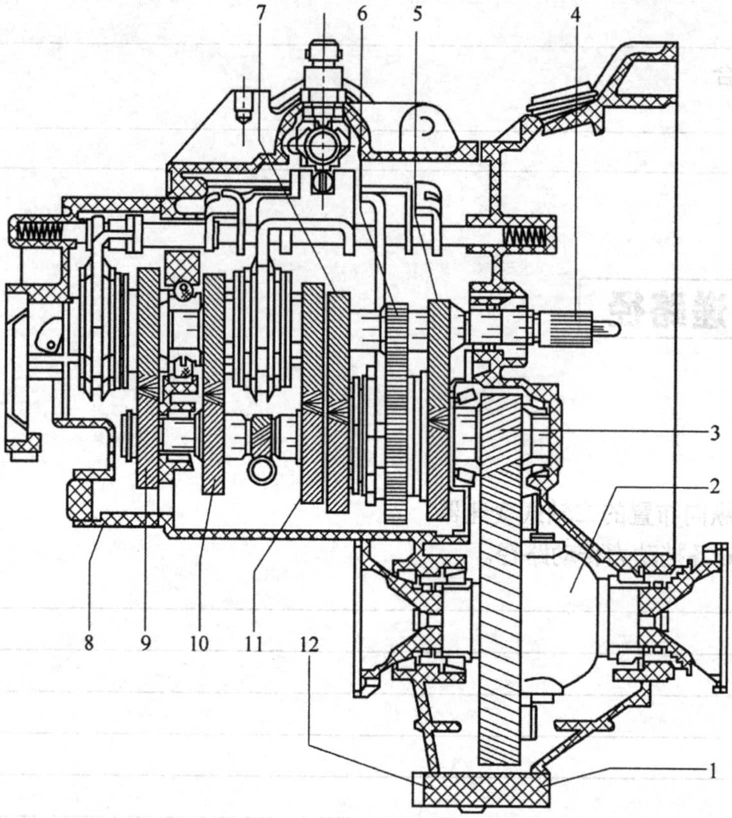

1—__________；2—__________；3—__________；4—__________；5—__________；
6—__________；7—__________；8—__________；9—__________；10—__________；
11—__________；12—__________

图 3–17 发动机横向布置的二轴式变速器的结构

2. 三轴式

三轴式变速器的结构如图 3-18 所示。变速器为 6 挡变速器，各挡传动情况如下。

1 挡：____。
2 挡：____。
3 挡：____。
4 挡：____。
5 挡：____。
6 挡：____。
倒挡：____。

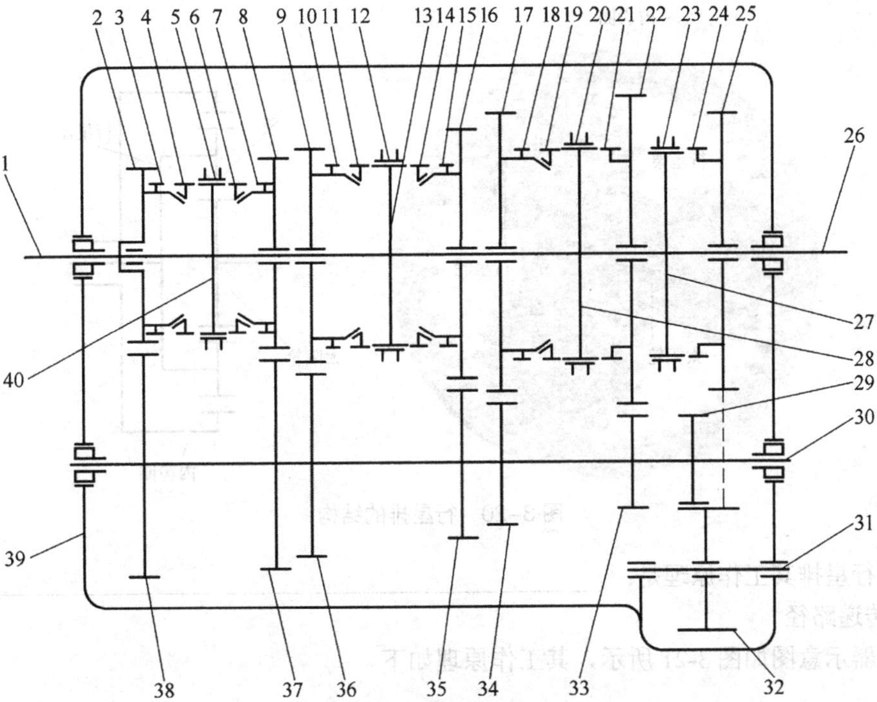

图 3–18 三轴式变速器的结构

3. 四轴式

1）主副箱

重型卡车 16 挡________箱变速器 ZF-ECOSPLIT，是一款有代表性的________AMT 变速器。16 挡主副箱变速器的结构如图 3-19 所示，副箱采用行星排结构，如图 3-20 所示。

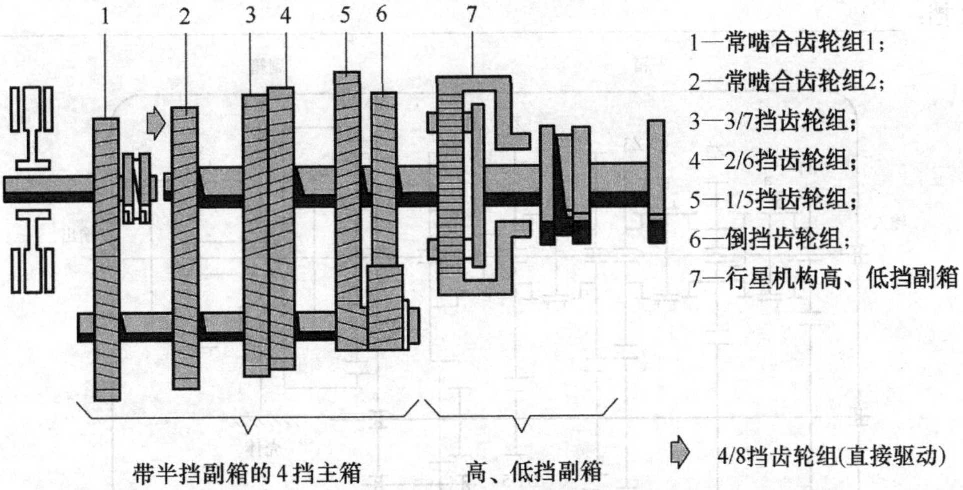

图 3–19 16 挡主副箱变速器的结构

2）副箱行星排

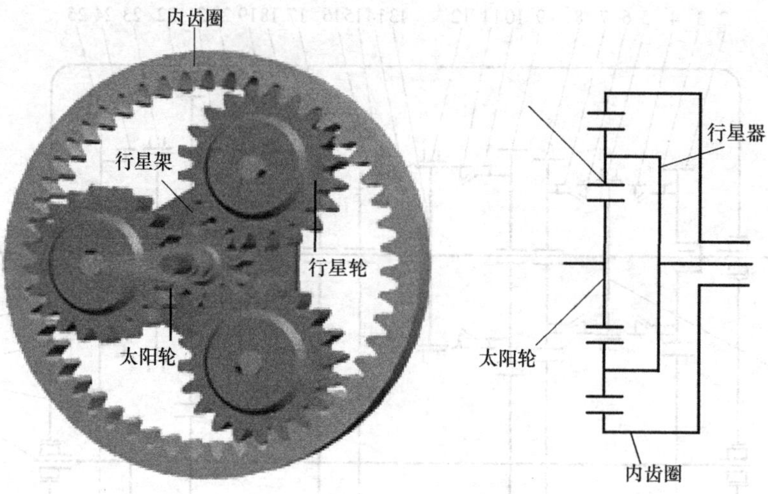

图 3-20　行星排的结构

副箱行星排其工作原理是：____。

3）传递路径

变速器示意图如图 3-21 所示，其工作原理如下。

1 挡：____。

2 挡：____。

3 挡：____。

4 挡：____。

5 挡：____。

6 挡：____。

7 挡：____。

8 挡：____。

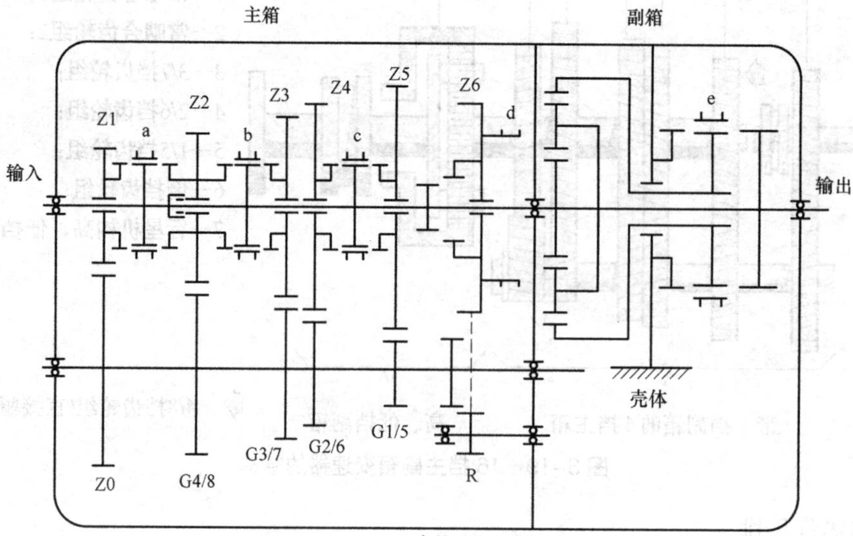

图 3-21　变速器示意图（虚线表示两齿轮之间有啮合关系）

低倒挡：________________________________。

高倒挡：____。

4）双 H 换挡阀的作用

____

____。

3.5 操纵机构

1．拨叉轴布置式

写出图 3-24 所示相应元件的名称。

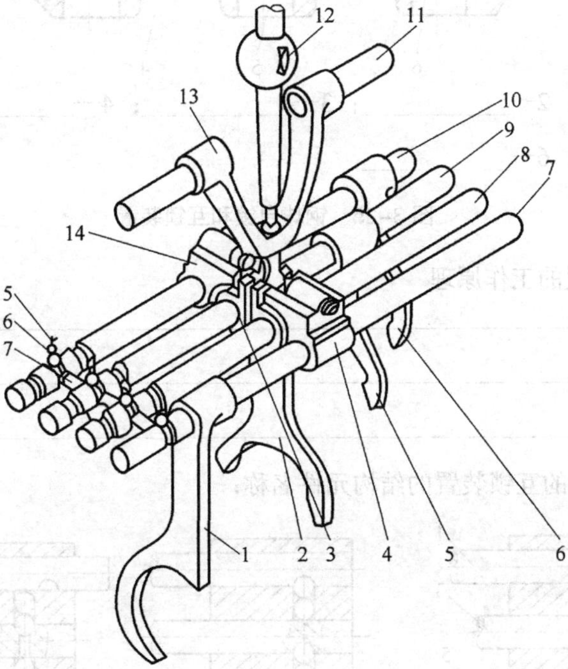

1—____________；2—____________；3—____________；4—____________；5—____________；

6—____________；7—____________；8—____________；9—____________；10—____________；

11—____________；12—____________；13—____________；14—____________；

15—____________；16—____________；17—____________

图 3–24　6 挡变速器直接操纵机构

写出图 3-24 所示的 6 挡变速器直接操纵机构的工作原理。

____

____

____

____。

1）钢球自锁装置的工作原理

____

____

____。

写出图 3-25 所示相应元件的名称。

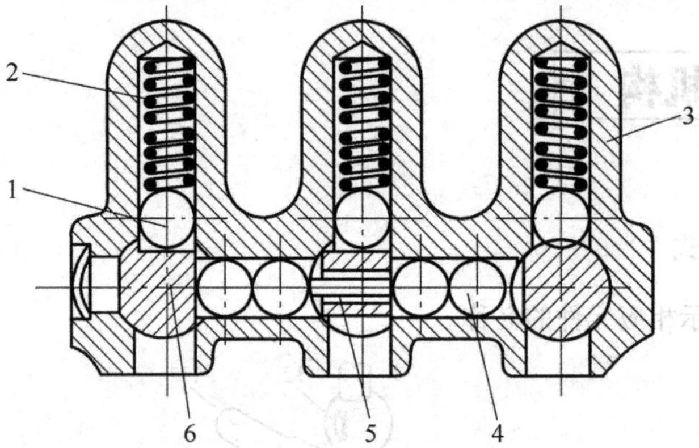

1—__________；2—__________；3—__________；4—__________；

5—__________；6—__________

图 3-25　钢球自锁和互锁装置

2）钢球互锁装置的工作原理

____

____

____。

写出图 3-26 所示的互锁装置的结构元件名称：

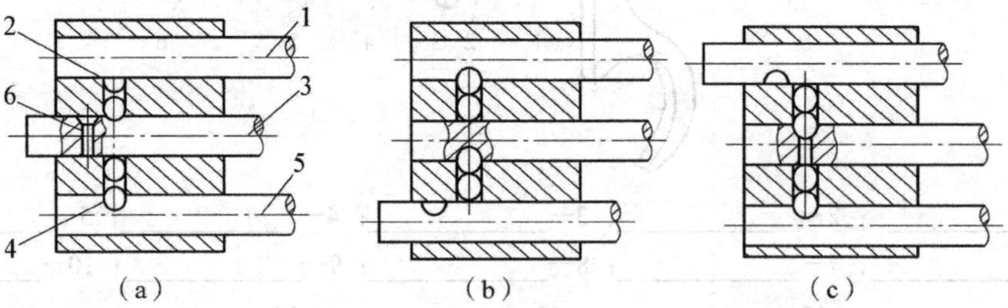

1，3，5—__________；2，4—__________；6—__________。

图 3-26　钢球互锁装置工作示意图

3）倒挡锁装置的工作原理

____

____

__________。

【完成任务】 进行一次直接操纵式换挡机构的自锁、互锁、倒挡锁的拆装。

2. 换挡轴布置式

换挡锁装置的特点是：____
____
____。

3.6 02K 拆装关键点

技师指导

对于变速器____________只要能简单理解和明白就可以了。对于机械总成的____________才是学习的重点，拆装技能和装配技能，特别装配技能中的调整技能才更为重要，这也是技术技能的核心，是学生未来谋生的手段。

变速器拆装学习要点：

掌握变速器元件__________和__________；能正确__________变速器；__________后，通过在__________（有光线要求）、__________试、__________等查找出有故障的变速器元件；正确更换损坏的配件；能正确调整轴承__________度和轴的__________，记住："只要有__________轴承就要注意调松紧度，对于球轴承只检查球轴承__________的损坏，同时只要有轴就要考虑轴的__________"。如果会检修__________和__________，并能进行变速器窜动量调整，那么变速器修理就基本完成 90%，余下的是抬变速器到车上，保证换挡手柄和换挡轴的真实位置__________，最后是__________。

3.7 0A4 变速器拆装关键点

3.8 手动变速器检修

【完成任务】本节内容请在拆装操作中一并完成。

1. 检查同步器锁环

（1）目测检查同步器锁环：______________________________。
（2）测量同步器锁环与齿轮之间的间隙：______________________。
（3）检查同步器锁环运行：______________________________。

2．检查花键毂和接合套

（1）目测检查：________________________________。

（2）检查花键毂和接合套滑动性能：________________________。

3．检查毂套和换挡拨叉

（1）目测检查：________________________________。

（2）测量毂套和拨叉间隙：________________________。

4．检查齿轮

（1）目测检查齿轮：________________________________。

（2）测量齿轮内径：________________________________。

5．轴的检查

（1）目测检查轴颈：________________________________。

（2）测量轴跳动：________________________________。

（3）测量外径：________________________________。

6．检查齿轮间隙

（1）用厚度规测量轴向间隙：________________________。

（2）用百分表测量齿轮和轴之间的径向间隙：________________。

3.9 故障和诊断

1．变速器异响

1）现象

________________________________。

2）原因

（1）________________________________。

（2）________________________________。

（3）________________________________。

3）故障诊断与排除方法

（1）________________________________。

（2）________________________________。

（3）________________________________。

（4）________________________________。

（5）________________________________。

（6）____。

2. 变速器漏油

1）现象

____。

2）原因及排除方法

（1）____。

（2）____。

（3）____。

（4）____。

（5）____。

3. 挂挡困难

1）现象

____。

2）原因

（1）____。

（2）____。

（3）____。

（4）____。

3）故障诊断与排除方法

（1）____。

（2）____。

（3）____。

技师指导

不定期更换齿轮油，当油脏及齿轮油的黏度大时，在夏天还不会出现什么问题，但在冬天换挡就会发生________。

4. 脱挡（跳挡）

1）现象

____。

2）原因

（1）____。

（2）____。

（3）____。

（4）____。

（5）____。

3）故障诊断与排除方法

先确知跳挡挡位：热车后，采用连续加、减速的方法逐挡进行路试便可确定。将变速杆挂入跳挡挡位，检查跳挡齿轮的啮合情况。

（1）____。

（2）____。

（3）____。

（4）____。

（5）____。

5. 乱挡

1）现象

____。

2）原因

（1）____。

（2）____。

（3）____。

总之，乱挡的主要原因是变速器操纵机构失效。

3）故障诊断与排除方法

（1）____。

（2）____。

（3）____。

·第 4 章·

四轮驱动系统

4.1 简介

为了提高汽车在泥泞、雪地和沙地等__________路面的驱动性能，以及郊外的通过性能，在这些情况行驶的汽车通常做成________驱动，英文是____________________，简称 4WD。

1. 四轮驱动的优点

1）____。

2）____。

当然，四轮驱动也有弱点，一是它比两轮驱动的车辆多装配些部件，__________增加，其燃油消耗可能__________；二是制造成本__________，售价也要__________。

2. 基本组成

分时四轮驱动汽车的工作原理如图 4-2 所示。

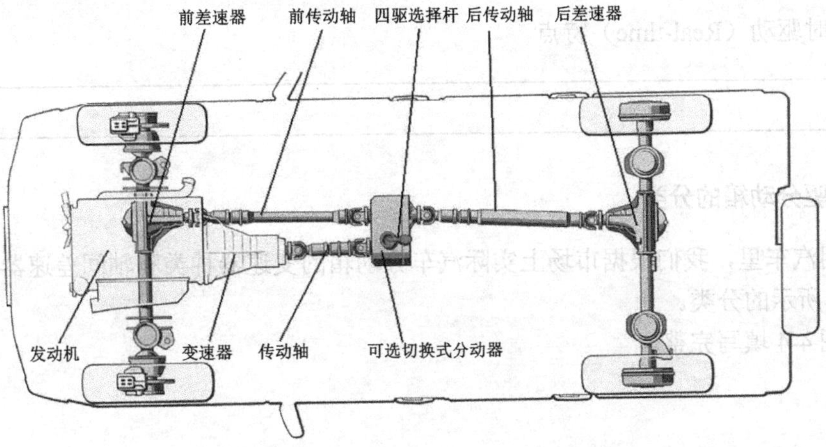

图 4-2　分时四轮驱动汽车的工作原理

传统四轮驱动汽车的基本组成如图 4-3 所示。

写出图 4-3 所示相应元件的名称。

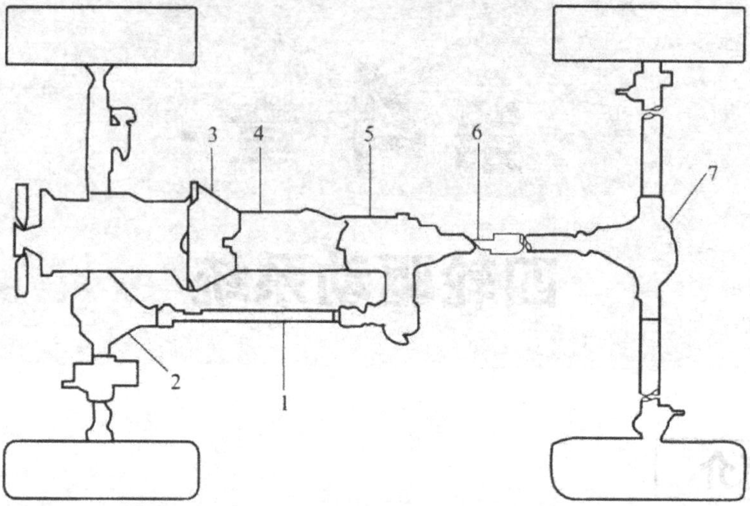

1—______________；2—______________；3—______________；4—______________；

5—______________；6—______________；7—______________

图 4-3　传统四轮驱动系统的基本组成

3．四轮驱动的分类

目前，四轮驱动分为 3 种形式。

1）兼时驱动（Part-time）特点

____

____。

2）全时驱动（Full-time）特点

____

____。

3）实时驱动（Real-time）特点

____

____。

4．四驱分动箱的分类

在乘用汽车里，我们根据市场上实际汽车分动箱的变速器种类和轴间差速器的种类进行了如图 4-4 所示的分类。

请将图 4-4 填写完整。

- 乘用车分动箱种类
  - 郊区越野型(有两挡变速功能的分动箱)
    - 无轴间差速器的两挡分动箱(淘汰)
    - ________________
  - 城市运动型(没有分动箱，但有轴间差速功能)
    - ________________
    - ________________
    - ________________
    - ________________

图 4–4　四驱分动箱分类

5. 典型四轮驱动结构

为了结构示意方便，分动箱采用了图标代表部件的方式，请将表 4-1 填写完整。

表 4-1　分动箱内的配置图标

R	分动箱	作用	控制机构
LOW			通过操纵手柄手动
D			机械自动
LSD			—
			机械自动实现
			多为手动按钮控制电控模块，以实现伺服直流电动机控制、液压控制或气动控制
TD			机械自动实现
			重型货车为机械自动，轿车多为电控液动

4.2 轴/轮间扭矩分配

1. 轴间扭矩分配

分动器对前、后驱动桥的转矩分配见表 4-2。请将表 4-2 填写完整。

表 4-2 不同分动箱的转矩分配

轴间差速器类型	前驱动桥获得的扭矩	后驱动桥获得的扭矩
锥齿轮差速器式		
行星齿轮式		
黏性离合器式		
托森式差速器		
豪尔戴克斯离合器式		

2. 轮间扭矩分配

四轮驱动汽车的轮间差速器种类如图 4-19 所示。请将图 4-19 填写完整。

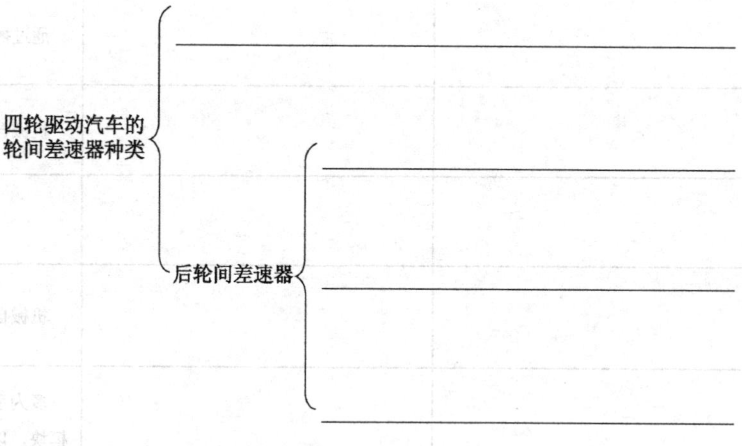

图 4-19 四轮驱动汽车的轮间差速器种类

1）可换挡式差速锁

写出图 4-20 所示相应元件的名称。

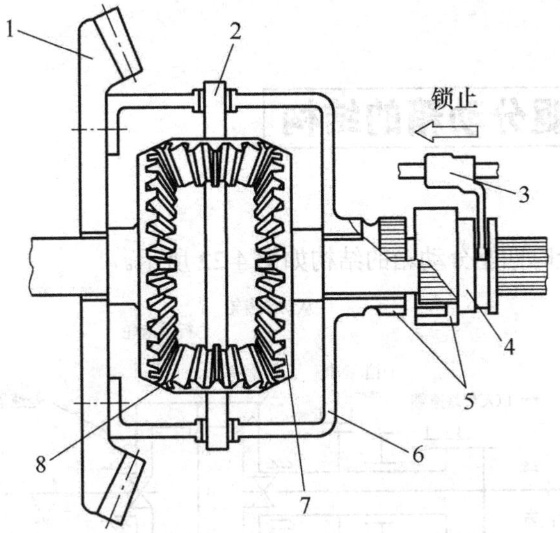

1—______________；2—______________；3—______________；4—______________；

5—______________；6—______________；7—______________；8—______________

图 4-20　可换挡式差速锁

2）带有多片离合器的差速锁

写出图 4-21 所示相应元件的名称。

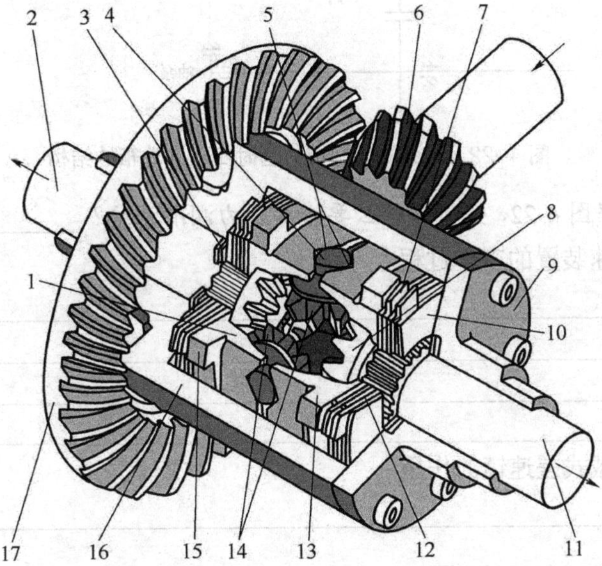

1，13—______________；2，11—______________；3，10—______________；

4—______________；5—______________；6—______________；7—______________；

8—______________；9—______________；12—______________；14—______________；

15—______________；16—______________；17—______________

图 4-21　带有多片离合器的差速锁

4.3 典型四驱分动箱的结构

带强制差速锁的全时四驱分动箱的结构如图 4-22 所示。

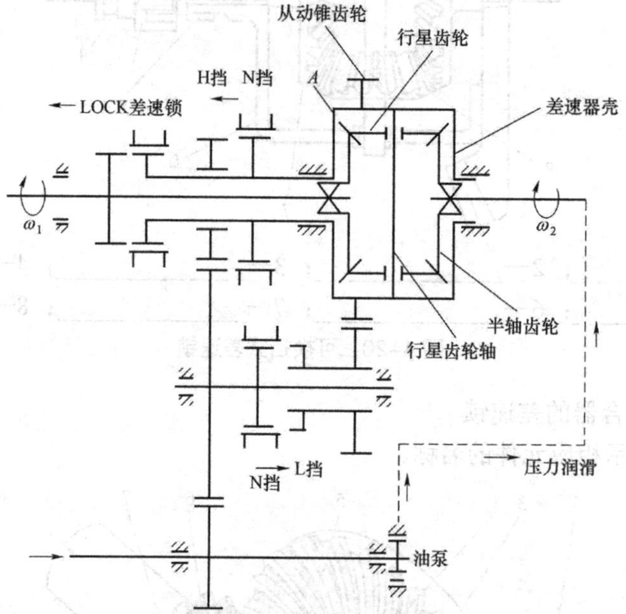

图 4-22　带强制差速锁的全时四驱分动箱的结构

【完成任务】根据图 4-22，分析为什么要增加压力润滑系统？________________。

1）高、低挡变速装置的工作过程

____

____

____

____。

2）差速器和机械式差速锁的作用

____

____

____

____

________________。

3）压力和飞溅润滑系统的作用

____

____

____

____

____
______________________。

4）电控装置的作用

____
____
____
____
____
______________________。

4.4 豪尔戴克斯耦合器

1. 豪尔戴克斯耦合器介绍

豪尔戴克斯耦合器的功能如下：

____
____
____
____
____
____________。

2. 豪尔戴克斯耦合器的工作原理

豪尔戴克斯耦合器的工作原理如下：

____
____
____
____
____
____
______________________。

3. 豪尔戴克斯耦合器液压系统的工作原理

【完成任务】根据图 4-30，由耦合器开度控制阀 N373 弹簧在上部可知，若电磁阀 N373 断电，电动液压泵是否是自循环状态？__________。那么工作活塞端是否有工作压力？__________；此时豪尔戴克斯耦合器是完全打滑的还是完全锁止的？__________。

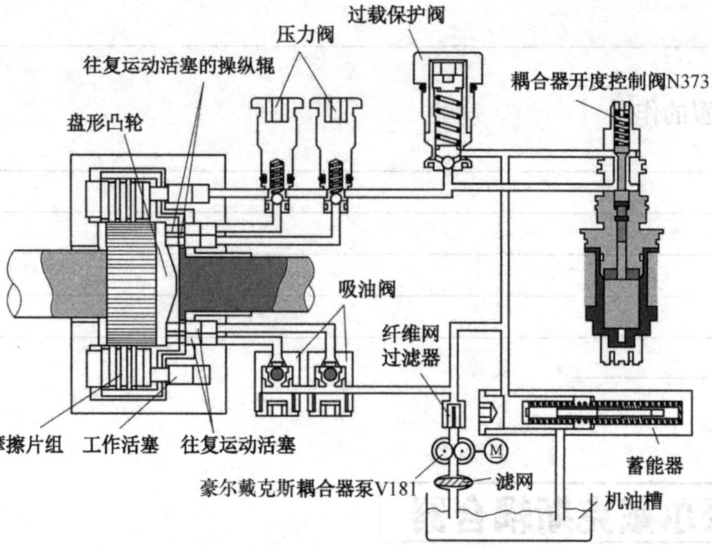

图 4-30　豪尔戴克斯耦合器液压系统

4．豪尔戴克斯耦合器电控系统的组成

1）豪尔戴克斯耦合器电控系统输入信号

根据图 4-31，写出大众传感器代码元件的名称。

G28—__________；G79—__________；G44～G47—__________；F—__________；
G165—__________；F9—__________；G85—__________；G437—__________。

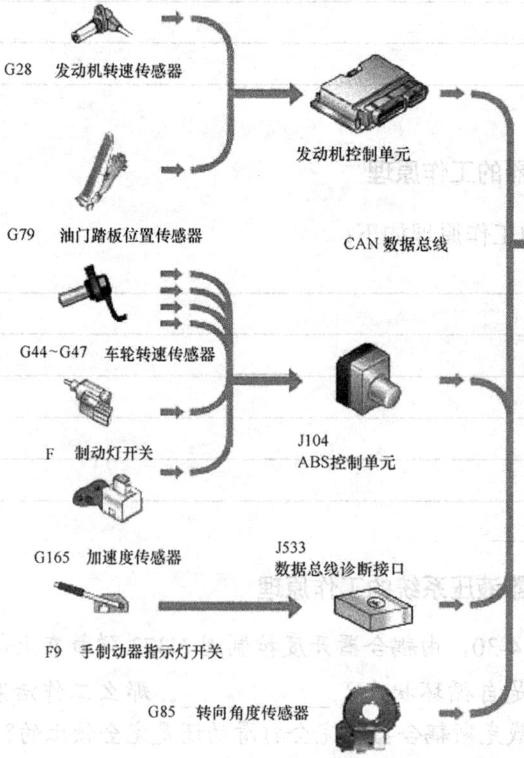

图 4-31　豪尔戴克斯耦合器电控单元 J492 输入信号

2）豪尔戴克斯耦合器电控系统输出信号

根据图 4-32，写出大众代码元件名称：

N373—___________；V181—___________；J492—___________；制动灯开关是用于带还是不带 ESP 的车？___________；制动灯辅助继电器 J419 用于带还是不带 ESP 的车？___________。

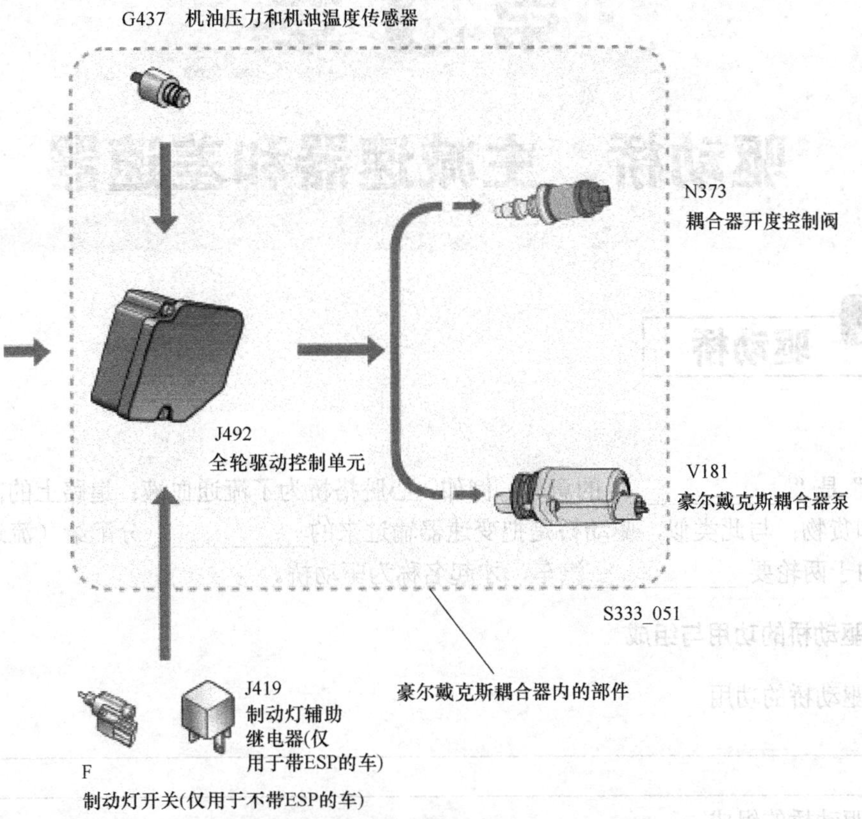

图 4-32　豪尔戴克斯耦合器总成上的执行器

5. 豪尔戴克斯耦合器电控系统的工作原理

【完成任务】如果 ESP 或 ABS 介入了，那么全轮驱动控制单元 J492 会使豪尔戴克斯耦合器脱开还是不脱开？___________。

·第5章·

驱动桥、主减速器和差速器

5.1 驱动桥

“桥”是“__________”的意思，例如，心脏搭桥为了流通血液；道路上的高架桥为了流通人和货物；与此类似，驱动桥是把变速器输过来的__________分配给（流通给）两个车轮，由于两轮要__________汽车，才起名称为驱动桥。

1．驱动桥的功用与组成

1）驱动桥的功用

____

____。

2）驱动桥的组成

如图 5-1 所示，驱动桥由主减速器、差速器、半轴和桥壳组成。主减速器的功用是降速增矩，改变动力传动方向；差速器的功用是允许左、右车轮以不同的转速旋转；半轴的功用是将差速器传来的动力传给车轮。

车上有变速器降速增矩，为什么还要加主减速器，而且在名字上一定加个“主”字？

____

____。

2．驱动桥的结构组成和分类

按照悬架结构的不同，驱动桥可以分为______________驱动桥和______________驱动桥。

整体式驱动桥如图 5-1、图 5-2 所示，在非独立悬架中使用，半轴上没有万向节，左、右半轴始终在一条直线上，即左、右车轮不能相互独立地跳动。当某一侧车轮通过地面的凸出物或凹坑升高或下降时，整个驱动桥及车身都要随之发生倾斜，车身侧倾大。

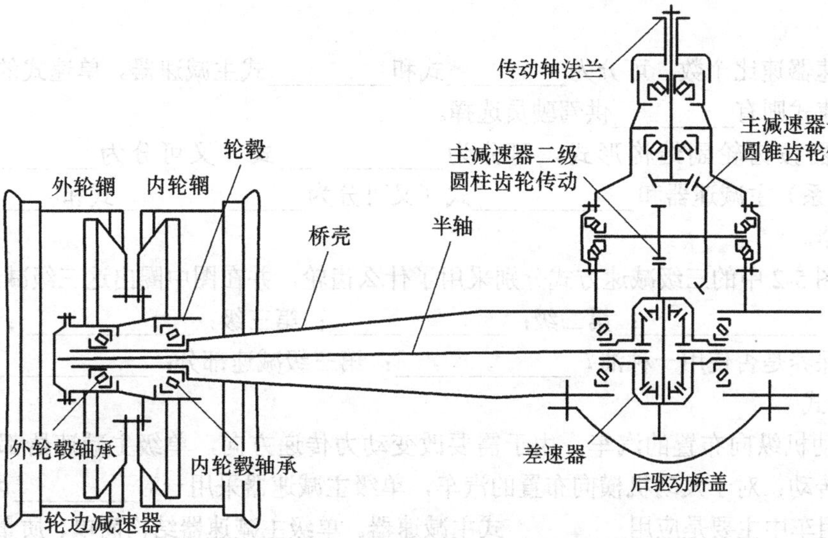

图 5-1 中型货车的双级整体式驱动桥

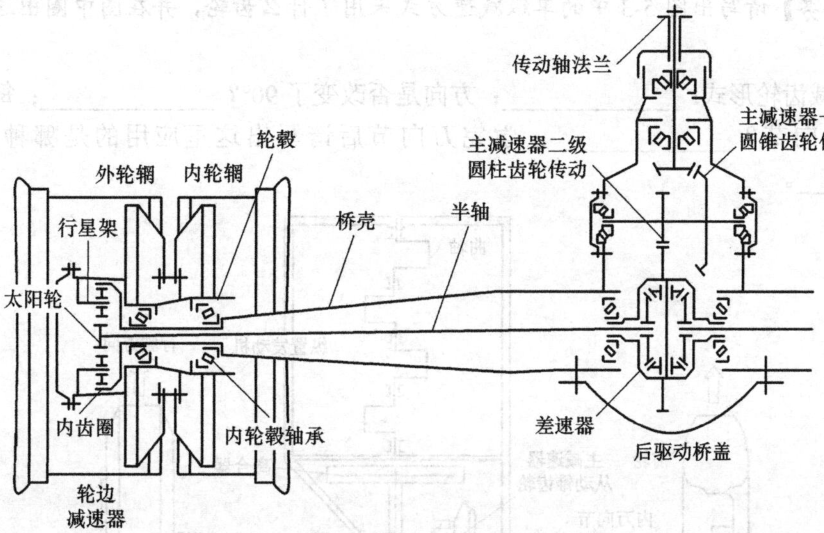

图 5-2 重型货车的双级整体式驱动桥

断开式驱动桥如图 5-3 所示，在独立悬架中使用。其主减速器固定在车架或车身上，驱动桥壳的半轴桥壳部分取消，用半轴法兰通过内侧具有伸缩功能的万向节、半轴、外部不具有伸缩功能的万向节，传至车轮。这样，两侧车轮的半轴可以彼此独立地相对于车身上、下跳动，发生倾斜程度大大减小。

1）整体式

主减速器的功用如下。

（1）____。

（2）____。

（3）____。

主减速器按参加传动的齿轮副数目，可分为________式主减速器和________式主减速器。有些重型汽车又将双级式主减速器二级圆柱齿轮传动设置在两侧驱动车轮附近，称为

________。

按主减速器速比个数，可分为________式和________式主减速器。单速式的速比是固定的，而双速式则有________供驾驶员选择。

主减速器按齿轮副结构形式，可分为__________式（又可分为________轮系和________轮系）主减速器和__________式（又可分为____________式和____________式）主减速器。

请写出图 5-2 中的三级减速方式分别采用了什么齿轮，并在图中圈出这三级减速方式。

第一级：__________；第二级：__________；第三级：__________；第一、二级齿轮换油保养是否使用一种油？__________；第三级减速部分：__________。

2）断开式

对于发动机纵向布置的汽车，由于需要改变动力传递方向，单级主减速器都采用一对______齿轮传动；对于发动机横向布置的汽车，单级主减速器采用一对________齿轮即可。目前，在乘用车中主要是应用________式主减速器。单级主减速器结构简单、质量小、体积小、传动效率高，主要用于乘用车及中型以下客货车。

【完成任务】 请写出图 5-3 中的单级减速方式采用了什么齿轮，并在图中圈出这个单级减速方式。

单级主减齿轮形式：__________；方向是否改变了 90º？__________；每个半轴两端有几个万向节？__________；学完万向节后请写出这里应用的是哪种万向节？__________。

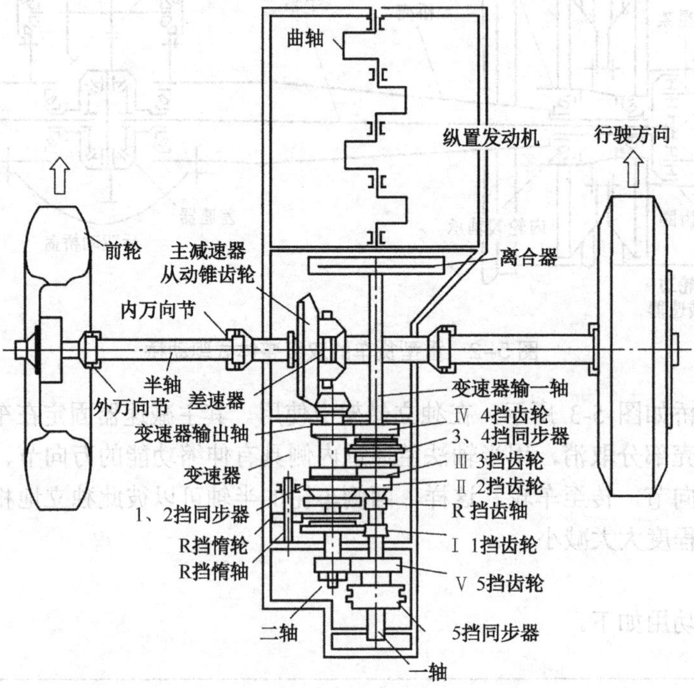

图 5–3　发动机纵置前驱断开式驱动桥

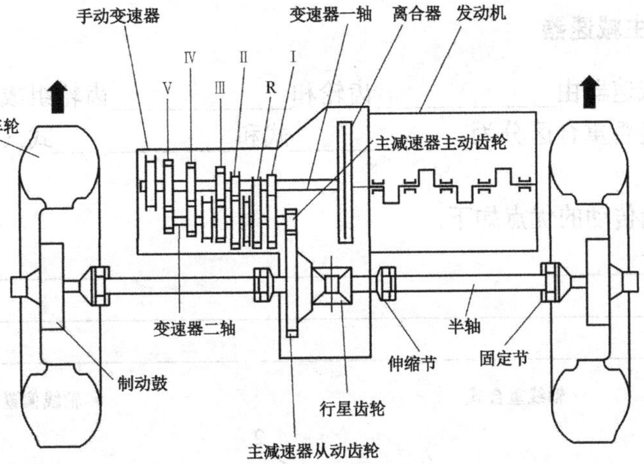

图 5–4　发动机横置前驱断开式驱动桥

【完成任务】请写出图 5-4 中的单级减速方式采用了什么齿轮，并在图中圈出这个单级减速方式。

单级主减齿轮形式：____________；方向是否改变了 90º？____________；每个半轴两端有几个万向节？____________；学完万向节后请写出这里应用的是哪种万向节？____________。

5.2 主减速器

1. 主减速器的功用

写出图 5-5 所示的相应元件的名称。

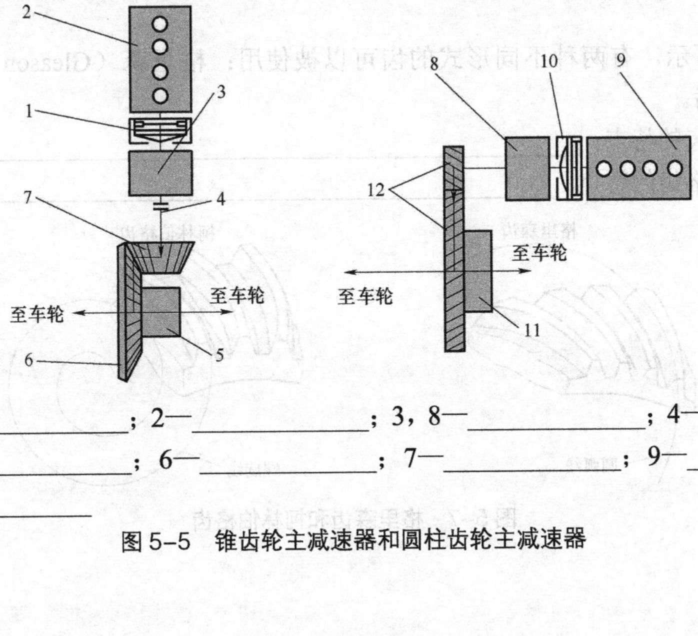

1，10—____________；2—____________；3，8—____________；4—____________；
5，11—____________；6—____________；7—____________；9—____________；
12—____________

图 5–5　锥齿轮主减速器和圆柱齿轮主减速器

2．锥齿轮式主减速器

锥齿轮式主减速器由＿＿＿＿＿＿＿齿轮和＿＿＿＿＿＿＿齿轮组成。锥齿轮式主减速器根据两轴的轴线是否重合区分为＿＿＿＿＿＿＿式和＿＿＿＿＿＿＿式（＿＿＿＿＿＿＿），如图 5-6 所示。

准双曲面齿轮传动的优点如下。

（1）＿＿＿＿＿＿＿＿＿＿＿＿＿＿＿＿＿＿＿＿＿＿＿＿＿＿＿＿＿＿＿＿＿＿＿＿＿＿。

（2）＿＿＿＿＿＿＿＿＿＿＿＿＿＿＿＿＿＿＿＿＿＿＿＿＿＿＿＿＿＿＿＿＿＿＿＿＿＿。

（3）＿＿＿＿＿＿＿＿＿＿＿＿＿＿＿＿＿＿＿＿＿＿＿＿＿＿＿＿＿＿＿＿＿＿＿＿＿＿。

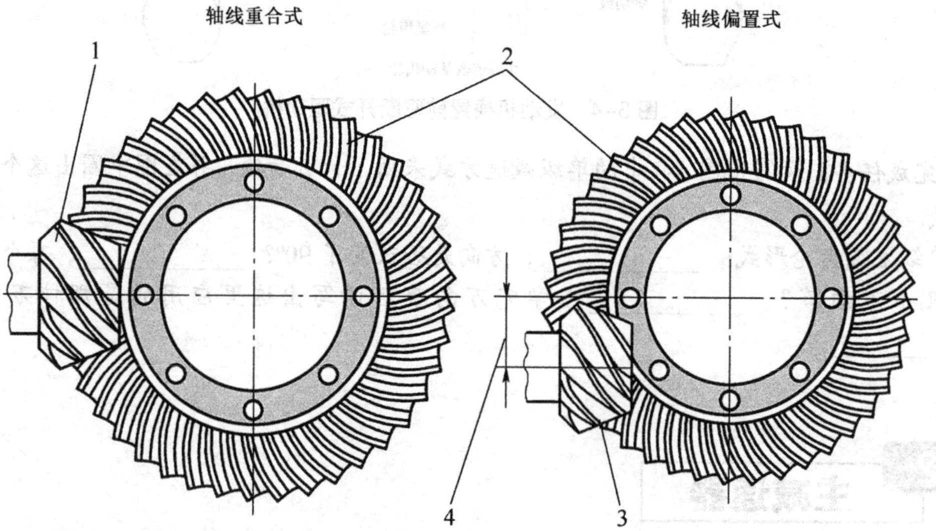

1，3—主动锥齿轮；2—从动锥齿轮；4—轴线偏距

图 5–6　轴线偏离式和重合式主减速器

与轴线重合情况相比，＿＿＿＿＿＿＿曲面传动由于轴线偏置，在啮合的齿侧之间滚动接触时，会产生更大的摩擦运动。这就要求准双曲面传动需要使用特别耐压的＿＿＿＿＿＿＿进行润滑。

如图 5-7 所示，有两种不同形式的齿可以被使用：格里森（Gleason）齿或柯林伯格（klingelnberg）齿。

（1）格里森齿的特点：＿＿＿＿＿＿＿＿＿＿＿＿＿＿＿＿＿＿＿＿＿＿＿＿＿＿＿＿＿。

（2）柯林伯格齿的特点：＿＿＿＿＿＿＿＿＿＿＿＿＿＿＿＿＿＿＿＿＿＿＿＿＿＿＿＿。

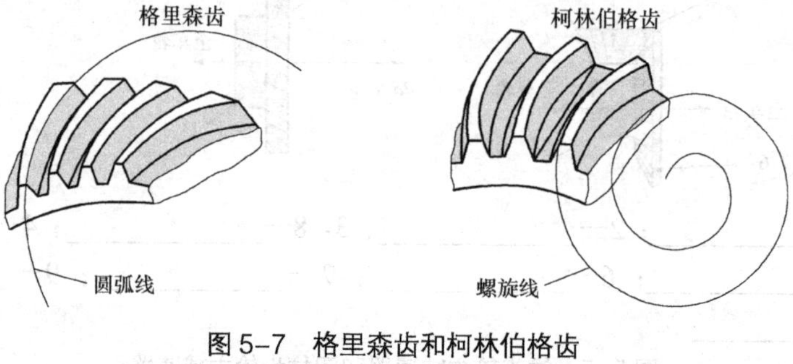

图 5–7　格里森齿和柯林伯格齿

【完成任务】根据图 5-8 中的主减速器从动齿轮提示，判别你校实践的主减速器是哪种齿轮：__________；通过数齿数算出主减速器的传动比是：__________。

3. 锥齿轮主减速器的检修

技师指导

在实际修理中，主动锥齿轮和从动锥齿轮只能成对更换，而更换主减速器两端的轴承是常见的修理作业，主减速器齿轮快速损坏是润滑不良造成的。

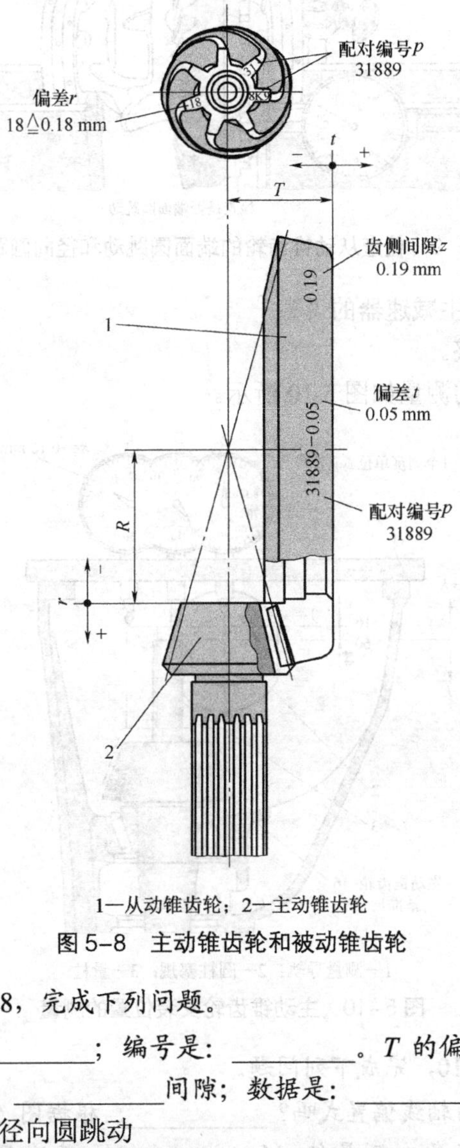

1—从动锥齿轮；2—主动锥齿轮

图 5–8 主动锥齿轮和被动锥齿轮

【完成任务】根据图 5-8，完成下列问题。

配对编号的位置：________；编号是：______。T 的偏差字母：________；数据是：________；z 是：________间隙；数据是：________。

1）检查端面圆跳动和径向圆跳动

检查从动锥齿轮的端面圆跳动和径向圆跳动，如图 5-9 所示。

从差速器上更换主减速器的从动齿轮或从动齿轮过热后，才进行图 5-9 中的检验。

修理厂中，一般不会用 V 形铁支撑测量的方法。请设计在汽车的驱动桥上测量端面跳动和径向跳动的操作方法：____________________。

百分表是将 1mm 分成________份；刻度盘的一个刻度________mm；在中国加工业

界又称1道。造成径向跳动的原因是：__________；造成径向跳动的原因是：__________。

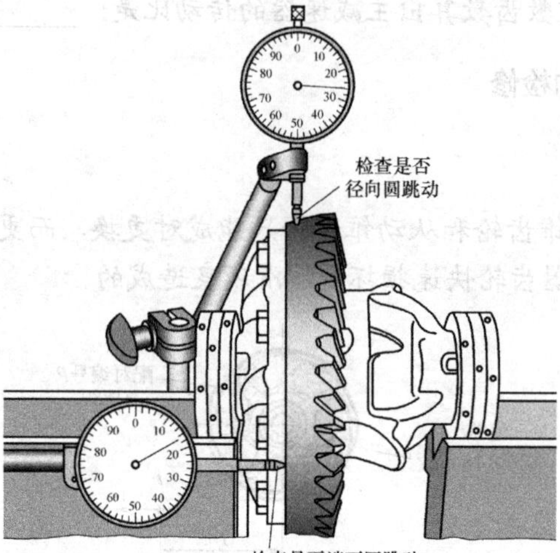

图 5–9　检查从动锥齿轮的端面圆跳动和径向圆跳动

2）轴线偏置式锥齿轮主减速器的调整

（1）主动锥齿轮的调整。

主动锥齿轮安装位置的测量如图 5-10 所示。

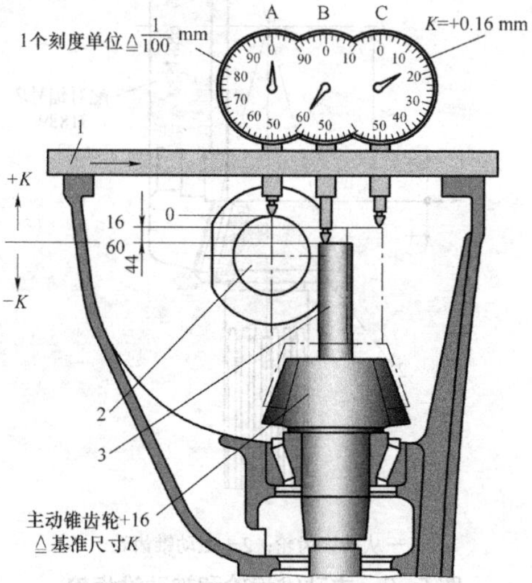

1—测量导轨；2—圆柱塞规；3—量柱

图 5–10　主动锥齿轮安装位置的测量

【完成任务】根据图 5-10，完成下列问题。

你检查的从主动齿轮为轴线偏置式吗？__________；根据图 5-9 中提示完成一次主动锥齿轮调整垫片厚度确定任务。测量值 M=________；基准尺寸 K=________；厚度 S=________。

（2）从动锥齿轮的调整。

用调整垫片对从动锥齿轮进行调整，如图 5-11 所示。

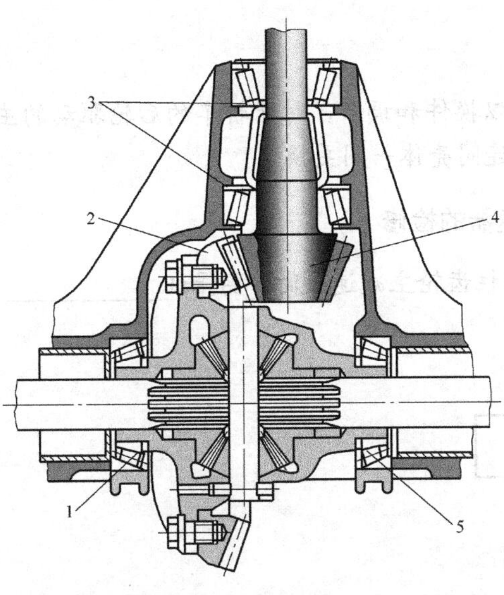

1，3，5—调整垫片；2—从动锥齿轮；4—主动锥齿轮

图 5-11　用调整垫片对从动锥齿轮进行调整

【完成任务】根据图 5-11，完成下列问题。

1 处增加调整垫片后主减速器的从动齿轮是左移还是右移？__________；1 处增加调整垫片后，5 处是否需要减少垫片？____________。

3）啮合印痕的检查

【完成任务】仿照图 5-13（a）中的实线和虚线箭头，对图 5-13（b）、（c）、（d）的螺旋锥齿轮啮合进行调整。

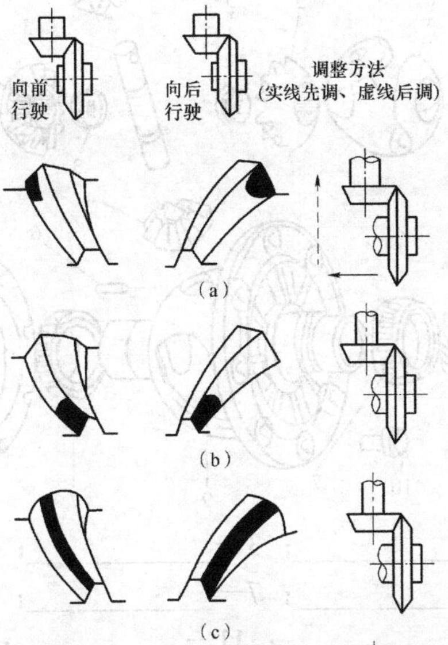

图 5-13　螺旋锥齿轮啮合的调整

技师指导

货车的后驱动桥还可以换件和调节，对于轿车的后轮驱动的主减速器和差速器多数不能调节，出现故障后，通常连同壳体一同更换。

4．圆柱齿轮式主减速器的检修

【完成任务】在调整圆柱齿轮主减速器时，要保证________________________。

5.3 差速器

1．差速器的功用

____

____

____

________________。

2．差速器的结构

【完成任务】实物分解差速器总成，并写出图 5-15 中相应元件的名称。

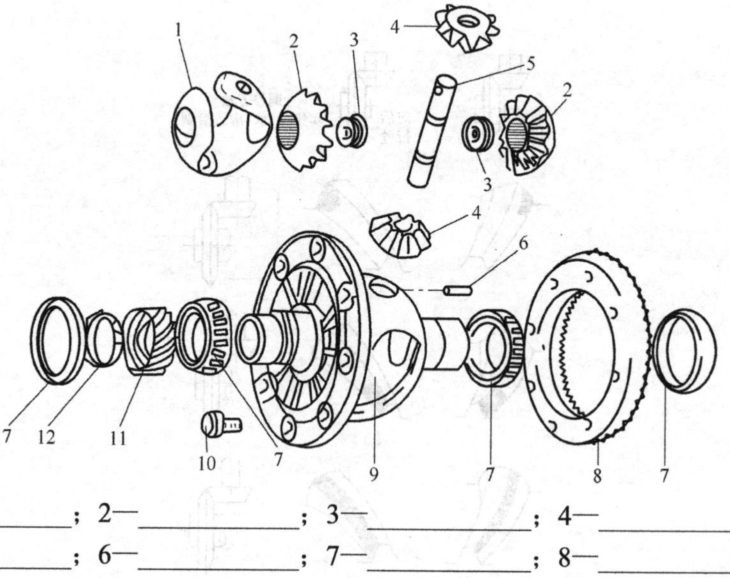

1—____________；2—____________；3—____________；4—____________；
5—____________；6—____________；7—____________；8—____________；
9—____________；10—____________；11—____________；12—____________

图 5–15　差速器的结构

3．差速器的工作原理

1）汽车直线行驶时的转速和转矩分配

画出差速器的运动原理示意图，并标出图中元件的名称。

2）汽车转弯行驶时的转速和转矩分配

左侧车轮转速为 50r/min，右侧车轮转速为 70r/min，差速器壳的转速为__________r/min。

试想汽车左转弯时，哪个车轮输出的转矩稍大些？____________________。

技师指导

在实际修理中，差速器是作为整体更换的，而更换差速器两端的轴承是常见的修理作业，差速器齿轮快速损坏是润滑不良造成的。

技师指导

驱动桥的保养

拆下变速驱动桥的加注塞，将手指插入孔中，检查油与手指的接触位置。一般齿轮油液面高度应在加注孔下 0 ~ 5mm。若驱动桥换油，最好用新垫片重新安装排油塞，对加注塞没有严格限制。

【完成任务】请完成一次为纵置前驱变速驱动桥换油的任务。

·第 6 章·

传动轴和万向节

6.1 传动轴

______________________________又称万向传动装置。万向传动装置的功用是在轴线______且______________________的两转轴之间传递动力。

如图 6-1 所示，在后轮驱动汽车上，万向传动装置主要包括________和________，传动轴是针对变速器在前部、驱动桥在后部的汽车而言的，对于前轮驱动汽车，没有________。

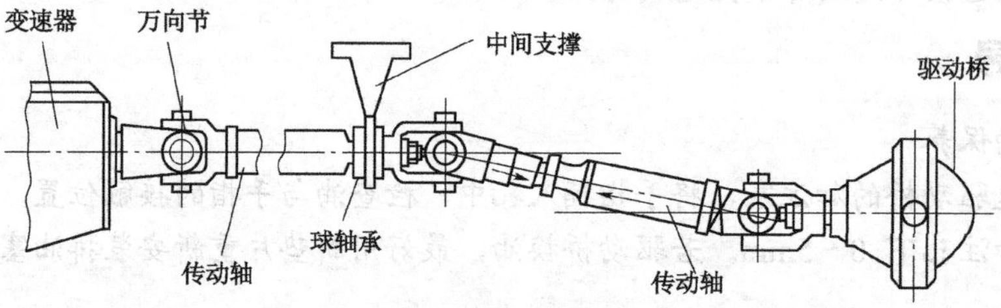

图 6-1　后轮驱动汽车上的两段传动轴式的万向传动装置

对于传动距离较远的________传动轴，为了提高传动轴的刚度，还设置有__________，中间支撑和变速器之间为水平布置，中间支撑和驱动桥之间采用一段具有________的传动轴，如图 6-2 所示。驱动桥会由于悬架的变形而引起其位置经常发生变化，伸缩节可通过伸缩改变长度。

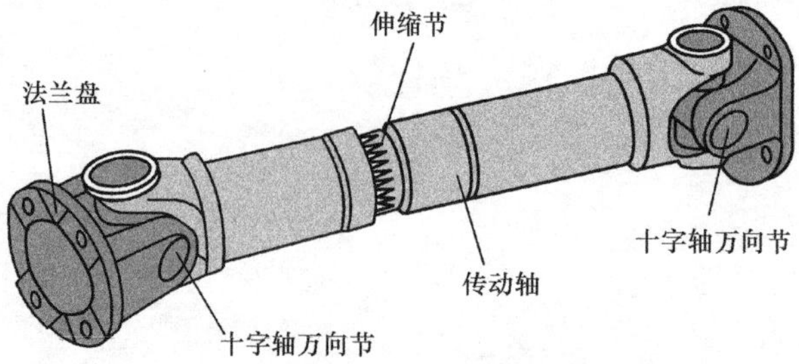

图 6-2　带有伸缩节的第二段传动轴

任何转动部件都有__________问题，传动轴质量分布更是严格，每一根传动轴出厂时都做过动平衡。

技师指导

目视检查传动轴轴管，不得有裂纹及严重的凹瘪。传动轴轴管全长上的径向圆跳动应符合规定。检查传动轴花键与滑动叉花键、凸缘叉与所配合花键的侧隙，装配后应能滑动自如。

6.2 万向节

1. 万向节

1）万向节的种类

万向节的种类包括__________、__________、__________、__________、__________。

2）万向节的角度分类

万向节的常用分类方式如图6-3所示。请将图6-3填写完整。

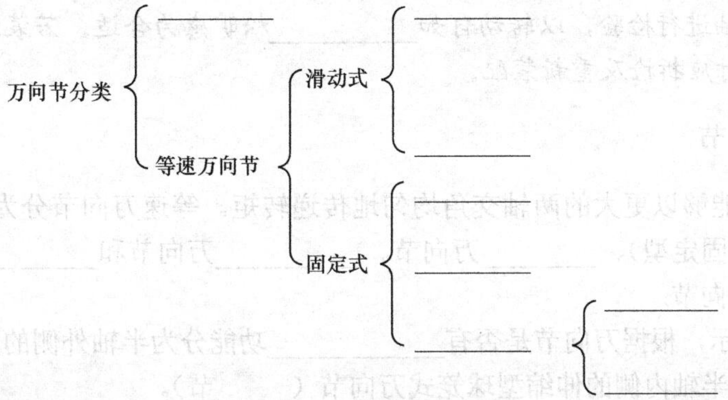

图6-3 万向节的常用分类方式

万向节按其刚度大小，可分为__________万向节和__________万向节。刚性万向节；按其速度特性又可分为__________万向节（常用的为十字轴式）、__________万向节和__________万向节。

等速万向节是用在需要满足__________和__________的前轮上，一般轿车都是发动机前置，前轮驱动的，所以通常使用等速万向节，能够满足前轮转向和驱动的功能。

准等速万向节和不等速万向节使用在驱动轮上，但不需要__________传动装置上，通常货车、皮卡车、客车、部分面包车都是后轮驱动，发动机上的转矩需要通过传动轴传递到驱动轮上，这时候就需要__________万向节（双联式万向联轴器）和__________万向节（十字轴式万向节）来连接变速箱和差速器。目前在后轮驱动或四轮驱动汽车的传动轴上采用的是__________式刚性万向节，即有传动轴的地方。

【完成任务】完成下列问题。

对于前轮驱动汽车半轴的万向节可采用哪种形式？______________；后轮驱动汽车的万向节可采用哪种形式？______________；传动轴的两端万向节可采用哪种形式？______________；四轮驱动汽车万向节可采用哪种形式？______________。

2. 不等速万向节

[实训项目]制定拆装十字轴式万向节的更换细节步骤。

如何拆下有故障的万向节？____。

如何安装新的万向节？____。

传动轴上的万向节有故障时，汽车在上坡换挡时或速度突变太大时，车底下部发出______________声音。通过打入润滑脂是否能解决故障？______________。

技师指导

转动左、右车轮，万向节处应无异响且车轮转动自如。用手搬动车轮使车轮完全转向一侧，检查驱动轴__________是否有任何裂纹或其他损坏。护套卡箍要安装正确，不能有油脂渗漏。

如果__________断裂、__________失效，应更换新的万向节。十字轴轴颈轻微磨损、轻微压痕或剥落，__________继续使用；如果轴颈磨损过甚、严重压痕或严重剥落时，应更换万向节。万向节叉不得有裂纹或其他严重损伤，否则更换新万向节。万向节装配完毕后，可用手扳动十字轴进行检验，以转动自如__________松旷感为合适。若装配过紧或过松，应查明原因，必要时应拆检及重新装配。

3. 等速万向节

等速万向节能够以更大的两轴交角均匀地传递转矩。等速万向节分为_______式万向节（又分为伸缩型和固定型）、_______万向节、_________万向节和_______式联轴节四种。

1）球笼式万向节

如图 6-8 所示，根据万向节是否有___________功能分为半轴外侧的固定型球笼式万向节（_____节）和半轴内侧的伸缩型球笼式万向节（_____节）。

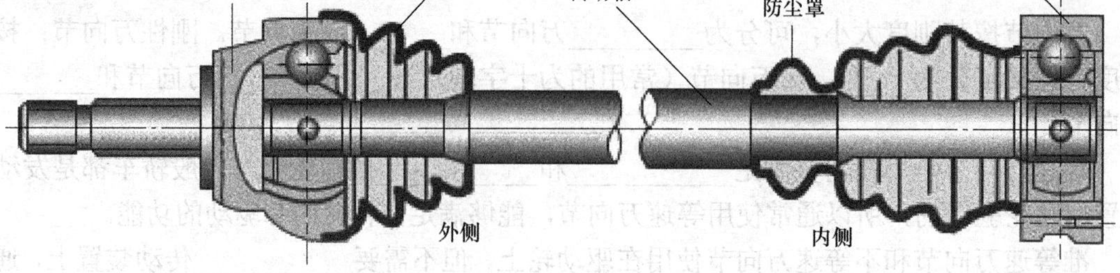

图 6-8 半轴内侧的伸缩型球笼式万向节和半轴外侧的固定型球笼式万向节

（1）伸缩型球笼式万向节。

写出图 6-9 所示的相应元件的名称。

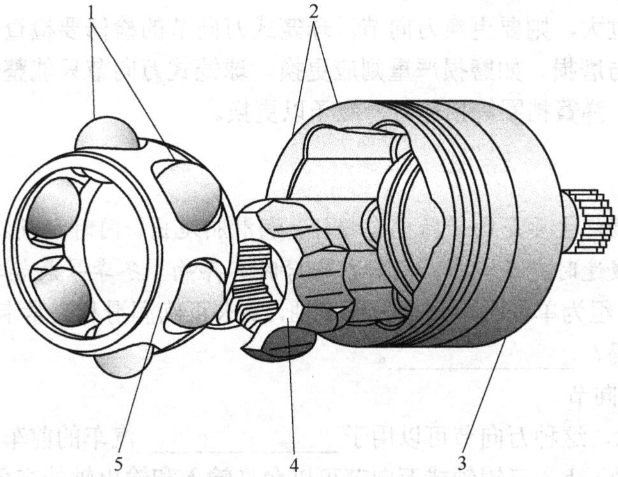

1—__________；2—__________；3—__________；4—__________；5—__________

图 6-9　伸缩型球笼式万向节

（2）固定型球笼式万向节。

写出图 6-10 所示的相应元件的名称。

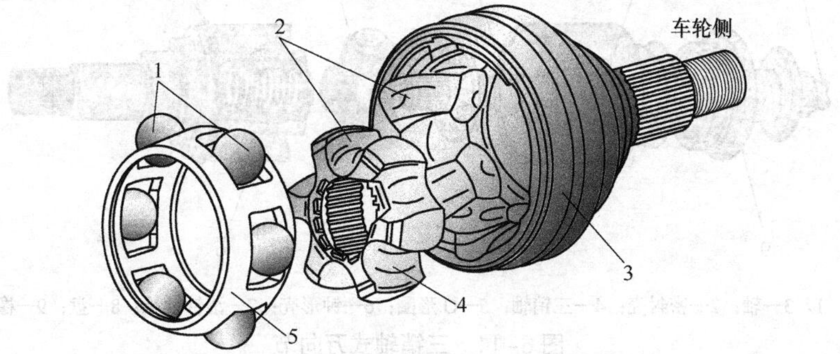

1—__________；2—__________；3—__________；4—__________；5—__________

图 6-10　固定型球笼式万向节

固定型球笼式万向节的普通型可以允许两轴的交角达到 38°，其特殊型可允许两轴交角达到 47°。但它们不允许任何的轴向__________。

【完成任务】请写出装配一个球笼式万向节的关键步骤。

星型球座和桶形球壳如何对应？______________________________；

二硫化钼作为球笼的润滑脂，占有桶形球壳的空间多少为宜？______________。

请测试内侧万向节的伸缩和万向特性：______________________________；

请测试外侧万向节的万向特性：______________________________。

前轮驱动半轴万向节有故障时，汽车在转弯、换挡、速度突变太大时，会发出什么声音？__________。

仔细观察伸缩型球笼式万向节和固定型球笼式万向节的实物，写出为什么伸缩型球笼式万向节能实现伸缩功能：______________________。

（3）球笼式万向节的检修。

球笼式万向节的六颗钢球要求有一定的配合公差，并与__________一起组成配合件。若万向节__________过大，则要更换万向节。球笼式万向节的检修要检查球形壳、星形套、球笼及钢球有无凹陷与磨损。如磨损严重则应更换。球笼式万向节只能整体调换，不可单个更换。防尘罩及卡箍、弹簧挡圈等损坏时，应予以更换。

技师指导

球笼式万向节损坏主要是由于防尘套损坏，润滑脂甩出，同时水或泥浆进入而加剧损坏，在直行换挡和加、减速时有顿车感，同时在转弯时有异响，冬季早晨起车时声音更为严重。

[实训任务]请以组为单位实车装配一根半轴，要求正确润滑和夹紧卡箍，你的老师给你们组织这样的实习了吗？______________。

2）三销轴式万向节

如图 6-11 所示，这种万向节可以用于______________汽车的前车轮轴（前轮驱动）或后车轮轴（后轮驱动）上。三销轴式万向节可以允许输入和输出轴的交角达到____________，允许的轴向伸缩量达到______________mm。

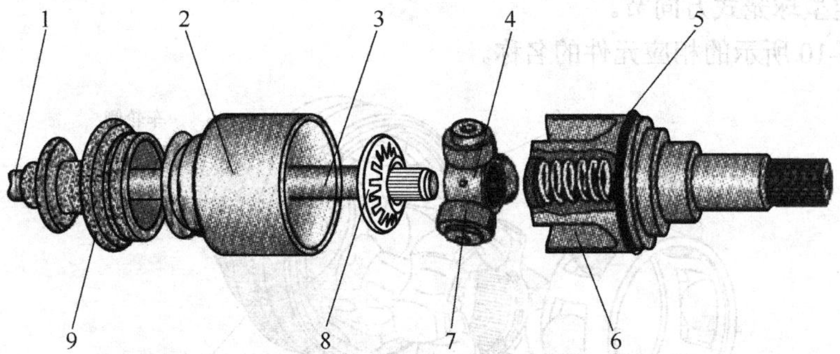

1，3—轴；2—密封壳；4—三销轴；5—O 形圈；6—钟形壳；7—滚针轴承；8—盘；9—橡胶套

图 6-11　三销轴式万向节

3）双联式万向节

双联式万向节是由两个万向节结合形成一个万向节，如图 6-12 所示。为了确保无故障工作，拟被连接的两根轴的轴心在万向节内相交。这种万向节通常用于______________汽车。双联式万向节可以允许两轴的交角达到______________，但它们______________任何的轴向伸缩。

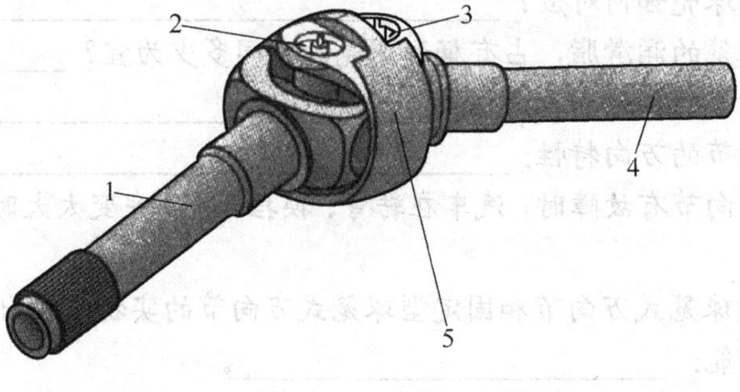

1—轴（车轮端）；2，3—十字轴；4—轴（主变速器端）；5—双联节叉

图 6-12　双联万向节

4）挠性盘式联轴节

挠性盘式联轴节具有弹性，无须维护。这种联轴节只允许________两轴交角和________伸缩量。它们安装在传动系统中，主要是作为弹性元件，以减小震动和噪声。挠性盘式联轴节用于主减速器与车身或车架永久连接的汽车上。

挠性盘式联轴节有两种形式：________________式联轴节和________________式消声联轴节。

（1）哈代盘式联轴节。

如图6-13所示，这种联轴节的几个________________（通常为六个）上缠绕着纺织线层，缠绕方法是一个纺织线圈组绕过两个相邻的钢套。________________层和________________被固化（硫化）在橡胶盘中。哈代盘式联轴节用于传动系统，作为挠性的中间连接，如用在________________式传动中。这种万向节允许的两轴交角可达到50°，允许的轴向位移（伸缩量）可达到________________mm。

1，3—轴；2—橡胶盘；4—凸缘；5—钢套；6—法兰

图6-13 哈代盘式联轴节

（2）橡胶垫式消声联轴节。

如图6-14所示，几个橡胶金属减震消声件（通常为6个）由________________、________________组成，它们被装在金属壳中，并用螺栓固定在三臂凸缘的两侧。根据传动轴连接形式的不同，中心部分可以________________或________________。

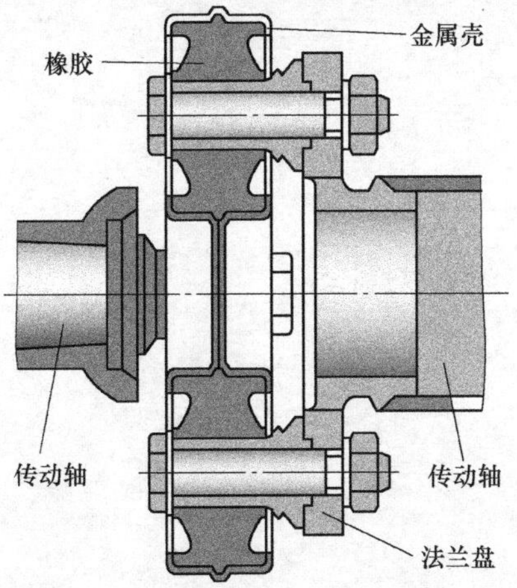

图6-14 橡胶垫式消声联轴节

请写出哈代盘式联轴节和橡胶垫式消声联轴节的区别。

哈代盘式联轴节：____。

橡胶垫式消声联轴节：____。

请写出如何检查挠性盘式联轴节：

____。

·第 7 章·

轮胎和车轮

7.1 基础知识

1. 轮胎的功能和性能

1）轮胎的功能

轮胎的四大功能是：____
____。

2）基本性能

轮胎应具备的基本性能有：____
____。

2. 轮胎的原材料和结构

1）轮胎的原材料

____
____。

2）轮胎的结构

____
____。

3）轮胎的分类

（1）根据胎体帘线层排列分类。

如图 7-2 所示，轮胎根据胎体帘线层排列的不同，有__________构造和__________构造。轿车的轮胎几乎都采用__________轮胎。

子午线轮胎的特点（同斜交轮胎相比）如下。

① 操纵性和稳定性__________。

② 耐磨损性__________。

③ 发热__________。

④ 滚动阻力__________，能够节省燃料。

⑤ 滑动__________，牵引力较大。

⑥ 低速、路况较差时乘坐舒适度__________，但高速行走时__________。

⑦ 低速时打方向盘__________。

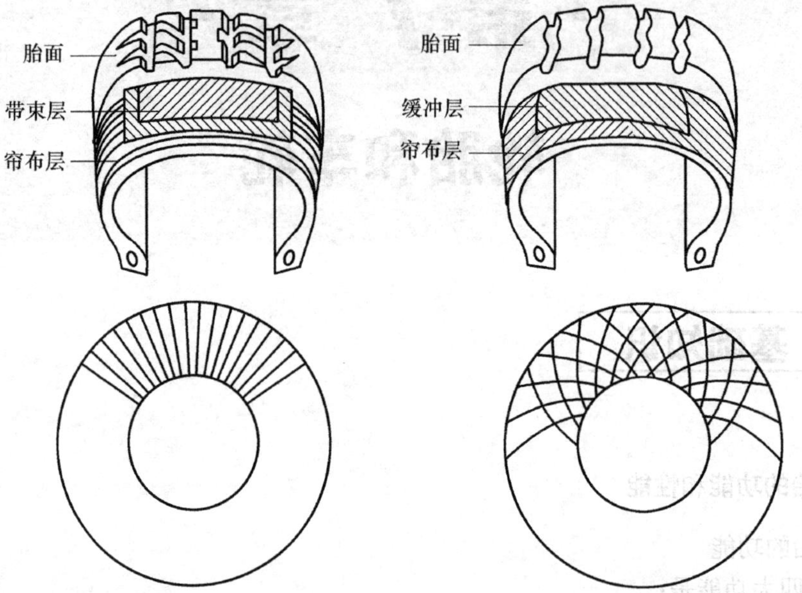

图 7-2　子午线构造、斜交构造及帘布层排列

不同材料的子午线轮胎的种类见表 7-1。

表 7-1　不同材料的子午线轮胎的种类

种　类	通　称	材　料	
		胎　体	带 束 层
轿车用	钢丝子午线	合成纤维	钢丝
小型货车用	钢丝子午线	合成纤维	钢丝
大型货车及公共汽车用	全钢子午线	钢丝	钢丝

（2）按有无内胎分类。

如图 7-3 所示，无内胎轮胎是以在轮胎的内侧贴合__________的特殊橡胶（内衬）的一体化构造来代替使用内胎的轮胎。无内胎轮胎的优点如下。

① 因为没有内胎，所以不会发生由内胎引起的故障。

② 即使被钉子等刺穿也不容易造成快速__________，能够使走行中的事故防患于未然。

③ 因为轮胎内部的空气直接与轮辋接触，所以散热性__________。

④ 减少了零部件数。

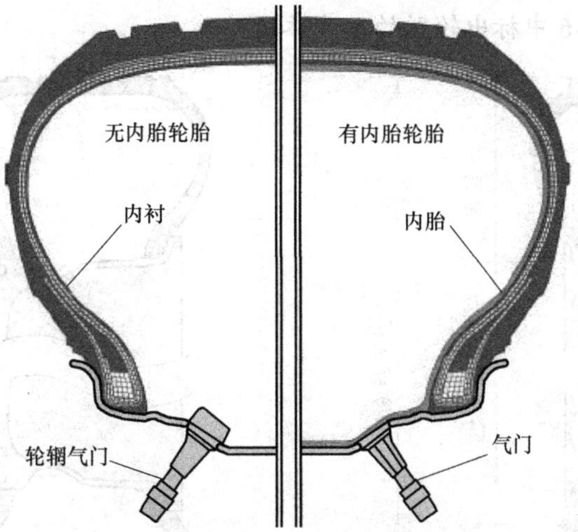

图 7-3 无内胎和有内胎轮胎的结构对比

【完成任务】无内胎和有内胎轮胎在气门嘴所在点的区别：__________。

无内胎轮胎，如果气门嘴和轮辋的接合处在浸水检查后漏气，要更换气门嘴，在扒胎机上，在轮胎放气后你能想出 1min 快速更换气门嘴的方法是：__________。

（3）按气候条件分类。

轮胎按气候条件分为__________轮胎（Snow Tire）、__________轮胎（Summer Tire）、__________候轮胎（All Season Tire）。

（4）按车型分类。

轮胎按车型分为轿车__________、轻型车__________、小型车__________、货车和公共汽车__________。

3．车轮的概念

钢轮毂也不是一无是处，钢轮毂的优势在于金属硬度高，所以适合__________车辆。

【完成任务】听写出 lun fu: __________; lun wang: __________; lun gu: __________。

4．轮胎的规格及技术参数

1）轮胎的尺寸参数

轮胎的尺寸参数如图 7-5 所示。

① 轮胎外径：__________。

② 轮胎总宽：__________。

③ 适用轮辋宽：__________。

标准轮辋：__________。

适用轮辋：__________。

④ 轮辋直径：__________。

⑤ 轮胎断面宽：__________。

⑥ 轮胎高：__________。

⑦ 胎面宽：__________。

⑧ 胎面半径：__________。

【完成任务】在图 7-6 中标出轮胎的尺寸参数。

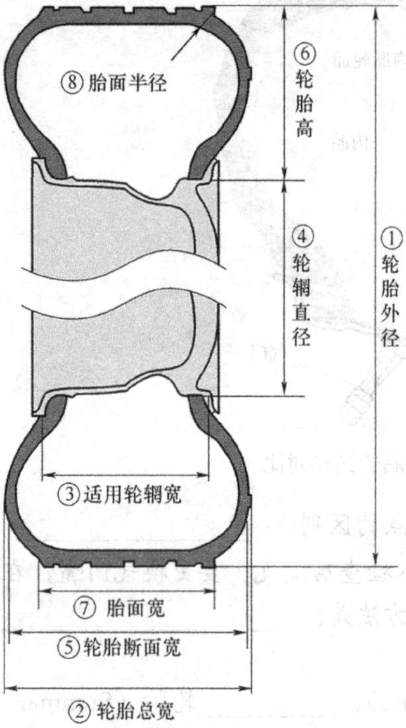

图 7–5　轮胎的尺寸参数

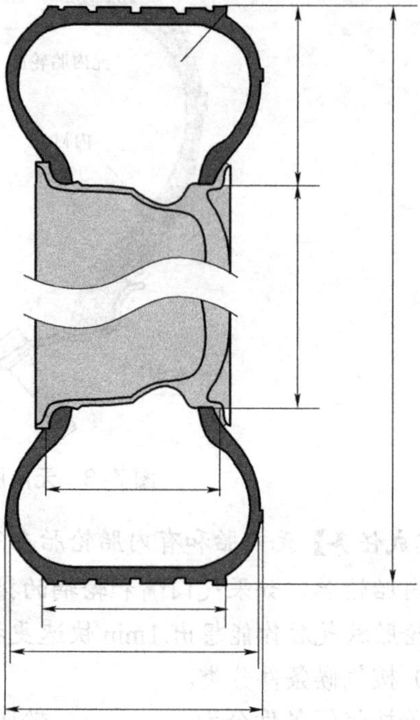

图 7–6　标出轮胎的轮胎的尺寸参数

2）轮胎侧面的表示

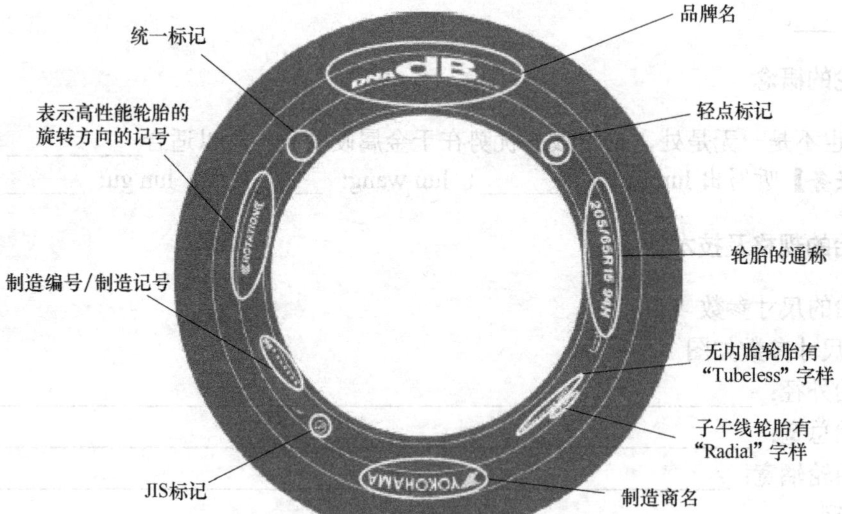

图 7–7　轮胎侧面标记

轮胎侧面标记如图 7-7 所示，具体解释如下。

统一标记：________________。

制造编号/制造记号：________________。

轻点标记：________________。

轮胎的方向表示：____。

轻点标记用什么颜色？________；旋转方向如何看？__________________________。

3）轮胎的偏平率

轮胎的偏平率定义：____。

4）负荷指数（LI）与负荷能力

负荷指数（Load Index，LI）的定义：_____________________________________。

5）车速范围（速度记号）和速度

【完成任务】请说出 185/60R14 82H 的意义，并说出轮胎高度是：________；轮辋名义直径是（1in=25.4mm）：__________mm；最高允许速度是：__________；荷重是__________。

图 7-11 中，117/115 是什么意思？______________________；L 是什么意思？__________；LT 是什么意思？__________。

图 7–11 单胎/双胎的负荷指数

5. 胎面花纹的作用和种类

胎面花纹有__________、__________、提高__________性和__________性、增加轮胎的__________和__________的作用。

6. 轮胎的维护

1）轮胎气压

轮胎在有适当的气压时才有最适当的形状，各种性能才可以按照设计性能要求充分发挥。轮胎气压和接地面积的位置如图 7-13 所示。

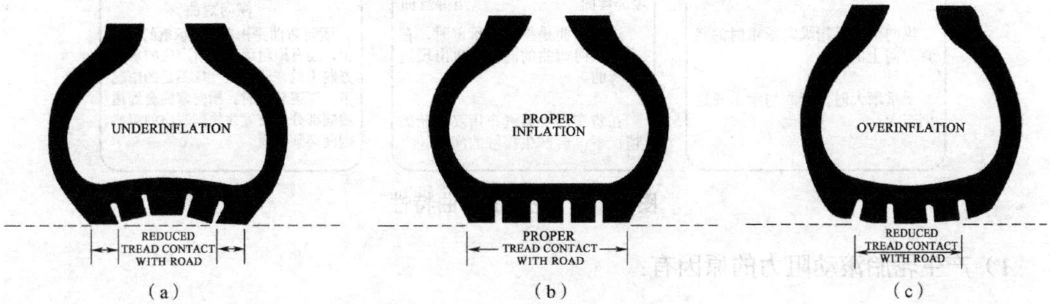

图 7–13 轮胎气压和接地面积的位置

气压不足的危害：____________________。

气压过高的危害：____________________。

【完成任务】气压单位换算：1bar=____kPa=____MPa=____kgf/cm²=____psi

2）轮胎磨损标记

【完成任务】残沟深度如果用 0.8mm 的倍数表示，2 倍用于什么车？________；3 倍用于什么车？________；4 倍用于什么车？________。

3）轮胎交换

技师指导

如图 7-16 所示的轮胎换位方法，很多人记不住换胎的方法，这里教你一个记忆的方法，这个口诀是“____________，____________”。

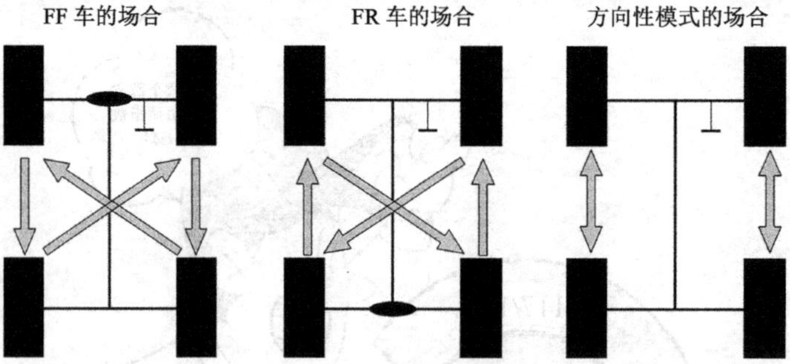

图 7–16　轮胎换位方法

7．轮胎的特性（了解）

轮胎的弯曲特性如图 7-17 所示，让充气的轮胎承重时，轮胎会发生“弯曲”，这种弯曲有________弯曲、________弯曲、________弯曲 3 种，是轮胎功能必不可缺的要素。

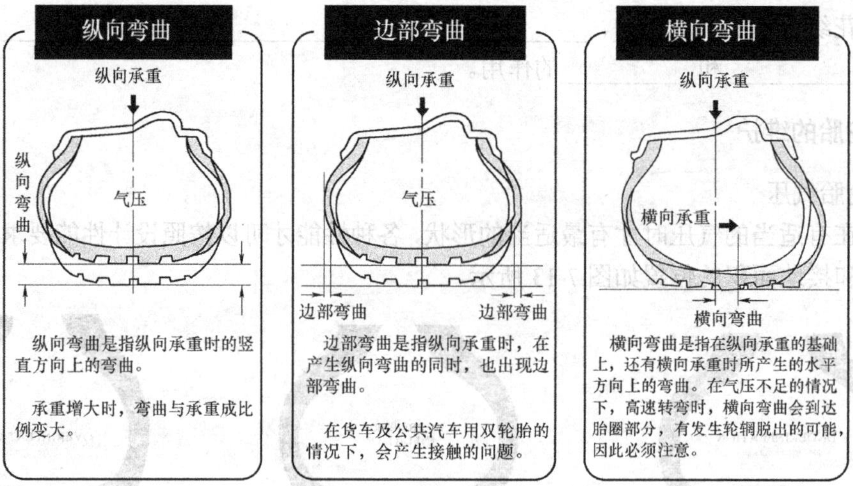

图 7–17　轮胎的弯曲特性

1）产生轮胎滚动阻力的原因有：

____

____。

2）什么是浮滑现象？

____

____。

【完成任务】一轿车轮胎行驶了8万公里，在雨季时水深20mm时行驶，司机要把车速控制在哪个速度以下才能保证安全？__________。

3）什么是驻波现象？

____

____。

4）什么是轮胎的转弯特性？

____

____。

（5）什么是轮胎的噪声？

____

____。

8．车轮和定位

1）什么叫车轮外倾角？

____。

2）什么叫车轮前束角？

____。

3）什么叫主销后倾角？

____。

4）什么叫主销内倾角？

____。

【完成任务】四轮定位中车轮参数有__________；主销参数有：__________。

9．转向特性

什么叫转向特性？

____。

什么叫不足转向？

____。

什么叫过度转向？

____。

【完成任务】前轮驱动汽车，轮胎使用磨损后，前轮磨损和后轮磨损哪个更快？为什么？__________；这时更易发生不足转向还是过度转向？__________；不更换轮胎，又能减轻这种情况发生率的办法是：__________。

后轮驱动汽车，轮胎使用磨损后，前轮磨损和后轮磨损哪个更快？为什么？__________；这时更易发生不足转向还是过度转向？__________；不更换轮胎，又能减轻这种情况发生率的办法是：__________。

什么叫中性转向？

____。

10．扁平化

【完成任务】根据图7-31，解释轮胎规格转换口诀“加十减五，口不变；加二十减十，口不变；加十减十，口长一寸；加二十减二十，口长两寸”的意思。

____

____

____。

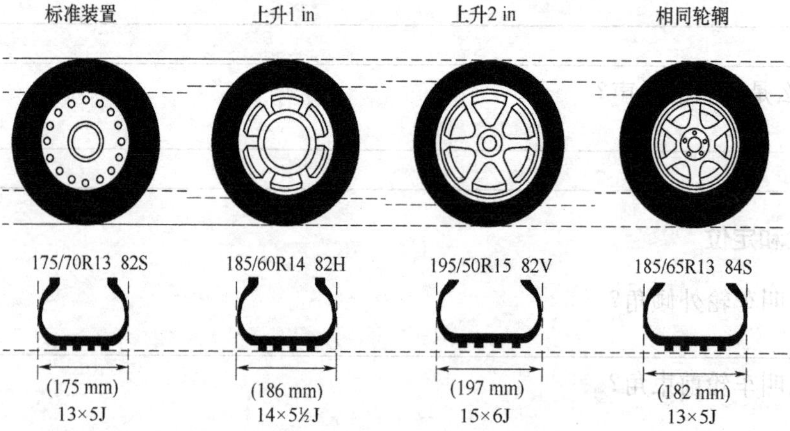

图7–31 轮胎扁平化

11．轮胎的典型损伤

轮胎的损伤包括：

____

____。

【完成任务】解释轮胎鼓包的原因：______________________________。

12．国内知名轮胎（自学）

【完成任务】写出图7-37～7-48轮胎品牌标志名称。

MICHELIN 米其林轮胎

BRIDGESTONE 普利司通轮胎

图7–37____________ 图7–38____________

图 7–39 ____________　　图 7–40____________

图 7–41____________　　图 7–42____________

图 7–43 ____________　　图 7–44____________

图 7–45____________　　图 7–46____________

图 7–47____________　　图 7–48____________

【完成任务】日本轮胎厂家有：____________；韩国轮胎厂家有：____________；美国轮胎厂家有：________。意大利轮胎厂家有____________；德国轮胎厂家有____________；中国轮胎厂家有____________；新加坡轮胎厂家有____________。

7.2 轮胎的使用、保养、修补和动平衡

【任务指导】轮胎和车轮的技术技能主要包括两方面：一方面是解决轮胎的漏气问题；另一方面是解决动平衡问题。其他关于轮胎的操作全可以包括在这两个作业范围内。

1．使用和保养（自学）

2．修补

【完成任务】为学生组织一次扒胎操作，务必每人能亲手扒胎和上胎操作，注意让学生记住轮胎的安装角度。

【完成任务】修理厂扒胎、补胎、上胎的时间是多少？________；每只收费是多少？_____。轮胎侧壁有孔时，一般是否修补？____________。

3．动平衡

1）车轮不平衡

行驶中的车辆的车轮不平衡会产生什么样的影响呢？

____
____
____
____。

2）车轮不平衡检测原理

（1）什么是静不平衡检测原理？

____
____
____
____。

（2）什么是动不平衡检测原理？

____
____
____
____。

3）离车式车轮动平衡机简介

【完成任务】根据动平衡机的说明书，进行动平衡操作，保证每名同学能亲手做一次动平衡，要求能针对不同的轮辋结构，会选用贴铅块和打铅块两种方法。

7.3 车轮轴承

1．轮毂轴承发展历程

1）第一代轮毂轴承特点

____
____。

【完成任务】安排鼓式车轮实习，学习如何调整轴承，向内部放多少润滑脂？________；紧固力矩是多少？________；反调有多少周？________；调整后车轮在正常外力作用下可转几周？________。

2）第二代轮毂轴承

____

____。

3）第三代轮毂轴承

____

____。

4）第四代轮毂轴承

____

____。

2．轮毂轴承技术

____

____

____

____。

3．轴承举例

1）前驱动桥

____

____。

2）后驱动桥

____

____。

4．轴承的故障及诊断

通过车轮轴承的控制定位，以减少车轮滚动的阻力。当轴承出现问题时，车轮就不能有效定位，通常会发出噪声。轴承的故障症状有以下几种。

（1）____。

（2）____。

（3）____。

（4）____。

（5）____。

在车轮离开地面的情况下，用手旋转车轮，仔细聆听和感觉轴承的不平稳度。抓住车轮的上面和下面前、后摇动，检查轴承是否松动。

5．轮毂轴承失效模式

____

____。

【完成任务】进行一次第一代、第二代和第三代轮毂轴承更换的操作，并说出操作的注意事项。

____

____

__________。

7.4 轮胎压力监控系统

1. RFT/RSC/SSR 轮胎

什么叫 RFT/RSC/SSR 轮胎？

____

____。

2. 轮胎压力监控

简述大众汽车公司 3 种轮胎压力的监控方式。

（1）____。

（2）____。

（3）____。

【完成任务】安排一次胎压监控实习，判别监控类型、学习如何设定和读数据流等。

·第8章·

AMT

8.1 AMT概述

1．AMT简介

自动机械式变速器（______________________，______）是在__________的基础上发展而来的，保留了原来手动变速箱的________与__________，配备一套电子控制的__________操纵系统或电控__________操纵系统（卡车可以采用电控气动系统），主要改变__________操纵部分，以达到换挡自动化的目的。

AMT的关键部件主要由__________、__________和__________三部分组成。它的工作原理是通过计算机控制的自动操作机构来完成操作离合器__________或__________，以及变速器__________和__________两个动作。汽车在行驶过程中，变速器控制单元TCU根据__________及当前行车速度，利用油门和车速两参数换挡规律来判断车辆应处于的最佳挡位，从而决定__________、__________，或保持原挡位不变，最终达到加速或减速的目的。

2．AMT分类

（1）根据离合器数量：____。

（2）根据离合器形式：____。

（3）按照执行机构动力源不同：____。

（4）根据自动化程度：____。

3．半自动SAMT

半自动机械式变速器又称________。卡车“________”换挡方式和“________”换挡方式的手动变速器和自动离合器相结合的变速系统。它的目的只是使________电控自动化，换挡还是要手动换挡。

4．全自动 AMT

相对半自动 AMT 而言，全自动 AMT 除了控制离合器以外，还控制________和________的动作，完全模拟了驾驶员动作。在控制离合器和选挡/换挡动作中可采用________控制、________控制和________控制三种，根据方便程度和市场需求决定。

随着____________汽车的发展，AMT 在中型轿车的应用迎来了曙光，如图 8-2 所示为中国一汽集团公司红旗混合动力轿车整车主要结构，其中变速器采用了 AMT 结构。

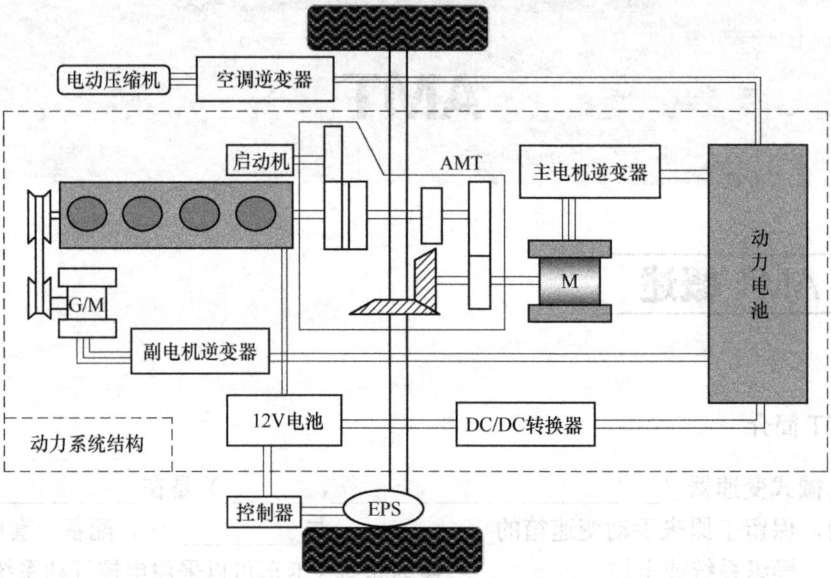

图 8-2　中国一汽集团公司红旗混合动力轿车整车主要结构

红旗混合动力汽车（纵置发动机）与奔腾混合动力汽车（横置发动机）都采用了________变速器，这种 AMT 在纯电驱动阶段，离合器在分离轴承的作用下保持________，只有发动机需要工作时，离合器才接合，这与传统汽车是不同的。离合器控制采用电控________控制离合器液压缸活塞工作，换挡操纵机构采用________电动机和________电动机完成。

8.2 双离合 AMT

1．双离合 AMT 简介

DCT 是________________________的缩写，目前世界上先进的 DCT 是基于 AMT 变速箱的变速器，组合了两组____________和两套__________，两个离合器分别与__________挡和________挡相连，通过离合器之间的切换，完成偶数变速挡和奇数挡的快速切换。

2．双离合（DCT）AMT的优点和缺点

1）优点

____

2）缺点

____

3．双离合变速器（DCT）的分类

DCT根据双离合器采用离合器片的形式可为分________和________两种。湿式DCT用的变速器油________，体积较大，可以承受较大的扭力。干式DCT用的变速器油________，体积更小，更紧凑，效率更高，适合小型车，但能承受的扭力不如湿式DCT大。

4．DSG的结构

目前，无论是一汽大众公司还是上海大众公司，都采用了两种不同控制类型的DSG变速器：________式（6速）和________式（7速），如湿式控制的DQ250（02E）型DSG变速器（6速）和干式控制的DQ200（0AM）型DSG变速器（7速）。

5．DSG的工作原理

画出02E型DSG 6速变速器的工作原理示意图。

·第 9 章·

液力自动变速器

无级变速器只能传递______的扭矩，若采用无级结构串联有级形成传动比________的无级变速器成本又是问题。液力自动变速器（AT）为有级自动变速器，尽管油耗高于手动变速器和无级变速器，但随着控制技术的进步和挡位的增加，这种差距越来越小。目前配____________________________________仍是市场的“老大”，并在一定时间内保持这种优势（尽管双离合自动变速器发展势头很猛）。

9.1 控制面板和分类

1. 操纵手柄的使用

自动变速器是由驾驶员通过驾驶室内的操纵手柄来操作的。操纵手柄布置在______上、______上或______上。不论布置在哪儿，操纵手柄一般都有______～______个挡位。

【完成任务】掌握大众 01M 4 挡变速器和奥迪 01V 5 挡变速器的控制面板。

P 的英文全标是：______________；其作用是：__________________________________。

R 的英文全标是：______________；其作用是：__________________________________。

N 的英文全标是：______________；其作用是：__________________________________。

D 的英文全标是：______________；其作用是：__________________________________。

3 位的换挡范围：_________；2 位的换挡范围：_____________；1 位的换挡范围：____________。

Tiptronic 是哪两个词的缩写？____________；如何翻译？__________；如何使用？__________。

P 位和驻车制动的区别：____。

S 的英文全称是：______________；其作用是：__________________________________。

从 01M 控制面板上可看到两个提示踩刹车的符号的作用是：______________________。

2. 控制开关的使用

1）超速挡开关（0 / D 开关）

这种开关的作用：______________________________。

2）模式开关

（1）经济模式（ECONOMY）开关的作用：______________________________。

（2）动力模式（Power）开关的作用：______________________________。

（3）标准模式（Normal）开关的作用：______________________________。

（4）机械式手动模式开关的作用：______________________________。

【完成任务】如果有了 Tiptronic 开关后，还是否有必要设计 MANUAL 和 Hold 开关？______________________________。

（5）冬季和雪地模式开关的作用：______________________________。

（6）手自动一体模式开关的作用：______________________________。

3. 不同工况下自动变速器的使用

由于自动变速器在结构和工作原理上与手动变速器有很大的不同，因此在使用操作上也有许多不同之处。我提到的变速器若不特殊指出，全指四挡变速器。

1）写出启动注意事项

______________________________。

技师指导

在 P 和 N 位置启动很简单，做个开关在 P 和 N 位置时都闭合，例如，丰田汽车把这个开关串装在启动继电器线圈电路上，而美国通用别克汽车把这个开关与继电器触点电路串联起来，所以易损坏。

2）写出起步操作

____

____

____。

3）写出一般道路行驶注意事项

____

____

____

____

____

____

____。

4）倒车注意事项

____

____

____

____。

5）写出坡道行驶操作

____

____

____

____。

6）写出发动机制动操作

____

____

____

____。

技师指导

无论是上大坡还是下大坡都用前进低挡，坡的坡度越大，驾驶员采用的挡位就要越低。

7）写出雪地和泥泞路面行驶与冰雪路面行驶操作

____

____

____

____。

8）写出临时停车操作

____

____

____

____。

9）写出停放操作

____

____
____
________________________________。

4. 使用注意事项

为充分发挥自动变速器的性能优势，防止因使用操作不当而造成早期损坏，在驾驶装有自动变速器的汽车时，应注意以下几点。

（1）____。

（2）____。

（3）____。

（4）____。

（5）____。

（6）____。

（7）____。

5. 液力自动变速器分类

不同车型所装用的自动变速器在形式、结构上往往有很大的差异，下面从不同的角度对自动变速器进行分类。

1）按汽车驱动方式分类

____
____。

2）按自动变速器前进挡的挡位数分类

____
____。

3）按齿轮变速器的类型分类

____
____。

4）按变矩器的类型分类

____
____。

5）按控制方式分类

____
____。

9.2 变矩器

现代汽车自动变速器中所用的变矩器（____________）都是________________。由于名字太长，一般称为变矩器，这种变矩器综合利用了液力____________（无导轮）和______________（有导轮，但固定不动）的优点。

自动变速器的变矩器有 3 个工作特性：____________特性、____________特性和____________特性，这里按液力传动装置在汽车上的演变过程先后顺序来学习，即产品的出现过程来讲解。要明确今天轿车上没有纯耦合器、也没有纯变矩器。汽车从起步到高速行驶经历的特性变化为______________特性、______________特性和______________特性。

1．液力耦合器

液力耦合器主要由________、________、________3 个部分组成。

液力耦合器的传动原理是什么？

____。

2．液力变矩器

液力变矩器的结构与液力耦合器相似，它有________、________、________和________。

液力变矩器的传动原理是什么？

____。

3．综合式液力变矩器

目前，装有自动变速器的汽车上，使用的变矩器都是综合式液力变矩器，它和上面提到的液力变矩器的不同之处在于它的导轮不是完全固定不动的，而是通过______________（又称单向啮合器或自由轮离合器）支撑在固定于变速器壳体的导轮固定套上。这一单向超越离合器使导轮可以朝顺时针方向旋转（从______________看），但不能朝逆时针方向旋转。

综合式液力变矩器的传动原理是什么？

____

____
____
____
____
____
____
____。

4．带锁止离合器的综合式液力变矩器

1）单片压盘式

写出图9-14所示的带锁止离合器的综合式液力变矩器(单片压盘式)的工作原理是什么？

____
____
____
____
____
____。

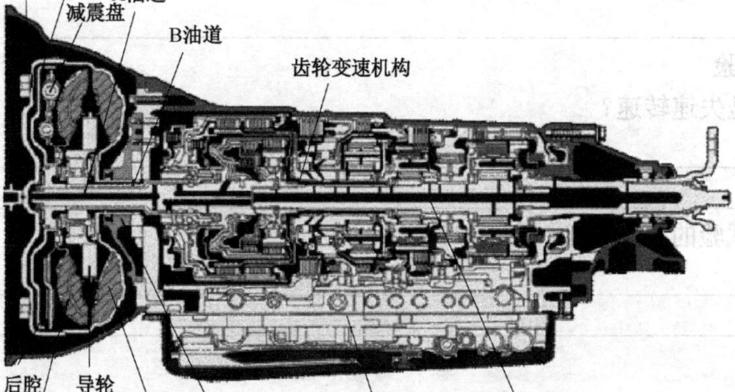

图9–14 带锁止离合器的综合式液力变矩器（单片压盘式）

2）多片式

如图9-16所示，片式锁止离合器的工作原理是什么？

____
____
____
____
____
____。

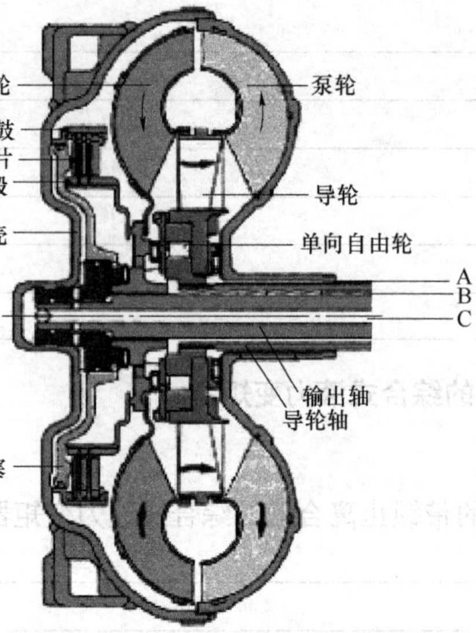

图 9-16　片式锁止离合器的结构

5. 故障的判断与更换

1）单向离合器出故障现象

（1）______________________________。

（2）______________________________。

2）失速试验

（1）什么是失速转速？

____

______________________________。

（2）失速试验的目的？

____

______________________________。

技师指导

很多人认为失速试验对变速成器的前进挡离合器片或倒挡离合器片有损害，而不敢去做这样的实验，其实一点都不用担心，过去一台丰田佳美车共计做了将近 100 次失速试验，也没有任何问题，注意每次只要能读出数值即可，不要一次连续时间太长。

（3）简述失速实验操作过程。

____

______________________________。

【完成任务】你要进行失速试验的车型：__________；发动机排量：__________；标准发动机失速转速：__________；实际的失速转速：__________；可能故障原因（可以写无故障）：__________。失速试验时是否有金属噪声？__________。

（4）失速试验结果的判断。

① 失速转速在上、下限之间。

____

____。

② 失速转速低于指标。

____

____。

（5）液力变矩器内部干涉的检查。

① 检查导轮和涡轮间是否发生干涉？

____

____。

② 检查导轮和泵轮是否发生干涉？

____

____。

（6）维修液力变矩器时的注意事项。

① ____。

② 手工冲洗变矩器的方法：______________________________

____

____

____。

③ 液力变矩器径向圆跳动检查方法：______________________

____

____。

④ 液力变矩器装配时的注意事项：________________________

____

____

____。

⑤ 更换新变矩器时的注意事项：__________________________

____

____

____。

6. 液压油的供给与冷却

技师指导

汽车使用时间长时，在发动机的散热系统会形成______部或______部堵塞，散热器外部堵塞会更明显。首先柳絮和泥土堵塞进气格栅处的散热器翅片，造成散热器堵塞，可用高压水枪清洗散热器翅片，但______和______要控制好，防止翅片变形造成散热器通风能力下降；其次发动机______冷和______冷系统正常才能保证变速器的散热器正常散热。

【完成任务】在一辆已行驶一段时间的车上找到 ATF 油的散热器，测量一下散热器的输入端温度是：________；输出端的油温是：________；温差是：________。

9.3 油泵

常见的自动变速器油泵有五种类型：____________泵（本田车用）、____________泵、____________泵、____________泵及____________泵。

1. 内啮合齿轮泵

什么是排量？

____

____________。

2. 摆线转子泵

有人说，摆线转子泵和内啮合齿轮泵一样，只是齿形不同，这种说法对吗？

____

____。

3. 变量泵

写出图 9-24 所示的马自达车系变量泵中的省力杠杆的作用：____________

____。

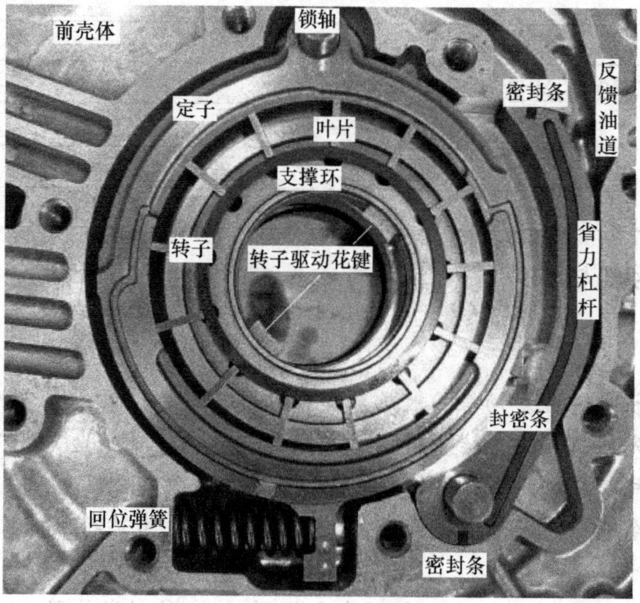

图 9–24　马自达车系变量泵

4．内啮合齿轮泵的检修

表9-1 油泵测量标准

检查项目	标准间隙（mm）	最大间隙（mm）
小齿轮与月牙板间隙	0.07～0.15	
内齿轮与月牙板间隙	0.11～0.14	
齿轮端隙	0.02～0.05	

【完成任务】请在相应自动变速器油泵的拆装手册指导下，进行拆装，并按本节讲解的内容进行检修，试从光洁度角度确定部件是否可用。

9.4 齿轮变速器

自动变速器中的齿轮变速器所采用的变速齿轮有________齿轮和______齿轮两种。

行星齿轮变速器由____________机构和____________机构两部分组成。

行星齿轮机构的作用是改变____________和____________方向，即构成不同的挡位；换挡执行机构的作用是控制行星齿轮机构______________。

本节首先介绍的是行星齿轮机构如何改变传动比（理论重点）；然后介绍执行元件的结构和工作原理（实践修理重点）；最后详细讲解____________式、____________式、____________式及____________机构四种主要形式的变速器（理论重点）。

1．行星齿轮机构结构

1）类型和示意画法

行星齿轮机构有很多类型，其中最简单的行星齿轮机构由1个__________、1个__________、1个____________和支撑在行星架上的3或4个行星齿轮组成的。

太阳轮、内齿圈及行星架有一个共同的固定轴线，也就是____________的中心线；行星齿轮支撑在固定于行星架的行星齿轮轴上，并同时与太阳轮和内齿圈啮合。当行星齿轮机构运转时，空套在行星架的行星齿轮轴上的几个行星轮一方面可以绕着自己的__________旋转，另一方面又可以随着行星架一起绕着太阳轮回转，就像天上行星的运动一样，兼有____________和____________两种运动状态，行星齿轮的名称即因此而来。

在行星排中，具有固定轴线的太阳轮、内齿圈和行星架称为行星排的3个____________元件，只有基本元件之间进行主、从运动才能实现变速。

在太阳轮中心、行星齿轮中心和内齿圈构成的半径上，有一个行星齿轮被称为__________行星排。若在一个半径方向上，内齿圈和太阳轮之间有两个行星齿轮被称为__________行星排。单行星轮行星排和单行星轮行星排组合称为__________机构，单行星轮行星排和双行星轮行星排组合称为__________机构。

C=__________（英语）或K=______________（德语）代表离合器、B=____________代表制动器、F=__________代表单向离合器，C、K、B、F字母后标的数字（如C_0和C_1）

表示它们是____________的离合器。

画出理想的行星排画法。

画出辛普森机构（前架后圈输出）和拉维娜机构（内齿圈输出）的示意图。

2）行星齿轮变速的基础知识

（1）马拉车和自行车的运动原理。

- ____。
- ____。

（2）轴和轮的运动分析。

行星架自转方向与行星轮自转方向相同时，内齿圈的运动要____________。

行星架自转方向与行星轮自转方向相同时，内齿圈的运动要____________。

（3）三个基本元件的转速关系。

- 单行星轮行星排：______________________________ (9-1)
- 双行星轮行星排：______________________________ (9-2)

式中　α——______齿数和________齿数比，说明跟行星排本身的结构特征有关系，很显然α大于1。实际中α有个范围值，不能过大也不能过小，一般为1.5～4.5之间；

n_1——__________；n_2——__________；n_3——__________。

（4）三个基本元件的齿数关系。

- 行星轮行星排：______________________________ (9-3)
- 双行星轮行星排：______________________________ (9-4)

（5）力矩比例关系。

单行星轮行星排中，太阳轮、内齿圈、行星架上的力矩分别为（规定顺时针为正力矩）

$M_1=F_1r_1$、$M_2=\alpha F_1r_1$，$M_3=-(1+\alpha)F_1r_1$

式中　M_1——太阳轮扭矩；

M_2——内齿圈扭矩；M_3——行星架扭矩；

r_1——行星轮半径；

F_1——齿轮啮合边界切向力。

力矩比为

M_1: M_2: M_3=__________：__________：____________________ (9-5)

（6）单排行星齿轮机构有两个自由度。

两个自由度是指一个行星排中的3个基本元件，一个作为动力输入，一个作为动力输出。由于实际工作中，输出肯定____________，即输出一定接在有阻力的元件上起拖动作用。此时第三者若不受控制，因输出上接有负载，动力会定向传给____________，因此不能直接用于变速。为了组成具有一固定传动比的传动机构，且动力输出定向，自由度的数目必须限制为＿＿＿＿＿＿。

限制自由度的方法在变速器内只有3种：

＿＿。

3）单排行星齿轮传动比的计算练习

（1）将内齿圈固定，以太阳轮为主动件，行星架为从动件，其传动比为多少？

＿＿＿＿＿＿＿＿＿＿＿＿＿＿＿＿＿＿＿＿＿＿＿＿＿＿＿＿＿＿＿＿＿＿＿。

（2）将太阳轮固定，以内齿圈为主动件，行星架为从动件，其传动比为多少？

＿＿＿＿＿＿＿＿＿＿＿＿＿＿＿＿＿＿＿＿＿＿＿＿＿＿＿＿＿＿＿＿＿＿＿。

（3）将太阳轮固定，以行星架为主动件，齿圈为从动件，其传动比为多少？

＿＿＿＿＿＿＿＿＿＿＿＿＿＿＿＿＿＿＿＿＿＿＿＿＿＿＿＿＿＿＿＿＿＿＿。

（4）若将行星架固定，则行星齿轮的轴线也被固定，行星齿轮只能自转，不能公转，行星排成为一个定轴式齿轮传动机构，而且太阳轮和内齿圈的转向相反。此时若以太阳轮为主动件，内齿圈为从动件，即可获得反向减速传动，其传动比为多少？

＿＿＿＿＿＿＿＿＿＿＿＿＿＿＿＿＿＿＿＿＿＿＿＿＿＿＿＿＿＿＿＿＿＿＿。

（5）若3个基本元件都没有被固定，各个基本元件都可以自由转动，则此时该机构具有两个自由度，因此不论以哪两个基本元件为主动件、从动件，都不能获得动力传递，即此时该机构失去传动作用而处于空挡状态。

（6）若将任意两个基本元件互相连接起来，也就是说使 $n_1=n_2$ 或 $n_2=n_3$，则由行星排的运动特性方程可知，第三个基本元件的转速必与前两个基本元件的转速相同，即3个基本元件将以同样的转速一同旋转。此时不论以哪两个基本元件为主动件、从动件，其传动比是多少？

＿＿＿＿＿＿＿＿＿＿＿＿＿＿＿＿＿＿＿＿＿＿＿＿＿＿＿＿＿＿＿＿＿＿＿。

单行星轮行星排我们以上举了很多例子，希望对大家有所启发。对于双行星排共同变速传动比计算方法应把握以下几点。

- ＿＿＿＿＿＿＿＿＿＿＿＿＿＿＿＿＿＿＿＿＿＿＿＿。
- ＿＿＿＿＿＿＿＿＿＿＿＿＿＿＿＿＿＿＿＿＿＿＿＿。
- ＿＿＿＿＿＿＿＿＿＿＿＿＿＿＿＿＿＿＿＿＿＿＿＿。
- ＿＿＿＿＿＿＿＿＿＿＿＿＿＿＿＿＿＿＿＿＿＿＿＿。

在后边具体变速器传动中有例子，根据所列方法推演，这里不再赘述。

2．换挡执行机构结构

1）离合器工作过程

____

____

____

____

____。

2）制动器

制动器的作用是将行星排中的太阳轮、内齿圈、行星架这 3 个基本元件之一固定到变速器壳上，使之不能旋转。在自动变速器中作为换挡执行机构的制动器的结构形式较多，目前最常见的是带式制动器和片式制动器两种。

（1）带式制动器工作过程：

____

____

____。

（2）片式制动器工作过程：

____

____

____。

3）单向超越离合器

单向超越离合器有多种形式，目前最常见的是____________式和__________式两种。

（1）滚柱斜槽式单向超越离合器：

____

____

____。

（2）楔块式单向超越离合器：

____

____

____。

3. 典型行星齿轮变速器

1）辛普森式

（1）辛普森式 3 挡行星齿轮变速器。

辛普森式 3 挡行星齿轮变速器的结构如图 9-58 所示。

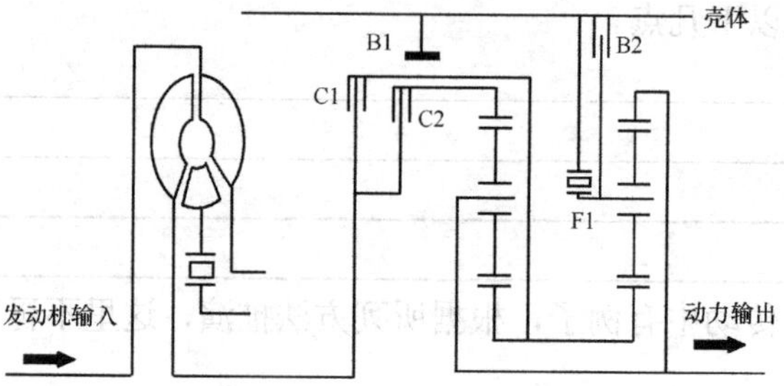

图 9–58 辛普森式 3 挡行星齿轮变速器的结构

填写表 9-2 中的工作规律。

表 9-2 辛普森式 3 挡行星齿轮变速器换挡执行元件工作规律

操纵手柄位置	挡位	换挡执行元件				
		C1	C2	B1	B2	F1
D	1 挡					
	2 挡					
	3 挡					
R	倒挡					
2 或 L	1 挡					
	2 挡					

注：○——接合、制动或锁止。

（2）改进后的辛普森式 3 挡行星齿轮变速器。

2 挡单向超越离合器的布置如图 9-63 所示。

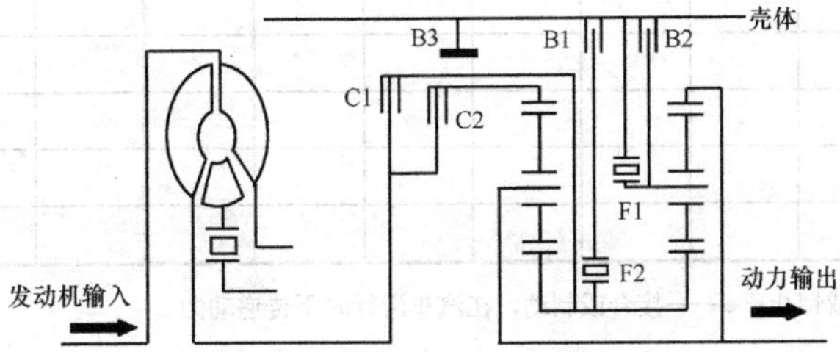

图 9–63 2 挡单向超越离合器的布置

填写表 9-3 中的工作规律。

表 9-3 改进后的辛普森式 3 挡行星齿轮变速器换挡执行元件工作规律

操纵手柄位置	挡位	换挡执行元件						
		C1	C2	B1	B2	B3	F1	F2
D	1 挡							
	2 挡							
	3 挡							
R	倒挡							
2 或 L	1 挡							
	2 挡							

注：○——接合、制动或锁止。

（3）辛普森式 4 挡行星齿轮变速器。

3 个行星排的辛普森式 4 挡行星齿轮变速器如图 9-64 所示。

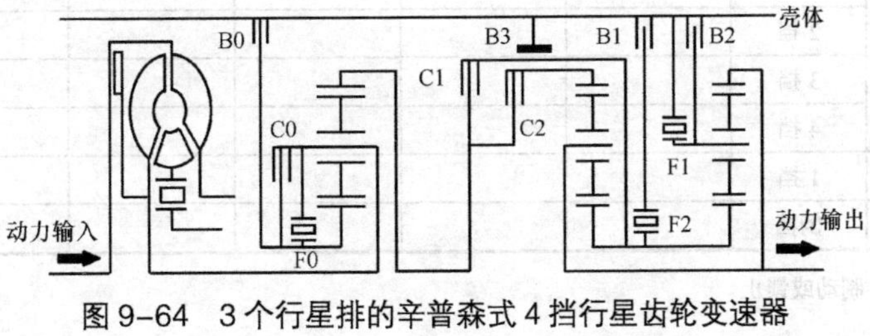

图 9–64 3 个行星排的辛普森式 4 挡行星齿轮变速器

填写表 9-4 中的工作规律。

表 9-4　3 行星排辛普森式 4 挡行星齿轮变速器换挡执行元件工作规律

操纵手柄位置	挡位	换挡执行元件										停车锁
		C1	C2	B1	B2	B3	F1	F2	C0	B0	F0	
P	P											
R	R											
N	N											
D	D1											
	D2											
	D3											
	D4											
2	21											
	22											
	23											
L	L1											
	L2											

注：○——接合、制动或锁止；●——接合或制动，在汽车滑行时不传递动力。

2）拉维娜尔赫式

（1）4 挡 01M 变速器。

01M 自动变速器的拉维娜尔赫式行星齿轮变速机构如图 9-65 所示。

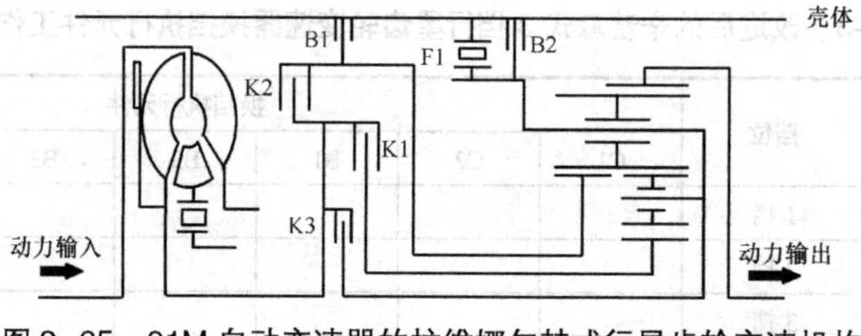

图 9-65　01M 自动变速器的拉维娜尔赫式行星齿轮变速机构

填写表 9-5 中的工作规律。

表 9-5　大众 4 挡 01M 行星齿轮变速器换挡执行元件工作规律

操纵手柄位置	挡位	执行元件规律					
		K1	K2	K3	B1	B2	F1
D 位	1 挡						
	2 挡						
	3 挡						
	4 挡						
1 位	1 挡						
R 位	倒挡						

注：○——接合、制动或锁止。

（2）奥迪 A6 5 挡 01V 变速器。

拉维娜尔赫式奥迪 A6 5 挡 01V 行星齿轮变速器如图 9-66 所示。

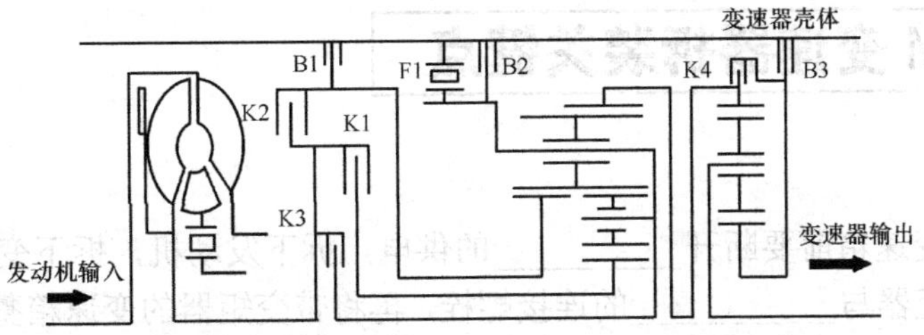

图 9-66 拉维娜尔赫式奥迪 A6 5 挡 01V 行星齿轮变速器

表 9-6 拉维娜尔赫式奥迪 A6 5 挡 01V 变速器换挡执行元件工作规律

操纵手柄位置	挡位	执行元件规律							
		K1	K2	K3	B1	B2	F1	K4	B3
D 位	1 挡								
	2 挡								
	3 挡								
	4 挡								
	5 挡								
2 位	1 挡								
R 位	倒挡								

注：○——接合、制动或锁止。

（3）AISIN 6 速 09G 自动变速器。

AISIN 6 速 09G 自动变速器如图 9-68 所示。

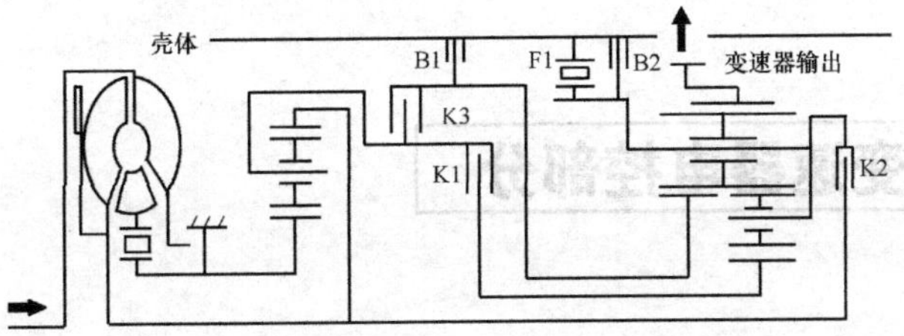

图 9-68 AISIN 6 速 09G 自动变速器

填写表 9-7 中的工作规律。

表 9-7 拉维娜尔赫式 AISIN 6 速 09G 自动变速器换挡执行元件工作规律

操纵手柄位置	挡位	执行元件规律					
		K1	K2	K3	B1	B2	F1
D 位	1 挡						
	2 挡						
	3 挡						
	4 挡						
	5 挡						
	6 挡						
R 位	倒挡						

9.5 01M 变速器拆装关键点

从车上抬下变速箱前要断开__________的供电，拆下发动机，拆下变速器外围连接件，转动曲轴拆下变矩器与__________的连接螺栓，再将带变矩器的变速箱整体抬下，决不允许将变速器不带变矩器单独抬下，因为那样操作会损坏油泵__________，甚至__________。

在抬下变速器后，从前部取出变矩器，若要__________内部则进行清洗作业，若无清洗作业则用塑料袋堵住加油口，防止异物侵入。

在分解变速器齿轮变速机构前一定要先拆__________，将阀体与齿轮变速机构的油管和密封圈拆下后，才能分解齿轮变速机构，否则修理中极易损坏阀板向齿轮变速机构的供油管密封。若看到有师傅这样拆装，就能知道他没修过变速器。对于胶垫、纸垫、密封圈及一些螺栓，要求修理中全部要更换新的，实际中只针对有损坏的元件进行更换。在__________km换 ATF 油时，先旋下放__________，再旋下__________放油（溢流管 2 的高度就是油面高度），放油后还要将油底壳拆下更换油阀体下的滤网，装上溢流管 2 后从加油管加入新的 ATF 油液直至溢流管淌油，装上放油螺塞 1。启动发动机工作挂挡，排系统气体，通过诊断仪判定变速器油温在 30℃时打开放油螺塞 1，溢流管不淌油则继续加至淌油，若溢流管淌油则让油淌完，再装上放油螺塞 1。

每次修理变速器时不一定分解__________装置，但外围的传感器一定要拆下，以免在修理中发生损坏。

9.6 01M 变速器电控部分

01M 阀板电磁阀分为两种：一种为__________，另一种为__________。

电磁阀位置如图 9-129 所示。

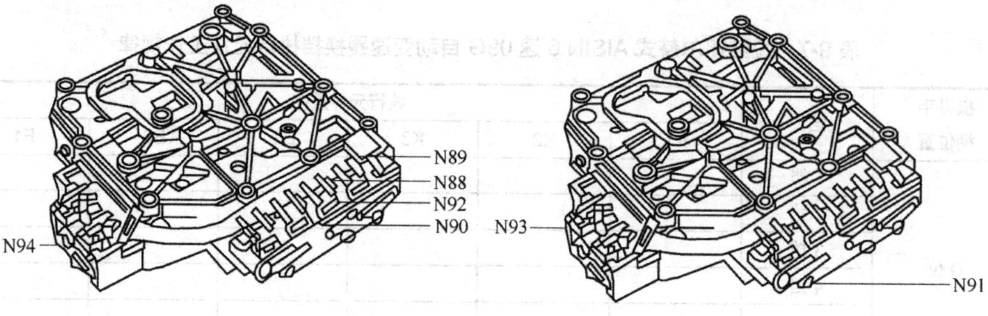

图 9-129 电磁阀位置

技师指导

图 9-129 中，脉冲阀有__________、__________（计算机控制占空比信号，不能用 0、1 来表示占空比）。7 个电磁阀__________、__________、__________、__________、__________、__________、__________及一个手动阀来共同控制阀板的油压调节和油路换向，它们是 01M 变速器的“人机控制”系统。

·第 10 章·

无级变速器

10.1 无级变速器简介

无级变速器（____________________________，CVT）一直是人们的理想变速器。通过改变_______上传动带或传动链的_______的方法，可以很容易实现主动锥盘和从动锥盘半径的增大和减小，实现低速挡至高速挡的过渡。但因接触部分压力_______而难以实用化，对于_______只能用在小排量的家庭用车，_______传动可以用到稍大排量的轿车上。

CVT 变速器的关键部件是由_____________或_____________实现的无级变速器。

1. 钢链式传动带

写出图 10-4 所示的相应元件的名称。

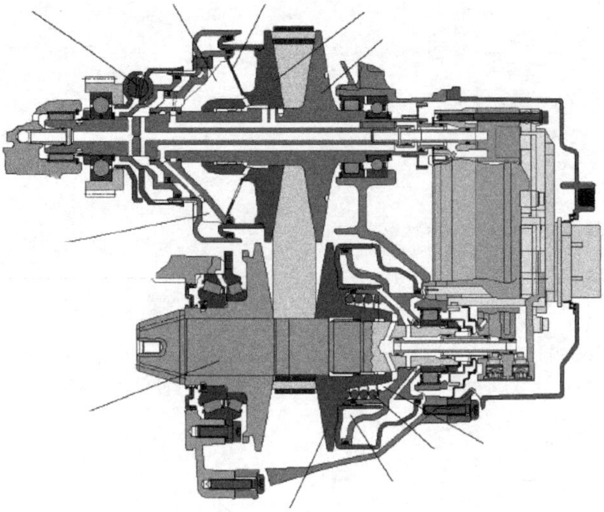

图 10–4　奥迪 01J 变速器的结构

2. 加副变速器的 CVT

目前，AT 液力自动变速器已发展到______甚至______，CVT 限于传统 CVT 的工作原理，通过加大带轮直径实现大速比，不仅带来变速器体积增大，更会带来机械效率下降。近年来，加装____________的新一代 CVT 开始出现。

10.2 奥迪 01J 变速器

6 缸奥迪汽车采用飞轮减震装置，4 缸汽油机和 6 缸 TDI 柴油机采用______________。上坡时或挂车时，离合器压力过高，为了保护离合器系统，必须对离合器进行__________。在上坡或挂车时，或频繁起步和刹车导致离合器温度升高时，必须对离合器进行__________。

1. 双活塞的工作原理

如图 10-8 所示为双活塞的结构。压力缸的特点是_________，但作用_________，因此压力大，其作用是保持链和锥盘的接触压力，保证传递的扭矩。分离缸的特点是_________，但作用_________，调整油量小，_________，其作用是改变压力平衡，调整速比。为阻止压力缸建立起的离心动态压力，在输出轴侧带轮的压力缸右侧设计了飞溅式油罩盖。

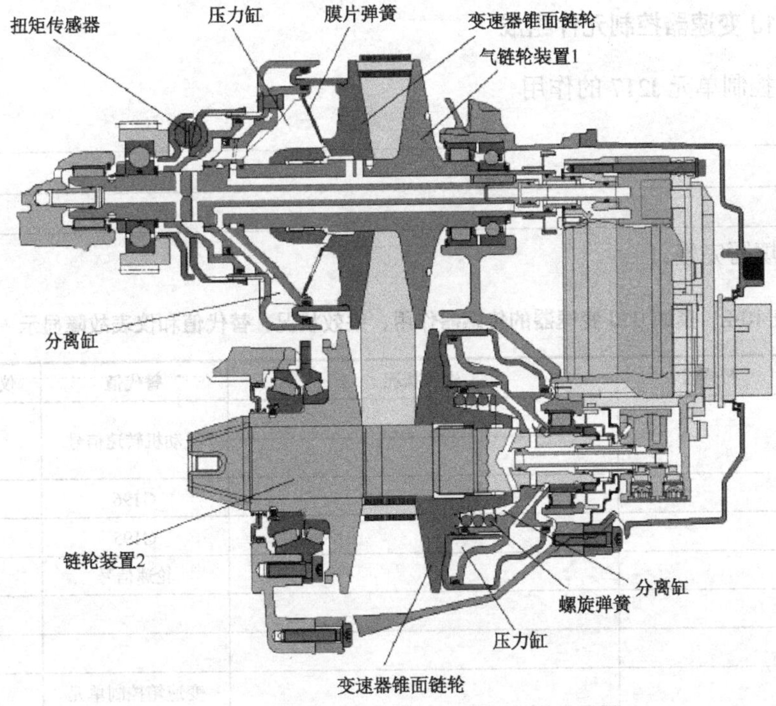

图 10–8 双活塞的结构

2．自调式内啮合泵

如图 10-9 所示为带月牙板的________________结构。为了提高油泵的工作效率，设计上就得减小油泵齿轮和月牙板内侧的间隙，同时也要减小油泵齿圈和月牙板外侧的间隙，这两间隙越大吸油区和压油区的连通越大，油泵效率越低。为了实现两间隙自调为零的目的，半月牙板采用了________区和________区组合的形式，将内扇区和外扇区中间的密封腔与压油区连通，消除了两间隙，理论上两间隙__________。

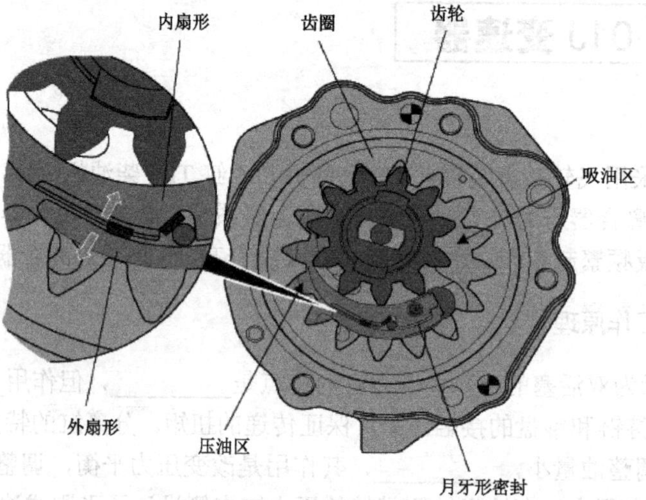

图 10–9　带月牙板的两间隙自调高效率内啮合齿轮泵的结构

3．奥迪 01J 变速器控制元件组成

1）变速器控制单元 J217 的作用

____

____

____。

把表 10-2 填写完整。

表 10-2　奥迪 01J 变速器的传感器作用、失效状况、替代值和仪表故障显示

传感器代号	传感器	失效状况	替代值	仪表故障显示
G182			发动机转速信号	无
G195			G196	无
G196			G195	无
N215/N216			轮速信号	无
G193				闪烁
G194				无
G93			变速箱控制单元计算得出替代值	反转
				闪烁
F125			引入替代程序	闪烁

2）奥迪 01J 变速器控制电路图

奥迪 01J 变速器控制电路图如图 10-11 所示。写出图 10-11 中相应元件及信号名称：

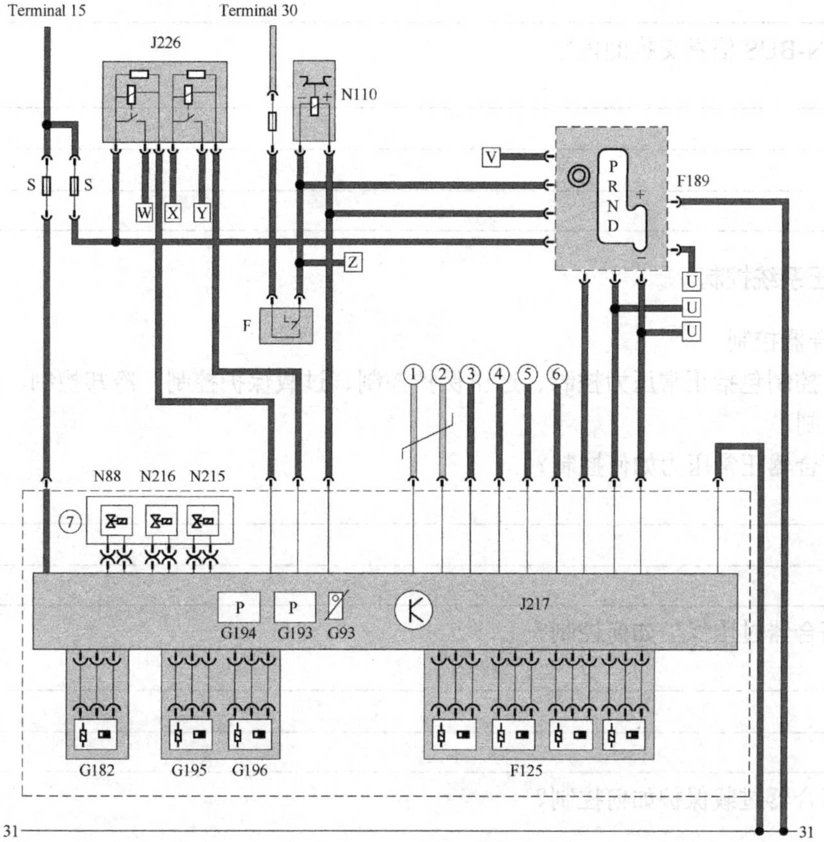

F—__________________；

F125—__________________；

F189—__________________；

G93—__________________；

G182—__________________；

G193—__________________；

G194—__________________；

G195—__________________；

G196—__________________；

N88—__________________；

N110—__________________；

N215—__________________；

N216—__________________；

J217—__________________；

J226—__________；

U—__________________；

V—__________________；

W—__________________；

X—__________________；

Y—__________________；

Z—__________________；

①—__________________；

②—__________________；

③—__________________；

④—__________________；

⑤—__________________；

⑥—__________________

图 10–10 奥迪 01J 变速器控制电路图

3）Tiptronic 开关的作用

____

____

____

____。

4）CAN-BUS 信息交换的内容

____

____

____

____。

4．液压系统控制

1）离合器控制

离合器控制包括正常压力控制、过压保护控制、过载保护控制、冷却控制、微量打滑控制和匹配控制。

（1）离合器正常压力如何控制？

____

____

____。

（2）离合器过压保护如何控制？

____

____

____。

（3）离合器过载保护如何控制？

____

____

____。

（4）离合器冷却如何控制？

____

____

______________________________。

（5）离合器微量打滑如何控制？

____

____

____。

（6）离合器匹配控制。

① 什么是爬行模式？

____

____

____。

② 部分负荷状态下如何匹配？

____

____

____。

2）变速器换挡控制原理

____

____。

【完成任务】在图 10-23 上标注 ATF 油的管路流向。

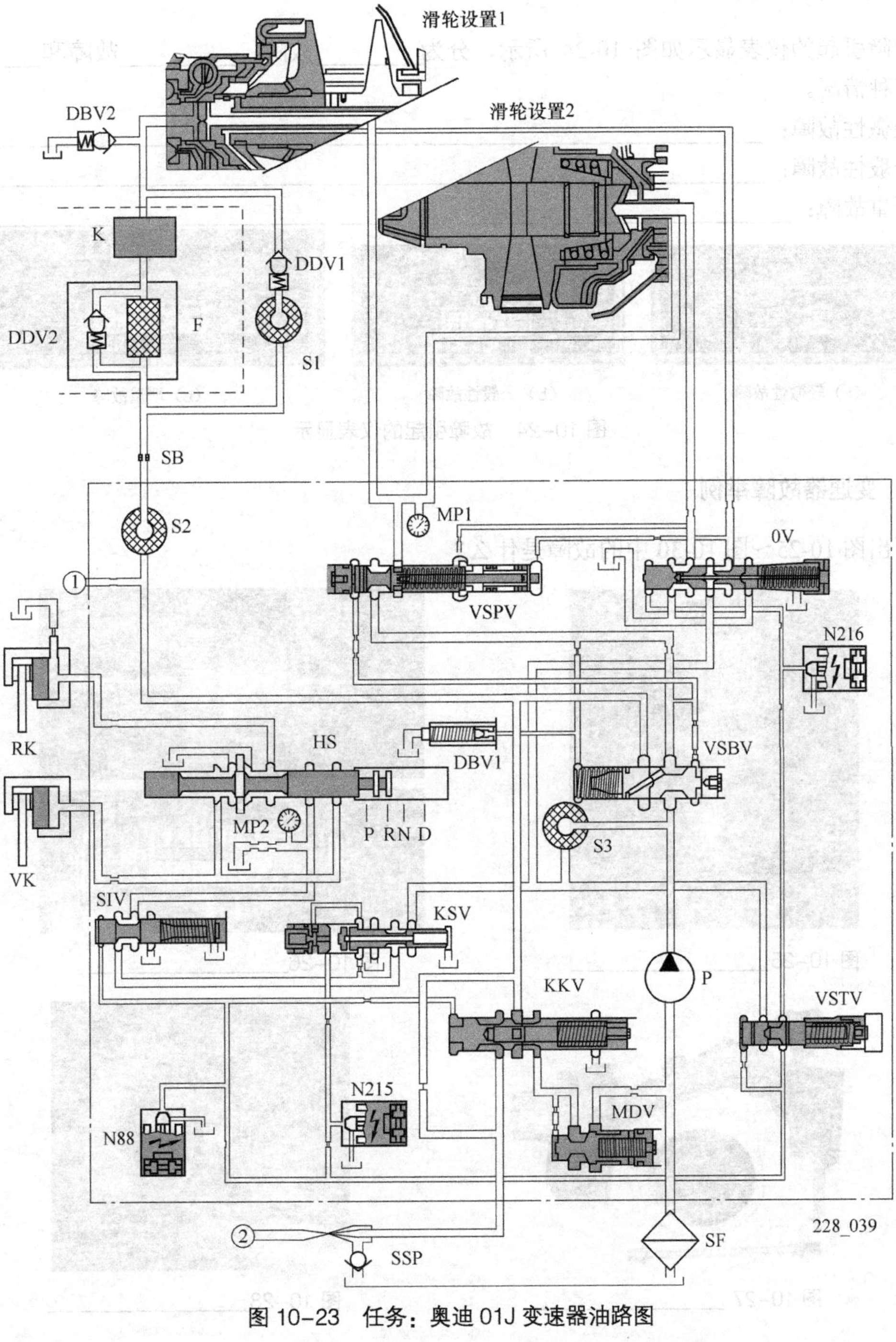

图 10-23 任务：奥迪 01J 变速器油路图

10.3 奥迪 01J 变速器的故障

1. 组合仪表显示

故障引起的仪表显示如图 10-24 所示，分为________故障、__________故障和__________故障三种情况。

轻微性故障：____。

一般性故障：____。

严重故障：____。

（a）轻微性故障　（b）一般性故障　（c）严重故障

图 10-24　故障引起的仪表显示

2. 变速器故障举例

写出图 10-25～图 10-30 中的故障是什么？

图 10-25________________

图 10-26________________

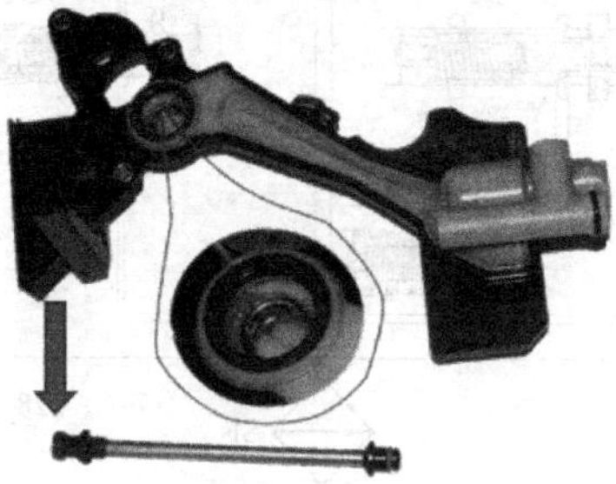

图 10-27________________

图 10-28________________

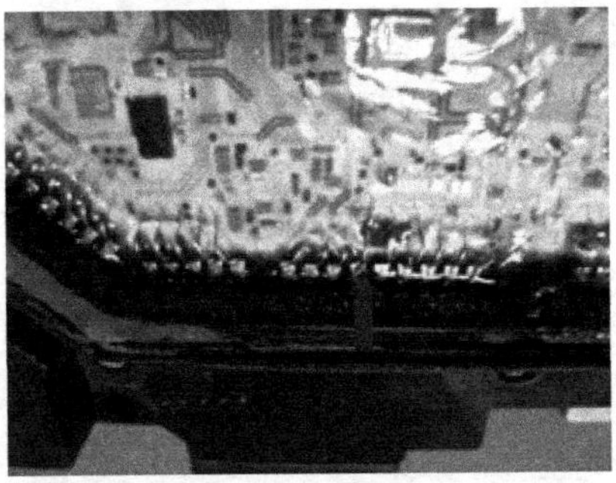

图 10-29________________

图 10-30________________

《汽车行驶与操纵系统构造与检修》

·第 1 章·

汽车悬架系统

1.1 悬架基础知识

什么是悬架部件？

____

____。

1. 车身和车架

什么是车架？

____

____。

车架是用厚钢板（一般为__________mm）制作成高强度管形或方形的结构，这种结构再通过焊接或铆接在一起形成车架，对上支撑车身，对下连接悬架。

1）车架

车架分为__________式车架和__________式车架两种。

（1）整体式车架。

大多数卡车和越野车都采用这种整体车架，车架主要包括__________和__________。

（2）半车架式车架（前、后车架式）。

半车架式通常有前车架和后车架两部分，前车架对上接_______，车身支撑_______、_______，对下连接前悬架部件。后车架对上支撑车身，对下支撑后独立驱动桥。有的前驱动汽车后部悬架和车身之间的车架只是一个连接座，这个连接座也可能集成在后悬架上。

2）车身

车身分为_______式车身和_______式车身两种。

（1）承载式车身。

什么是承载式车身？

____

____。

（2）非承载式车身。

什么是非承载式车身？

____

____。

2．悬架类型

按地面冲击是否能从一侧车轮影响另一侧车轮，悬架分为________悬架和________悬架两种。

（1）什么是非独立悬架？

____

____。

（2）什么是独立控制悬架？

____

____。

（3）什么是半独立式悬架？

____

____。

3．悬架弹簧

悬架的弹簧有两个作用：

____

____

________________________。

技师指导

弹性元件的作用：例如，一辆拉着啤酒瓶的货车，在地面遇到一个较大的凸起（或凹坑），假设汽车没有弹簧的话，很显然车上的啤酒瓶会出现碎瓶。有了弹簧，就不会出现碎瓶，但车身会上下运动，地面冲击变成了弹簧势能和车身垂直运动动能的总和，通过车身上下运动，两种能量之间互相转换。从这个例子来说，很多人错误地认为弹簧是__________，事实上，在汽车上的弹簧是储能的，或者说是有了弹簧就增____________。

1）钢板弹簧

（1）固定刚度钢板弹簧。

技师指导

在图 1-4 所示的货车的非独立悬架中，__________松动，或驱动桥的半轴套管部分与 U 形螺栓之间运动磨损导致 U 形螺栓松动，将在运动中产生大的冲击力噪声。钢板弹簧两端的吊耳和悬吊之间要用强度高的穿销连接，并用润滑脂润滑，所以要有__________的保养项目。

【完成任务】在图 1-4 所示的货车的非独立悬架中，弹性元件是__________；减震元件是__________和__________；导向元件是__________；是否有横向稳定装置？__________。

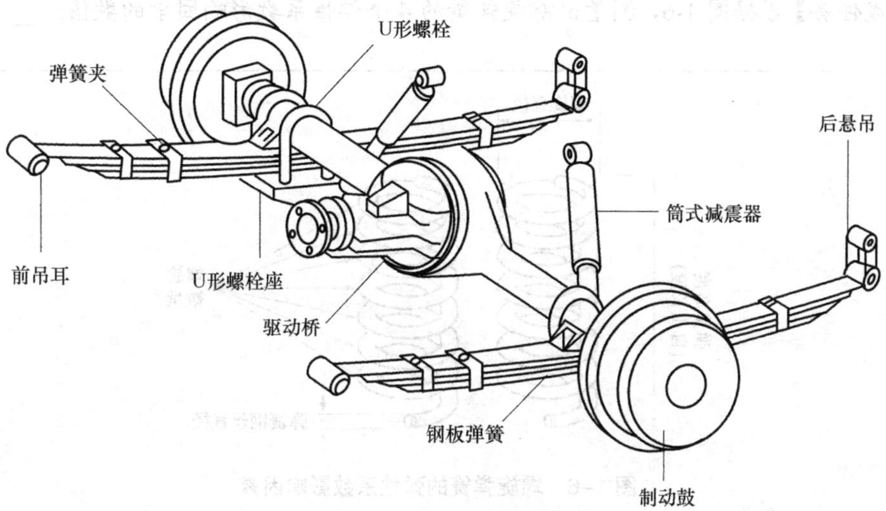

图 1–4 货车的非独立悬架

2）扭杆弹簧

不像其他弹簧，扭杆弹簧可调整到合适的行驶高度，高度调节螺栓的作用是通过调节可调整支架的角度来控制车轮与轮眉的高度。

【完成任务】在图 1-5 所示的扭杆弹簧式的独立悬架中，车身高度是通过哪个螺栓进行调节？__________。

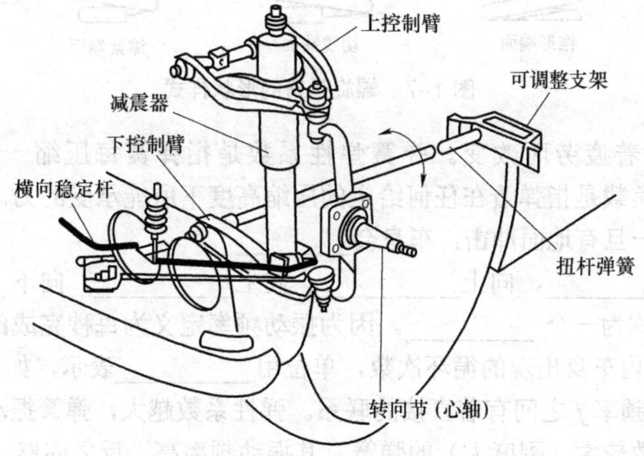

图 1–5 左前车轮扭杆弹簧的工作原理

3）螺旋弹簧

__________弹簧和__________弹簧靠压缩来变形。所有弹簧的共性就是不管它们采用哪种方法来吸收冲击震动，都会在恢复到原始状态的反弹过程中释放出作用力。

多数弹簧都是由称为__________的回火合金钢制成，通常是__________或__________合金。回火是在控制条件下的加热和冷却金属的过程，它能够增强金属的弹性。弹性是金属或弹簧在被扭曲或压缩时恢复到最初状态的能力。

螺旋弹簧可用于前悬架或后悬架，钢丝直径__________，弹簧的刚度__________；弹簧的高度__________，弹簧的刚度__________；螺旋数量__________，弹簧的刚度__________。

【完成任务】根据图 1-6，测量出螺旋弹簧的 4 个弹性系数影响因素的数值：____。

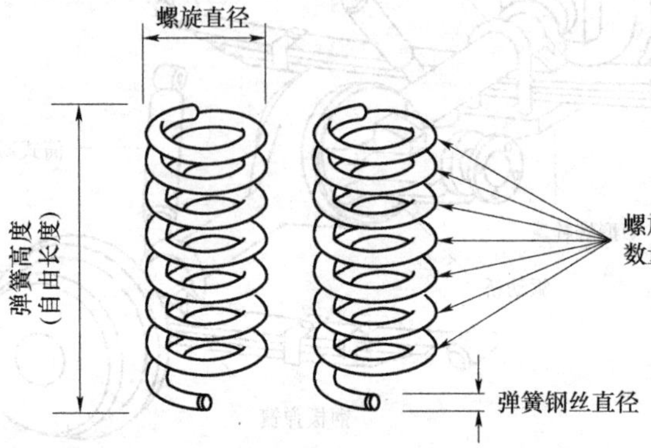

图 1–6　螺旋弹簧的弹性系数影响因素

弹簧的设计可以实现理想的乘坐舒适性和操纵性。图 1-7 显示了各种不同的弹簧端面形状。

图 1–7　螺旋弹簧的形状样式

弹簧负载会随着疲劳而改变。弹簧弹性系数是指弹簧每压缩一定尺寸时所承受的__________。弹簧负载是指弹簧在任何给定的压缩高度下所能承受的力。当弹簧疲劳时，弹簧负载能力下降，一旦有地面冲击，车身会__________。

车身在向下__________、向上__________、向上__________、向下__________四步后回到起始点的过程，称为一个__________。因为振动频率定义为每秒完成的循环次数，即弹簧振动频率是指在 1s 内车身出现的循环次数，单位用__________表示，如图 1-8 所示。在弹簧弹性系数 K 和振动频率 f 之间有着直接的联系。弹性系数越大，弹簧振动频率__________。也就是说，弹性系数较大（刚度大）的弹簧，其振动频率高，反之亦然。

在图 1-8 中，螺旋弹簧越硬，系统的振动频率是越高还是越低？__________。

螺旋弹簧变软，轮眉和车轮中心心轴的距离是减小还是增大？__________；请用圈尺实车测量一下轮眉和车轮中心心轴的悬架高度是：__________，左、右轮对比一下，说明：__________。

【完成任务】在螺旋弹簧式的独立悬架中，车身高度是否能进行调节？__________；车身高度只能越来越低吗？__________。

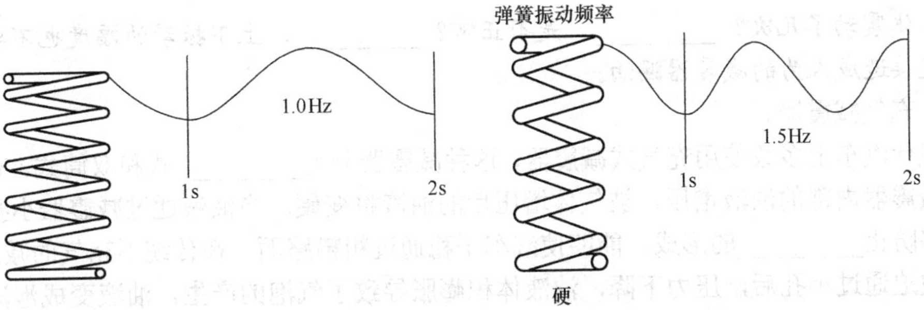

图 1–8 刚性较大的弹簧振动频率比柔软弹簧的振动频率高

4）空气弹簧

因为钢质弹簧的车身高度只与车身负载有关，随着车重增加，车身便会下降。空气弹簧是充气的气囊，当车重增加时，可增加气囊的充气量来保持原车高，放气可降低车高，车高控制非常灵活，这样车身重量和气体刚度的比值总是一个定值。

【完成任务】在空气弹簧式的独立悬架中，车身高度是否能进行调节：__________；空气弹簧的刚度如何调节：____________________。

4. 减震器

在传统的悬架系统中都使用了减震器以实现减震并控制汽车弹簧的运动。没有减震器的话，汽车在遇到凸凹不平的路面后，就会上、下持续跳动。

1）减震器的作用

减震器的作用是通过迫使液体流过小孔而把机械能转化为__________能，这样便阻止了汽车弹簧快速地上下运动，这是减震器名字的由来。减震器安装在车架与车桥之间，越靠近弹簧安装其效果越__________，上、下垂直安装的减震器承担了大部分的减震工作，标准的减震器并不能支撑车身的重量。有些汽车（主要指法国雪铁龙）在后悬架上使用了4个减震器。“垂直”安装的减震器可控制车身的__________运动，并反作用于后螺旋弹簧。接近“水平纵向”安装的减震器在加速和减速时，有助于控制__________运动。

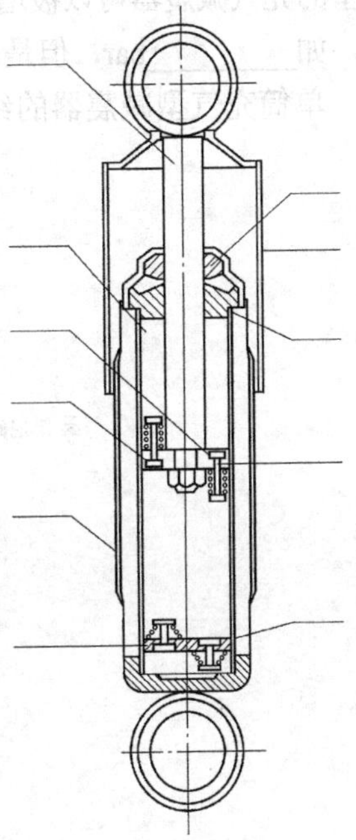

图 1–9 传统减震器的剖视图

2）减震器的分类

（1）传统节流阀式减震器。

【完成任务】在图 1-9 中，填写传统减震器组成元件的名称。

技师指导

传统减震器故障有漏油、减震器杆出现偏磨损和活塞、筒壁之间间隙大而漏油。

【完成任务】减震器在拉出减震器杆时和压下减震器杆时，哪个阻力更大？__________；为什么这样设计？__________。测试活塞和筒壁之间间隙大的方法是：通过身体体重（最好几个人喊号子一起压）上、下震动车体，然后突然松手，车体震动最多两至三次，震动次数越多则说明减震器内部出现了内漏。几个同学一起操作松手后，车体震动了几次？＿＿＿＿＿，是否正常？＿＿＿＿＿。上下振动的幅度也不要太大，否则会直接造成人为的减震器漏油。

（2）充气减震器。

在现代汽车上多数使用充气式减震器，这种减震器分为＿＿＿＿＿式和双筒式。充气的目的是使减震器内部的油液增压，被气体增压后的油液将变硬，当油液通过减震器小孔时，此压力能够防止＿＿＿＿＿的形成，能够使汽车平稳通过粗糙路面。在传统不充气的减震器中，在油液被迫通过小孔后，压力下降，油液体积膨胀导致了气泡的产生，油液变成泡沫状，有＿＿＿＿＿的油液不能有效地实现减震。

技师指导

正是由于减震器充入了空气，一旦内部密封不严，就会使空气和油液＿＿＿＿＿在一起，导致减震器失效，乘坐不平稳。

使用较高压力的子午轮胎和质量较小的汽车要求使用更有效的减震器。为了达到这个要求，减震器设计工程师利用了一种压缩气体，它不和减震器内的油液发生化学反应。如果一种物质和另外一种物质不起反应，它就被称为是“惰性的”。最常用的气体就是氮气，它占大气成分的78%。典型的充气减震器可以被增压到＿＿＿＿＿bar① 以帮助操纵和驾驶控制。一些减震器采用较高的压力，如＿＿＿＿＿bar，但是压力越高，渗漏的可能性越大，并且行驶越颠簸。

单筒充气型减震器的结构如图1-10所示。

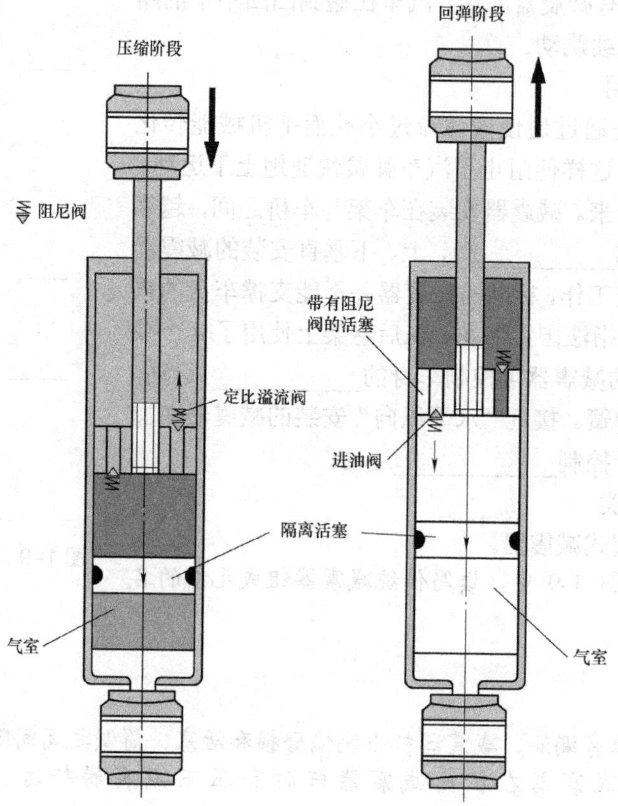

图1–10　单筒充气型减震器的结构

① 1 bar=10^5Pa。

充气减震器的工作原理如下。

① 压缩阶段：

____

____。

② 回弹阶段：

____

____。

（3）阻尼可调节的双筒式减震器。

电控悬架系统使用的是空气弹簧，空气弹簧是由橡胶气室组成，空气弹簧和减震器底部的减震器阻尼控制阀（________阀）相通，其具体结构和工作原理在奥迪汽车的阻尼可调的双筒式减震器中讲解。

（4）压电式减震器。

压电式减震器主要由压电________、压电________和阻尼力________三部分组成。

【完成任务】在压电式减震器中，传感器是压电正效应元件还是负效应元件？________________；执行器是压电正效应元件还是负效应元件？________________。

（5）磁流变式减震器。

磁流变式减震器利用内部工作液的黏度________来工作，通过每个装置中电磁线圈的________来快速地改变液体的黏度。

5. 悬架连接件

1）横向运动

上、下球头之间的连线称为__________。

【完成任务】在图 1-15 中，填写相应组成元件的名称；哪个部件对悬架提供纵向支撑，以防止控制臂的前、后运动？______________；上、下双叉臂球头之间的心轴部件也称为转向节（两者是一个件），上、下两个球头之间的连线称为________，转向时车轮绕着连线确定的轴转动。

2）纵向运动

什么是纵向运动？

____。

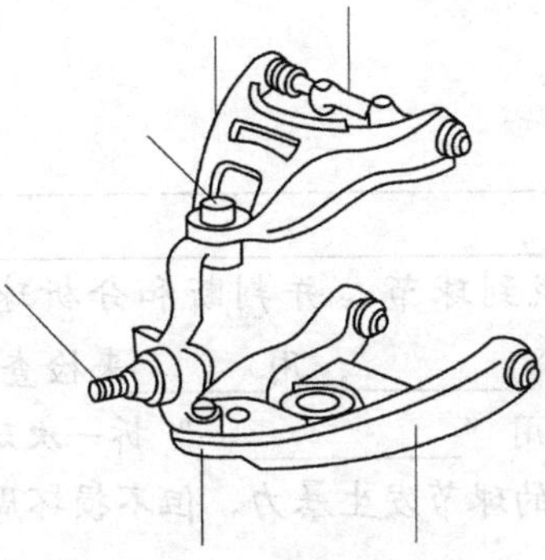

图 1-15 双叉臂式悬架导向机构

【完成任务】在图 1-16 中，哪个部件对悬架提供纵向支撑，以防止控制臂的前后运动？________。

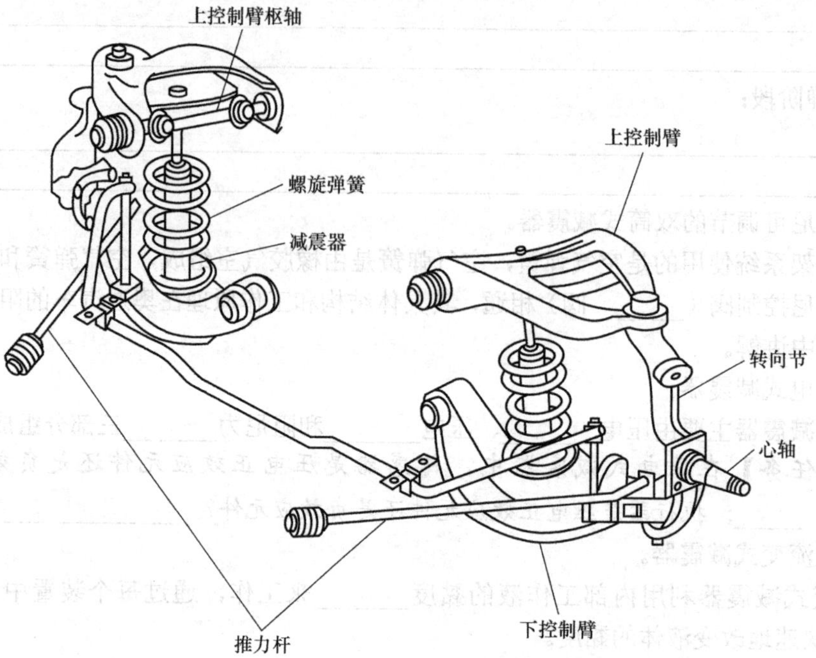

图 1–16　带推力杆的双叉臂式导向机构

（1）什么是防尾部下沉？

____。

（2）什么是防俯冲？

____。

3）横向稳定杆

________被称为防摆动或防滚动杆。如果车辆的一侧相对另一侧上、下运动，则横向稳定杆通过扭曲的方式来工作，如转弯、碰到凸起或在不平的路面行驶。

横向稳定杆的作用：

____

____。

4）转向球节

什么是负载球节？

____

____。

【完成任务】在实车上找到球节，并判断和分析球节是负载球节还是从动球节？________；哪个损坏得更快？________；用______来检查球节内部是否有________；用球节拆装工具拆一次球节，同时采用“________”拆一次球节，这里的“暴力拆装”不是破坏性的，暴力只针对已经损坏的球节发生暴力，但不损坏周围部件。

5）缓冲块

缓冲块的位置和材料：

____

____。

【完成任务】在维修作业中，从保护套、缓冲胶、减震器、弹簧、推力轴承、减震器支座等部件的任何一个损坏都要将______________一起拆下，并进行分解，如图所示 1-20 所示。在车上可通过“弹测、减压、听”操作分别检查弹簧、减震器和轴承。对于轴承的检修可采用行驶中的汽车__________的方法，也可在原地打转向，通过___________在减震器杆上螺母上听诊。

请在实车上找到车身向下运动时的限位块，同时找一找车身向上运动时的限位块，看是否能找到。

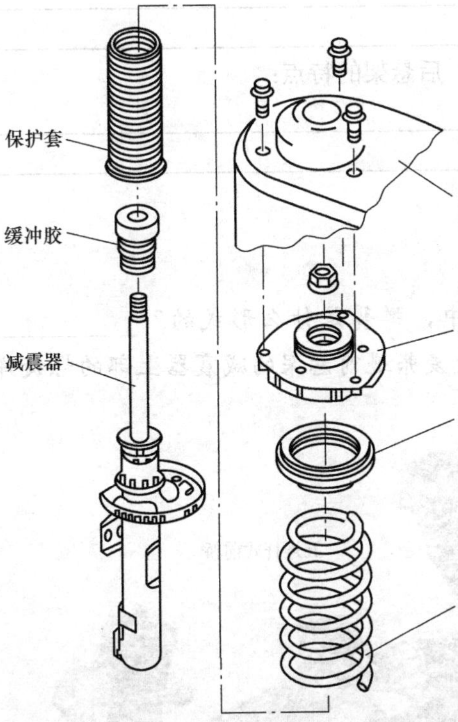

图 1-20 悬架缓冲块位置

6. 簧下质量

【完成任务】想一想，如果人穿一双铁鞋在急走、急停、转弯时，人的上身会有什么感觉？请在实车上找到簧下质量的元件写下来。

____

____。

7. 轴距和轮距

【完成任务】用卷尺测一下实车的两侧轴距和轮距，并写下来。

____

____。

1.2 大众汽车的前、后悬架

1. 大众汽车的悬架结构

（1）麦弗逊式前悬架的特点：____。

（2）拖曳臂（又称扭力梁）后悬架的特点：____。

2. 奥迪汽车的前、后悬架

1）双交叉臂式前悬架

【完成任务】在图 1-24 中，弹簧是什么形式的？__________；减震器在哪里？__________；其本质是不是麦弗逊前悬架的减震器上部的螺旋弹簧换为了空气弹簧？__________。

图 1–24 奥迪汽车的双叉臂式前悬架

2）多连杆式后桥后悬架

【完成任务】在图 1-25 中，找到车架，减震器和弹簧是否分开布置？__________；分开布置的好处是：__________。

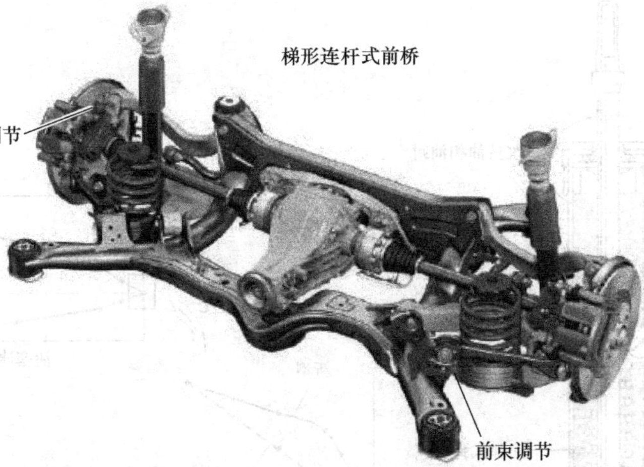

图 1–25 奥迪汽车的多连杆式后悬架（配螺旋弹簧和传统减震器）

1.3 丰田汽车的前、后悬架

1. 充气减震器

【完成任务】在图 1-26 所示的减震器中是否有高压气体？__________；加回弹式弹簧的目的是：__________；减震器加装多片式线性控制阀后与一般汽车减震器的区别是：__________；几个人在车前部按压车身产生垂直运动，松手后观察车身振动了几次（小于 3 次为正常，一般不到 2 次）？__________；要确定弹簧是否变软，以及左、右弹簧是否一致，需要测量车轮心轴中心到轮眉的距离并进行比较，请测量后写下来：左前轮：______；右前轮：__________；左后轮：__________；右后轮：__________；测量的结果分析是：____。

2. 横向稳定杆

【完成任务】在图 1-27 中，横向稳定杆两端加球头连杆的作用是：____。

3. 优化前悬架

1）优化侧倾中心

如图 1-29 所示，在侧倾时，重心高度变化产生的几何误差依赖于侧倾重心高度的设定和它的变化率。所以，为获得最佳设定，要合理地安放双叉臂。这样可保持低的重心高度，并确保极好的侧倾姿势。

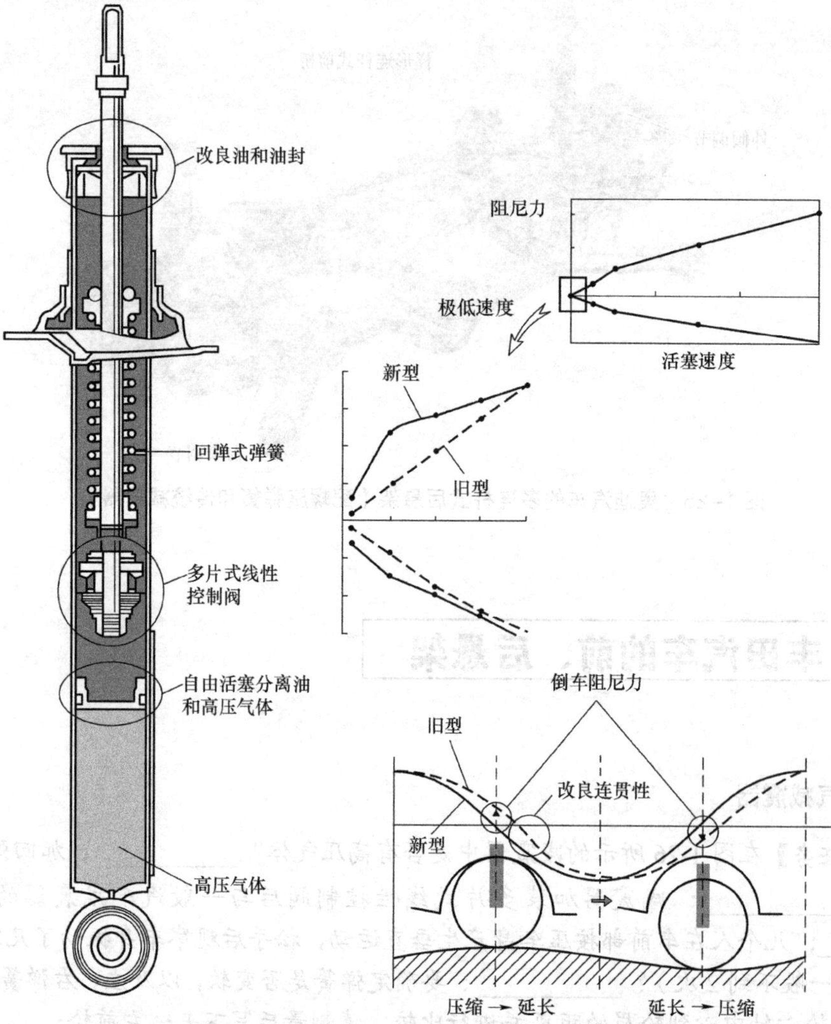

图 1–26 带有回弹式弹簧和多片式线性控制阀的单管式减震器

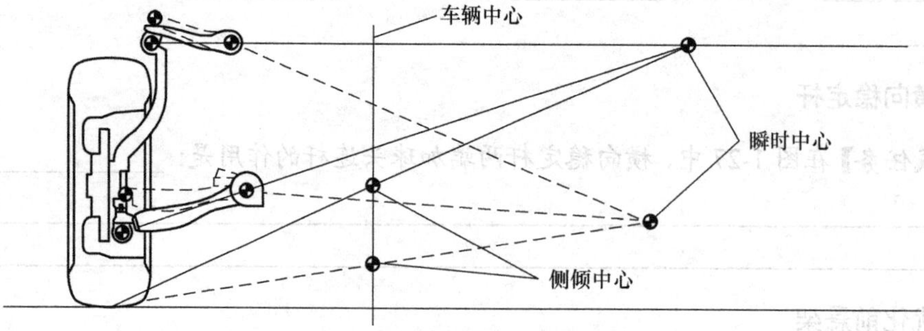

图 1–29 优化侧倾中心

【完成任务】在图 1-29 中，找到双叉臂上移时的侧倾中心位置；再找到双叉臂下移时的侧倾中心位置（提示用实线和虚线分清）。

2）优化主销偏移量

如图 1-30 所示，采用高安装式上臂，轮胎中心和主销之间的偏移量在车桥中心高度上减少。这样，就减少了主销周围的力矩，并抑制了摆动压力的产生。

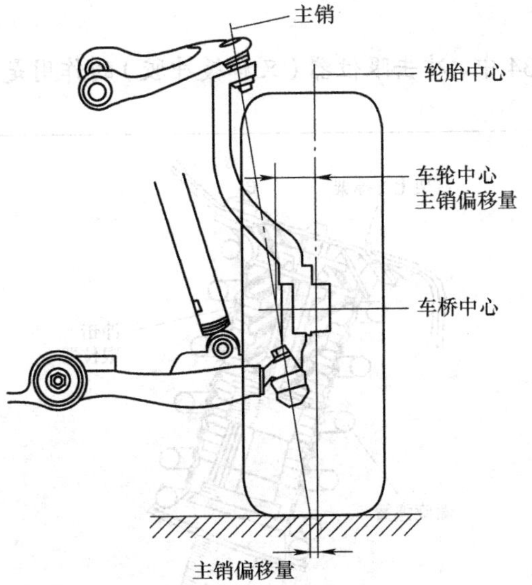

图 1-30 优化主销偏移量

【完成任务】在图 1-30 中，主销虚拟线是__________和__________之间的连线，主销偏移量是__________线和__________线在地面上的长度，车轮中心主销偏移量在图 1-30 中哪个位置？减小车轮中心主销偏移量的好处是________________________________。

3）优化外倾角

【完成任务】在图 1-31 中，车轮中心沿哪条线运动？______；请在图 1-31 中标出。

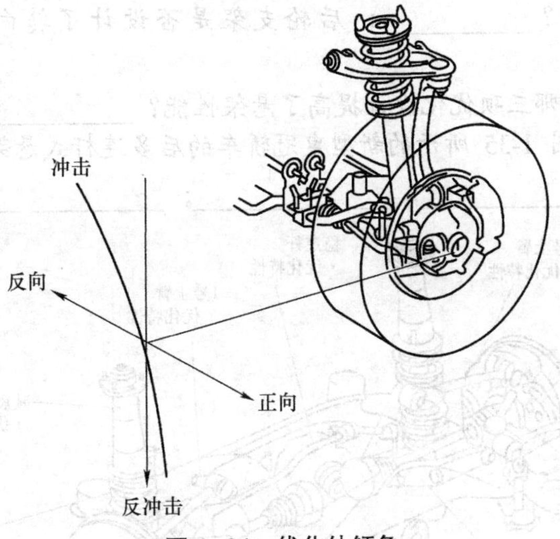

图 1-31 优化外倾角

4）防潜几何设计

防潜几何设计的作用是：____。

5）上臂和下臂

上臂和下臂的结构特点是：____。

6）悬架上支撑架

【完成任务】在图 1-34 中，冲击限位器（又称缓冲胶）的作用是：____。

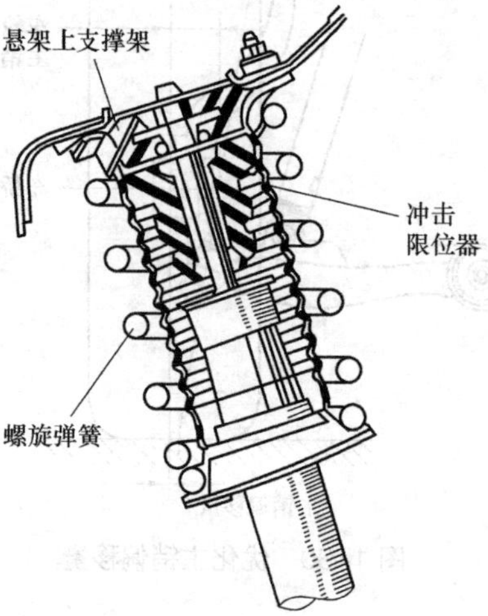

图 1–34　悬架上支撑架

4．多连杆式后悬架

【完成任务】在图 1-35 中，1 号下臂是不是推力杆？__________；在急加速时，悬架受拉力还是压力？__________；在制动时，悬架受拉力还是压力？__________；在转弯时，悬架是否也承受一定的力？__________；后轮支架是否设计了转向臂来实现前束控制？__________。

多连杆式后悬架的哪三项优化设计提高了悬架性能？______________________________。

【完成任务】根据图 1-35 所示的新型皇冠轿车的后多连杆式悬架，说出防车辆后部抬头中 3 个杆的名称：______________；______________；______________。

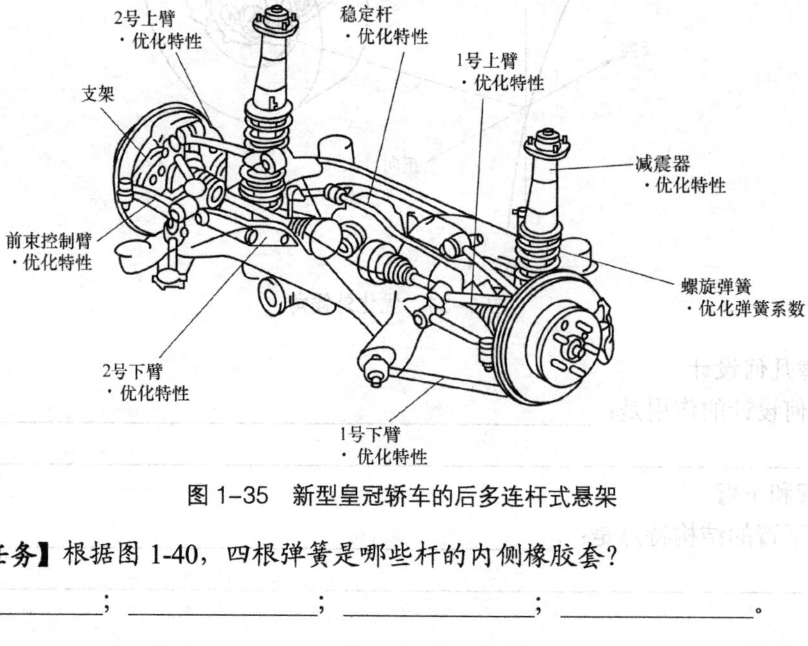

图 1–35　新型皇冠轿车的后多连杆式悬架

【完成任务】根据图 1-40，四根弹簧是哪些杆的内侧橡胶套？

______________；______________；______________；______________。

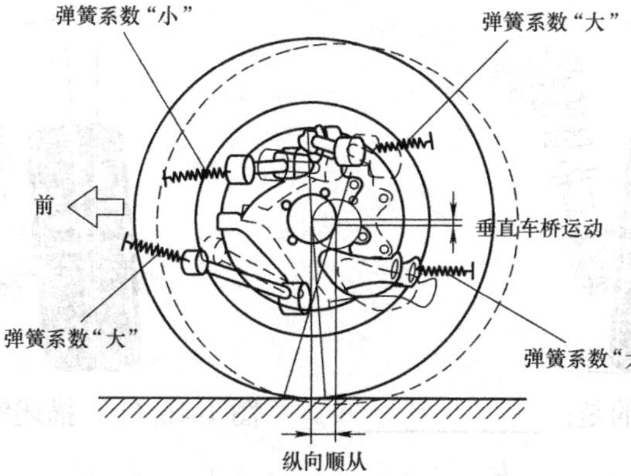

图 1-40　纵向顺从

1.4 汽车四轮定位

技师指导

四轮定位和__________定位是否相同？四轮定位不正确的本质是汽车__________出了问题，包括导向机构__________损坏和杆（或控制臂）出现__________，要想汽车悬架恢复正常，就要对未损坏的悬架进行__________，或对有元件损坏的悬架__________后再调节，所以四轮定位本质就是悬架定位。

悬架系统检修的七字口诀是："__________、__________、__________"，解释为弹簧检查要测量轮眉到__________的高度；减震器检查是通过多人上下震动车身，松手后看车身垂直震动次数，正常要少于__________次数，记住：不要震动得过猛，否则可能导致人为的减震器__________损坏；导向元件的故障要通过__________来解决，即在更换了坏的球节、橡胶套后要通过四轮定位仪对车轮进行定位，定位的前提——弹簧是正常的高度。

汽车悬挂系统定位角度包括车轮__________角（Camber）、__________角（Toe）、__________角（Castor）、__________角（K.P.I.）等主要参数。

1. 四轮定位主要参数

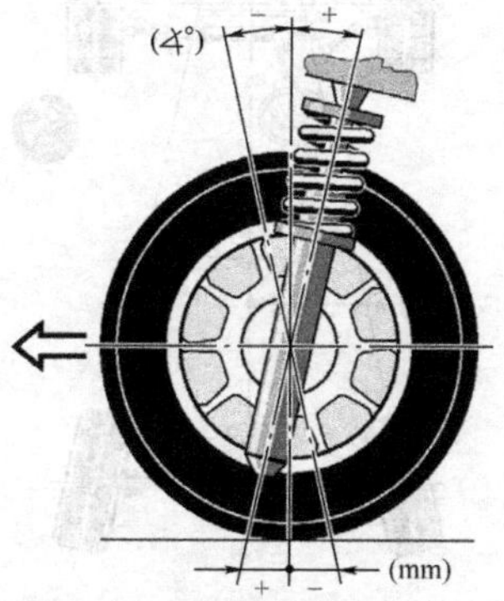

图 1-44 描述的是：__________。

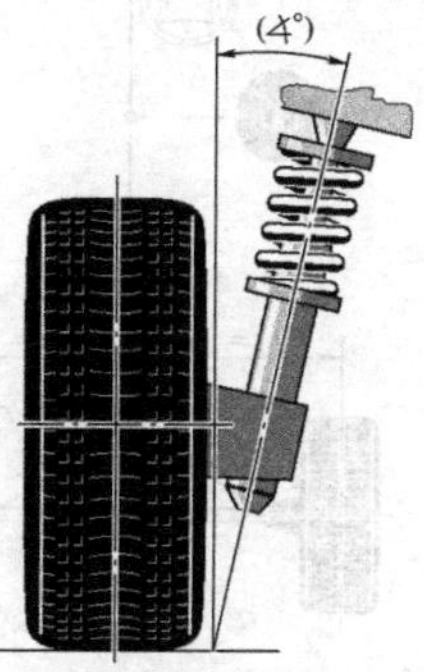

图 1-45 描述的是：__________。

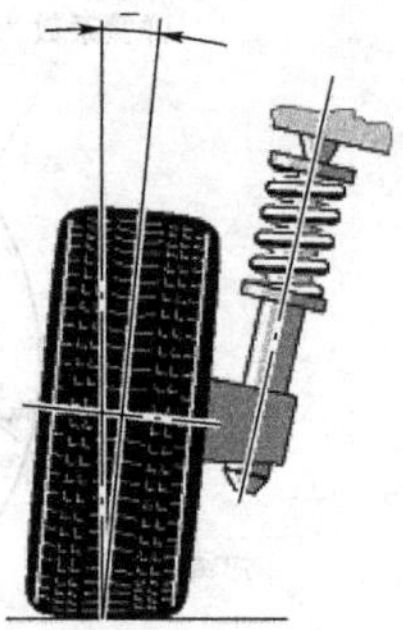

图 1-46（a）描述的是：__________。 图 1-46（b）描述的是：__________。

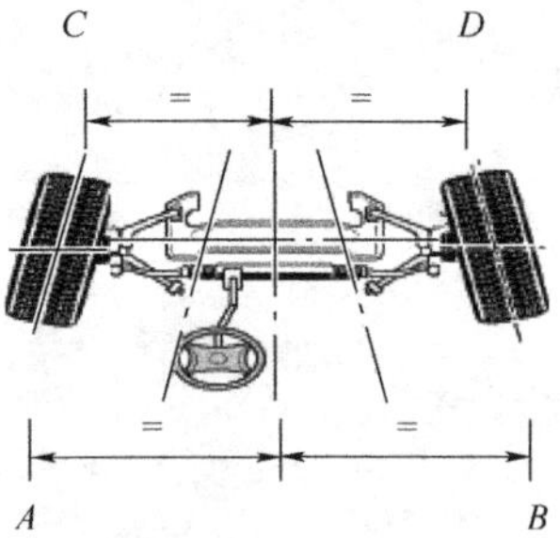

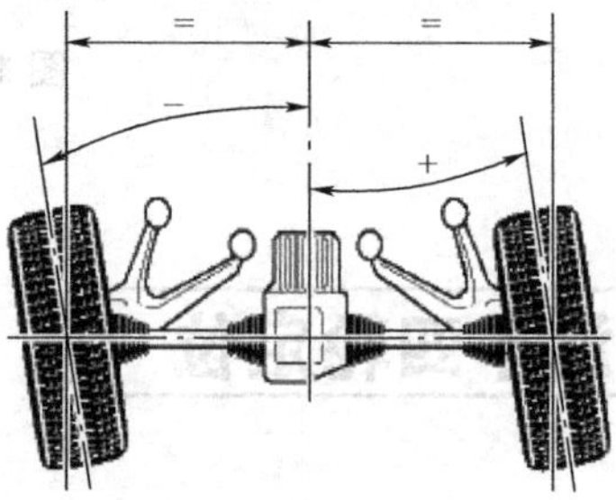

图 1-47 描述的是：__________。 图 1-48 描述的是：__________。

2．四轮定位其他参数

（1）什么是转向前展？

____。

（2）什么是轮辋偏置距离？

____。

（3）什么是车辆中心对称面？

____。

（4）什么是车辆的几何轴线（推力线）？

____。

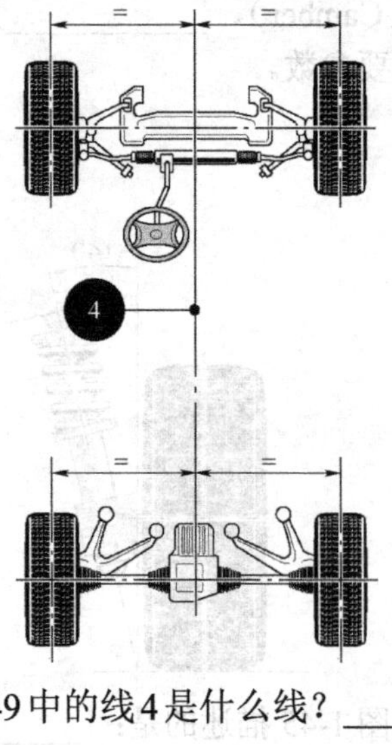

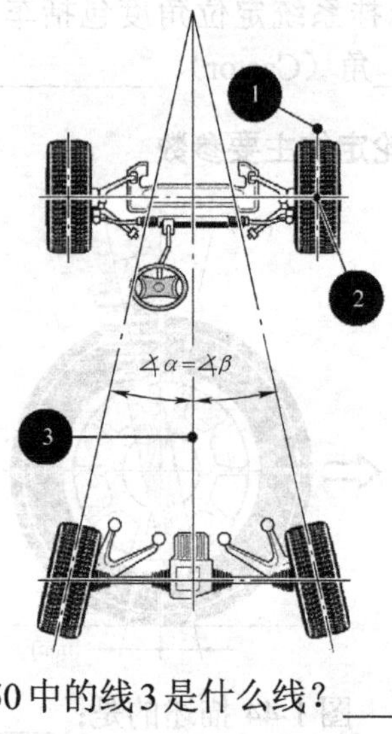

图1-49 中的线4 是什么线？__________。 图1-50 中的线3 是什么线？__________。

（5）什么是轴距偏差？

____。

（6）什么是横向偏位？

____。

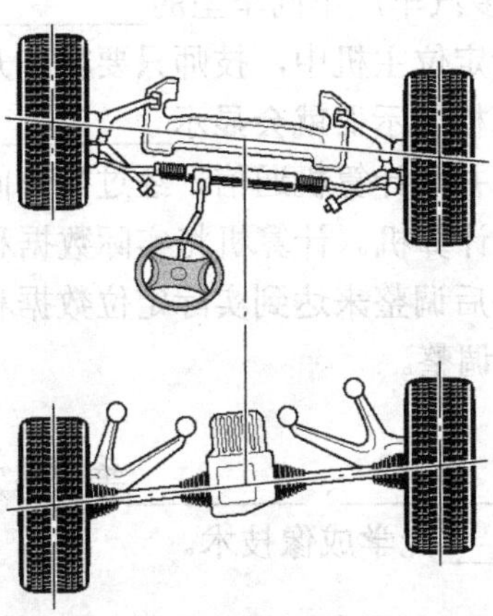

图 1-51 描述的是：__________。

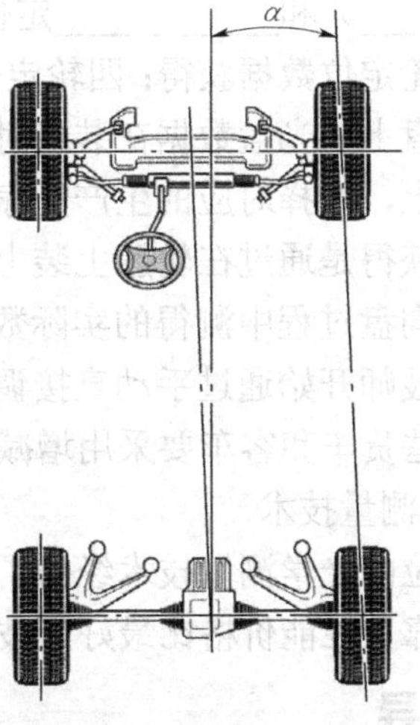

图 1-52 描述的是：__________。

（7）什么是轮迹宽度偏差值？

____。

（8）什么是轴偏位？

____。

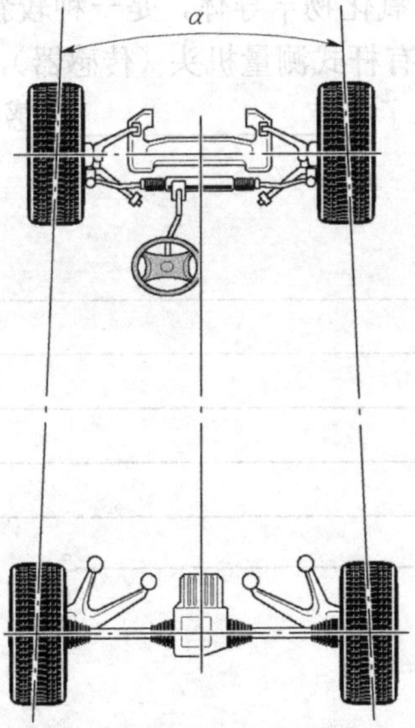

图 1-53 描述的是：__________

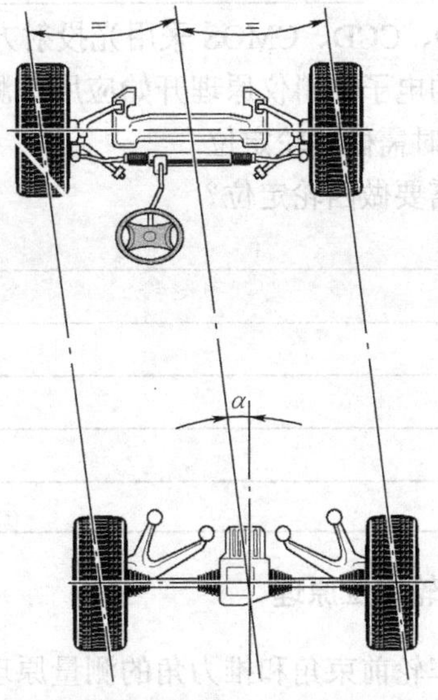

图 1-54 描述的是：__________

3．四轮定位仪

1）四轮定位仪简介

通过四轮定位仪测出车轮的__________角度，通过计算机显示器显示给技师，供他做调整方向和调整量时的参考，技师以四轮定位仪所测量出的__________角度和__________角度比较，若超出设计容许范围则进行调整或更换元件，不要错误认为四轮定位仪能自动调整不正确的定位角度到正确的车轮定位角度。

过去__________配合__________形式和__________形式早已淘汰，就连 PSD（__________）和__________定位产品逐步进入升级换代期。

标准车轮定位数据获得：四轮定位仪厂家将许多汽车厂不同车型的__________数据刻在定位数据光盘上，光盘数据在装机时会下载到四轮定位主机中，技师只要将车开到四轮定位仪的举升机上，选择对应的生产厂家和车型，计算机显示器就会显示__________。实际车轮定位数据获得是通过在轮胎上装上测量传感器，并与计算机通信，经过打方向盘，测量系统将在打方向盘过程中测得的实际数据"数值"传给计算机。计算机将实际数据和标准数据范围做对比，技师开始通过手动直接调整或更换元件后调整来达到实际定位数据和标准数据接近。对于一些货车和客车要采用增减垫片的方法来调整。

2）光学测量技术

四轮定位的光学测量技术经历了__________、__________、__________等 3 个发展阶段。目前最成熟可靠且性能价格比最好的技术当属__________光学成像技术。

技师指导

近几年，有过多强调传输速度的销售宣传，要知道四轮定位仪的主要功能是给底盘修护技师提供一套准确的测量数据，以作为调校车辆底盘的基本数据，其关键在于传感器所提供的数值是否正确，而不在于传输数据的速度。

PSD（__________）即位置敏感传感器；CCD（__________）即充电耦合传感器；CMOS（__________）即互补金属氧化物半导体，是一种较新的半导体结构。PSD、CCD、CMOS 采用光投射方式，需要采用有杆式测量机头（传感器），近几年在航天工业的电子倾斜仪原理开始应用在测量头上，出现了__________传感器。

3）何时需做四轮定位

何时需要做四轮定位？

____

____

____

____

____

____。

4．四轮定位原理

（1）车轮前束角和推力角的测量原理是：__________________________

____

____。

____

（2）主销后倾角和主销内倾角的测量原理是：____________________

____

____

____。

1.5 电控悬架

衡量悬架性能好坏的主要指标是汽车行驶的__________性和__________性，但这两个性能要求是相互排斥的，往往不能同时满足。怎样在两者之间取得合理的平衡以达到最好的效果，一直是工程师们的研究课题。

平顺性一般通过车体或车身某个部位（如车底板、驾驶员座椅处）的__________响应来评价，操纵稳定性则可以通过车轮的__________来度量。例如，若降低弹簧的刚度，则车体加速度减少使平顺性变好，但同时会导致车体位移的增加。由此而产生车体重心的变动将引起轮胎__________变化的增加，对操纵稳定性产生不良影响；另一方面，增加弹簧刚度会提高操纵稳定性，但硬的弹簧将导致汽车对路面不平度很敏感，使平顺性降低。所以，理想的悬架应该在不同的使用条件下具有不同的弹簧__________和减震器__________，既能满足平顺性要求又能满足操纵稳定性要求。

同事眼中的电控悬架汽车。我的同事小赵最近买了一辆电控悬架的轿车，"在他走近汽车时，汽车的车身高度是______，打开车门，坐上座椅，按动座椅记忆按钮和转向柱记忆按钮，座椅开始_____，向盘下移至先前设定的位置。当打开点火开关后，车身开始______到中间标准高度，他可手动设定车高，也可由悬架 ECU 自动控制车高。在车速较低时（一般是交通不畅或道路条件不好）悬架 ECU 控制车身较高，在车速较高时为减小风阻，需要_______车高。在车辆起步阶段或急加速时较传统悬架相比可防止后尾箱的下沉，例如，急加速度时，两个后减震器的变得_______；而在制动或急减速过程中，两个前减震器的_______。我这款没有横向稳定杆的_______调节，要有就更好了。在拔下钥匙后，座椅后移，方向盘前移，敞开一个较大的出车空间，车身下降，方便下车。

1. 汽车悬架运动基础

如图 1-61 所示，汽车车身相对车轮而言，在_______（*Y* 轴）、_______（*X* 轴）和_______轴（*Z* 轴）都有位移运动，同时也有围绕_______（*Y* 轴）、_______（*X* 轴）和_______（*Z* 轴）的摆动。因此共有 6 种运动方式，但悬架在调节时一般对其中垂直轴（*Z* 轴）的_______和横轴（*X* 轴）的_______进行控制，如要对绕横轴（*X* 轴）_______运动进行控制。

如图 1-62 所示，悬挂质量是指____，非悬挂质量____。显然，非悬挂质量的增加将增加车辆控制的_______。就如人穿一双铁鞋行走，人的运动是较难控制的。所以，好的汽车采用_______的轮胎，车轮的轮毂、转向节、轮辋和悬架尽量都用_______材料，甚至制动钳也采用铝材料。

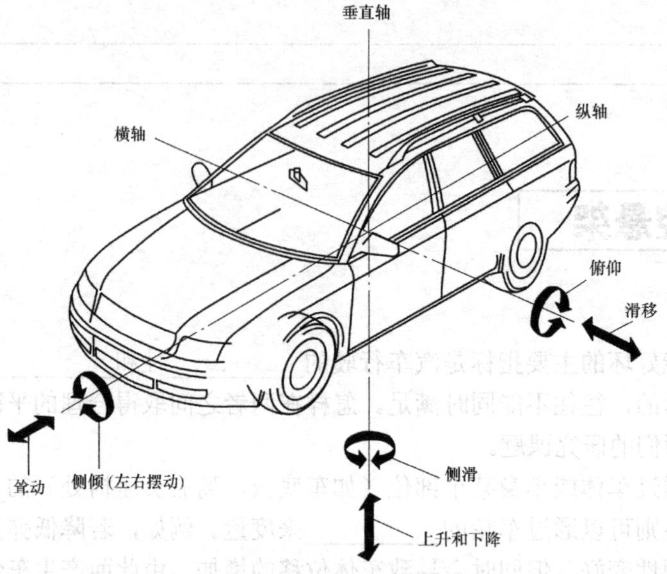

图 1–61　汽车的 6 个自由度

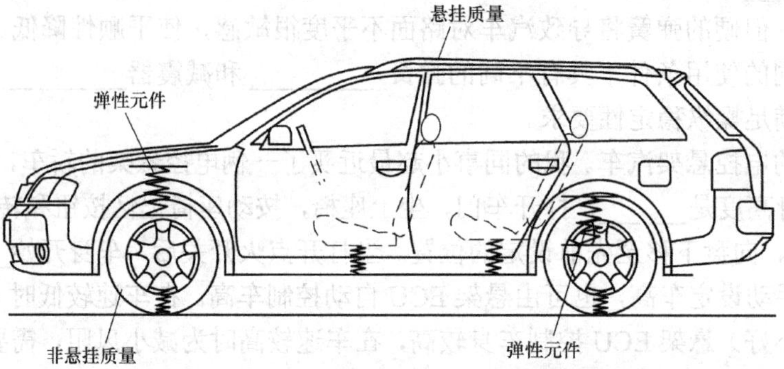

图 1–62　汽车悬挂质量和非悬挂质量

2．振动学知识

如图 1-63 所示，在振动学中，最简单的振动模型由一个________和一根________组成。

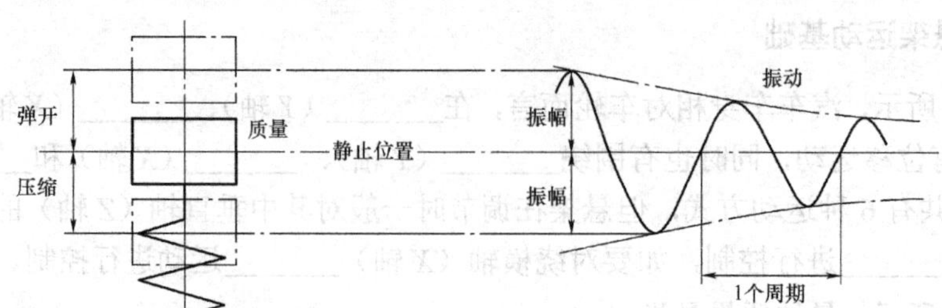

图 1–63　最简单的振动模型

振动模型公式为________________________

式中　K——弹簧刚度（德文为__________，英文为__________）；

m——质量（__________）；

F——频率（__________）。

上式说明振动周期或频率是不因外界冲击力的大小发生变化的。这个原理相当于挂钟钟摆的摆动周期为 1s，我们将摆动量（幅值）人为增加，但周期仍是 1s 的道理一样。这说明模型的振动频率是不变的，这个不变的频率我们称为__________。人最适应的频率是人心脏的跳动频率在__________Hz，汽车悬架一般按 1.1Hz 的固有振动频率调校，调校时 K 和 m 的比值不能变化，才能保证是 1.1Hz，那么就要求刚度 K 的变化率和质量 m 的变化率要相同。

若将这个理想的振动模型放在空气中，振动会持续较长时间，若将这个理想的振动模型放在水中，振动会持续较短的时间，当振动幅值为 0 时即停止。这说明水比空气的__________大。如图 1-64 所示，汽车上的减震器相对于汽车，就相当于水相对重块一样。汽车的振动学由这样的简单模型经过组合而成，实际开发要经过振动仿真和真实振动实验来确认系统的固有振动频率，仿真时的基础就是这个最基本的模型。

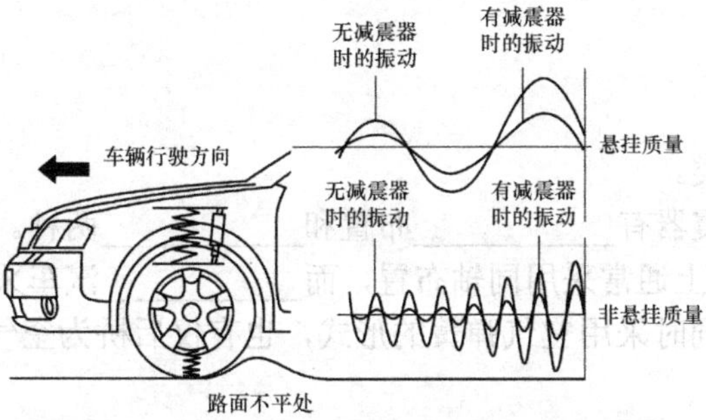

图 1-64　有无减震器的系统对比

如图 1-65 所示，增加车内重物的质量和用软一点的弹簧，系统的固有振动频率__________；减小车内重物的质量和用硬一点的弹簧，系统的固有振动频率__________。

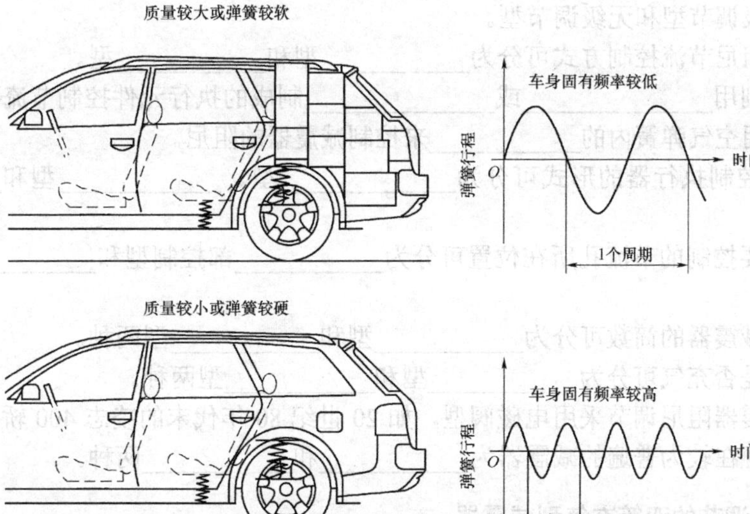

图 1-65　不同载荷对振动的影响

系统的振动幅值和外激的强度有关，不会改变系统的振动频率。频率和系统的 K 和 m 参数有关，一般高档轿车会将前桥悬架的频率调得比后桥悬架低一些。例如，前桥悬架的频率为________Hz，而后桥悬架的频率为________Hz。

3．电控悬架系统的优点

（1）____。

（2）____。

（3）____。

（4）____。

1.6 空气悬架

1．空气弹簧的类型

空气弹簧有如下分类。

（1）空气弹簧和减震器有________布置和________两种。

在________汽车上通常采用同轴布置，而________汽车采用分开布置。

（2）前桥和后桥有同时采用空气弹簧的形式，也有仅后桥为空气弹簧的形式，前桥为钢质的螺旋弹簧。

2．空气悬架的减震器类型

空气悬架系统的减震器有如下类型。

（1）减震器阻尼控制有________型和________型（又称磁流变型），节流控制型又分为节流孔有级调节型和无级调节型。

（2）根据阻尼节流控制方式可分为________型和________型。

电控型是利用________或________制成的执行元件控制节流孔的大小；机械控制型是利用空气弹簧内的________来控制减震器的阻尼。

（3）根据控制执行器的形式可分为________型、________型和________型 3 种。

（4）根据要控制的节流孔所在位置可分为________部控制型和________部控制型两种。

（5）根据减震器的筒数可分为________型和________型两种。

（6）根据是否充气可分为________型和________型两种。

早期的减震器阻尼调节采用电磁阀型，如 20 世纪 80 年代末的凌志 400 轿车，这种控制方式已淘汰。现在较为普遍的减震器为________和________两种。

3．带阻尼调节的双筒充气型减震器

奥迪汽车采用的机械式外部 PDC 阀控制的减震器如图 1-66 所示。PDC 阀为常开式，空气弹簧压力高时，PDC 阀关闭。空气弹簧和减震器采用同轴布置，减震器采用双筒机械式节流孔外部控制方式。

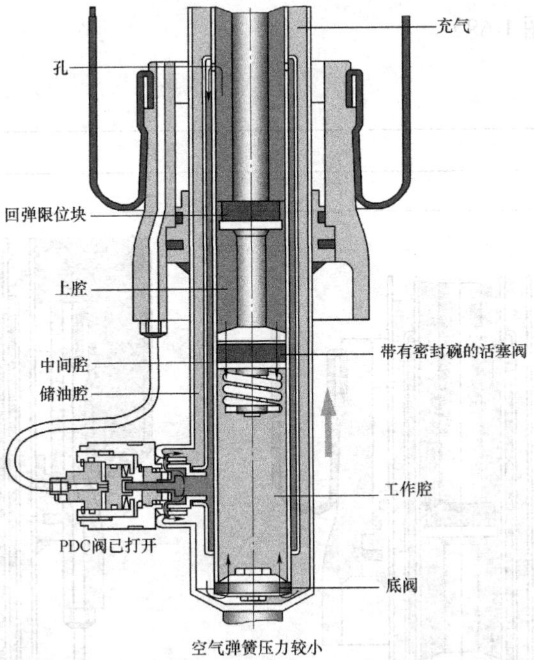

图 1–66 机械式外部 PDC 阀控制的减震器（底阀和活塞阀上有阻尼孔和单向阀）

其工作原理如下。

1）回弹过程（见图 1-67）

简述回弹过程。

____

____

____。

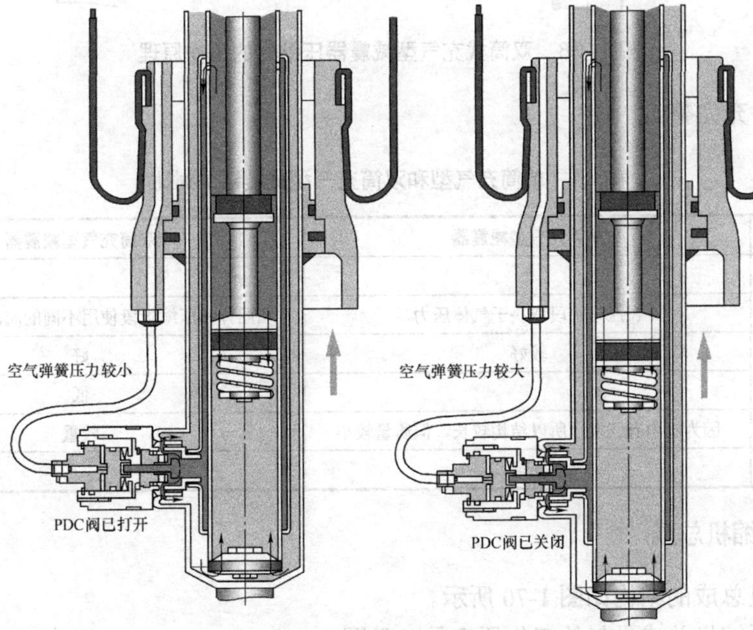

图 1–67 双筒式充气型减震器回弹时的工作原理

2）压缩过程（见图 1-68）

简述压缩过程。

____

____

____。

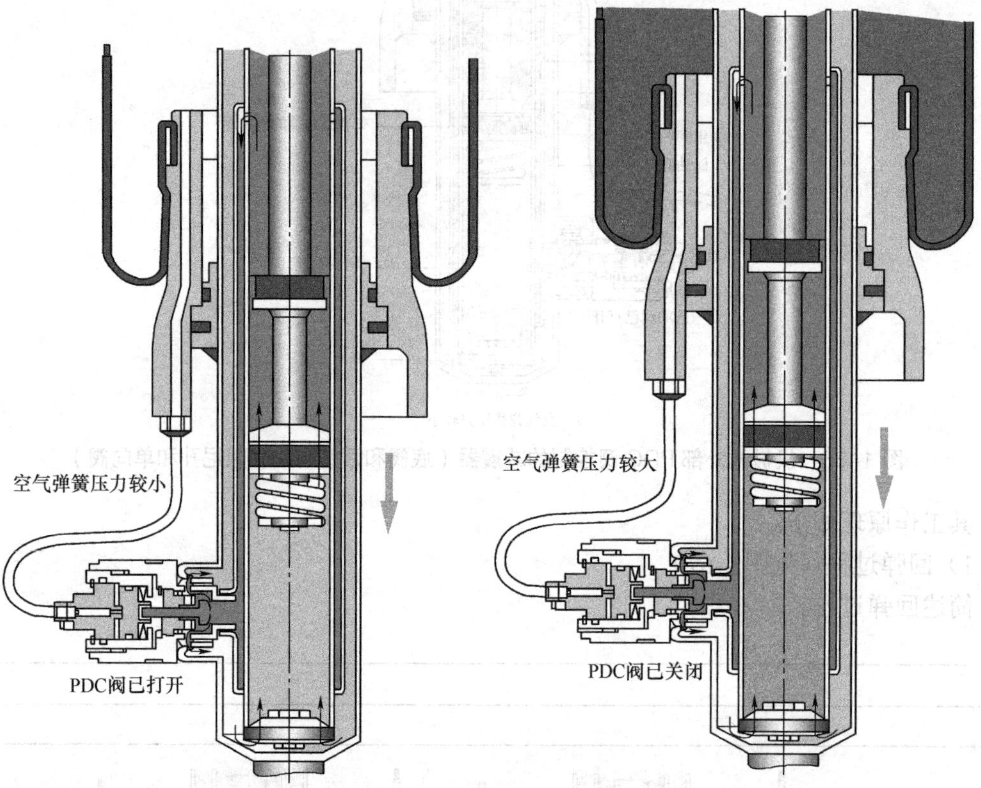

图 1–68　双筒式充气型减震器压缩时的工作原理

将表 1-1 补充完整。

表 1-1　单筒充气型和双筒充气型减震器的对比

	单筒充气型减震器	双筒充气型减震器
减少气蚀的方法		
特性曲线	在压缩阶段取决于气体压力	在回弹和压缩阶段使用不同的阀，特性较自由
短程减震性能	较好	好
摩擦情况		低
结构和重量	因为缸内有气室，所以结构较长，但质量较小	较重
安装位置	任意	

4. 空气压缩机总成

空气压缩机总成的结构如图 1-70 所示。

（1）空气压缩机总成供气的工作原理是（见图 1-71）：______________________

____

____

____。

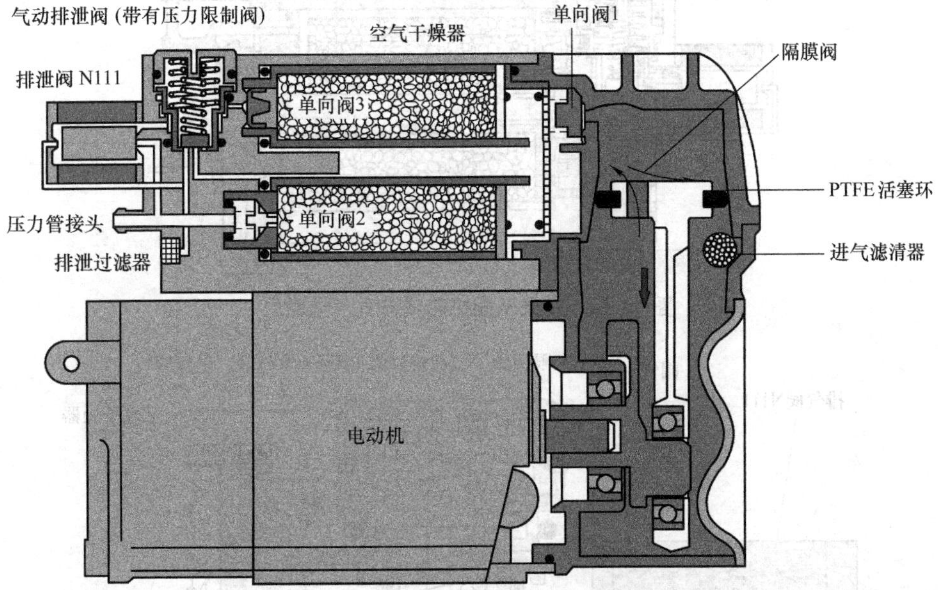

图 1–70　空气压缩机总成的结构

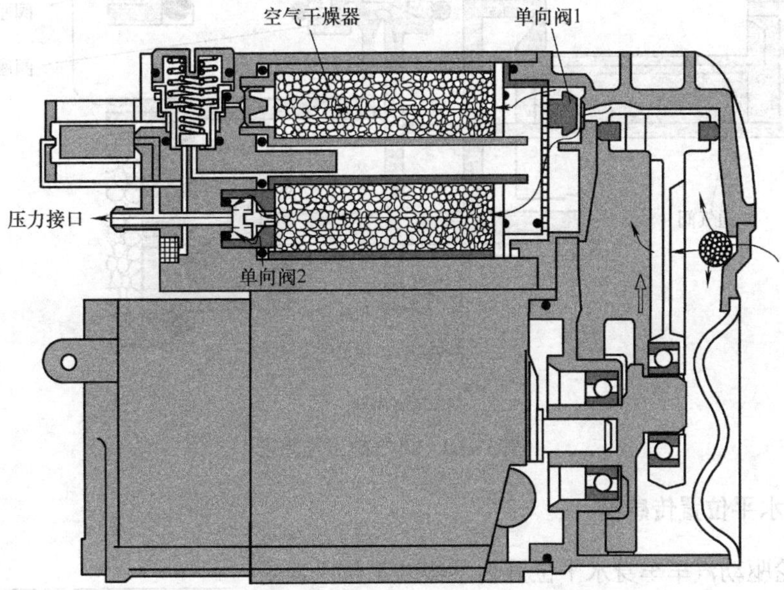

图 1–71　空气压缩机总成供气的工作原理

（2）空气压缩机总成排气的工作原理是（见图 1-72、图 1-73）：______________________

____

____

____。

（3）空气压缩机总成工作监控方法是：______________________________________

____

____。

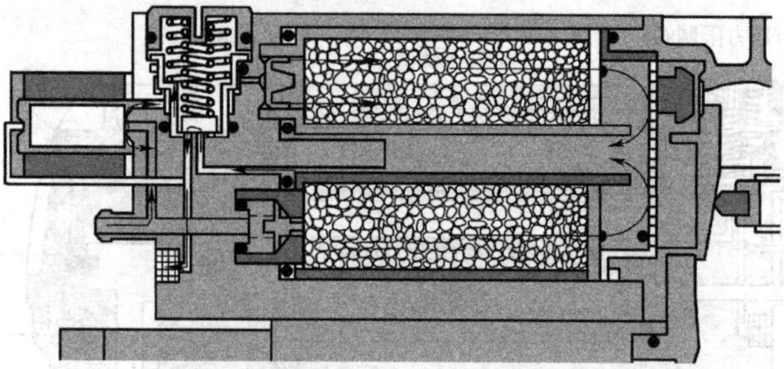

图 1-72　空气压缩机总成排气工作原理

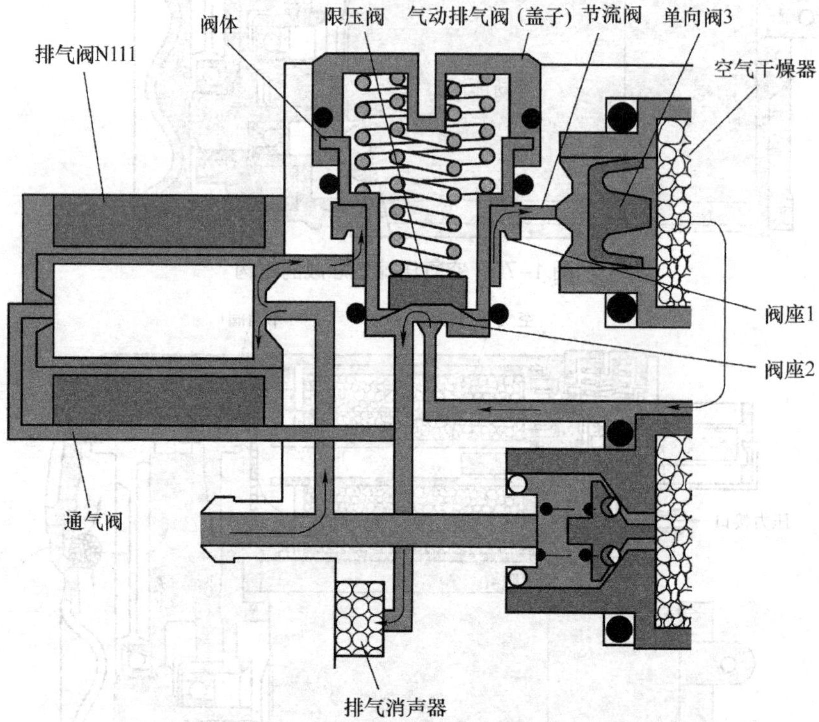

图 1-73　排气阀工作原理

5. 车身水平位置传感器

（1）前轮驱动汽车车身水平位置传感器的工作原理是：____。

（2）四轮驱动汽车车身水平位置传感器的工作原理是：____。

1.7 前轮驱动气动悬架

1. 前轮驱动悬架气动系统

填写图 1-79 中的元件名称。

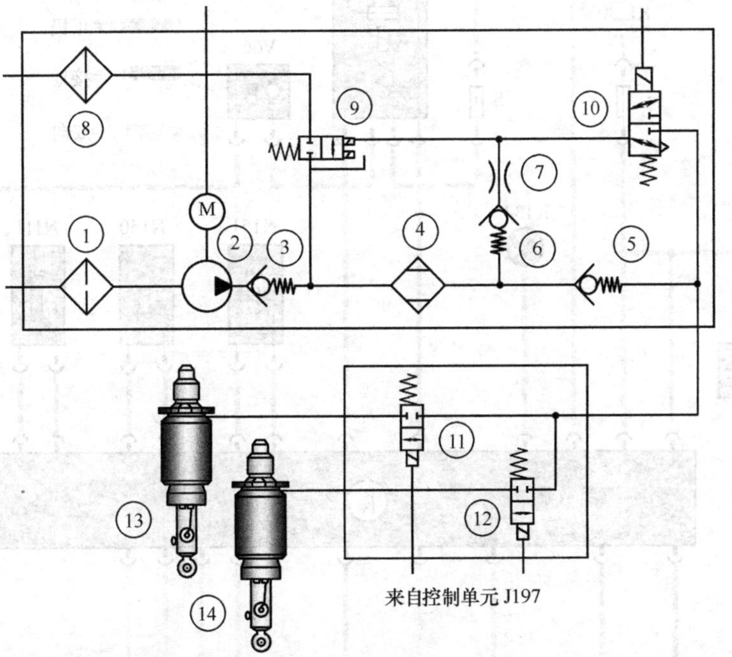

①—________；②—________；③—________；④—________；
⑤—________；⑥—________；⑦—________；⑧—________；
⑨—________；⑩—________；⑪—________；
⑫—________；⑬—________；⑭—________

图 1–79　前轮驱动汽车气动系统

1）车身上升过程

【完成任务】根据图 1-79，写出车身上升过程：____。

2）车身下降过程

【完成任务】根据图 1-79，写出车身下降过程：____。

【完成任务】根据图 1-79，写出排气阀的安全功能实现方式：____。

2．系统电路图

填写图 1-80 中的元件名称。

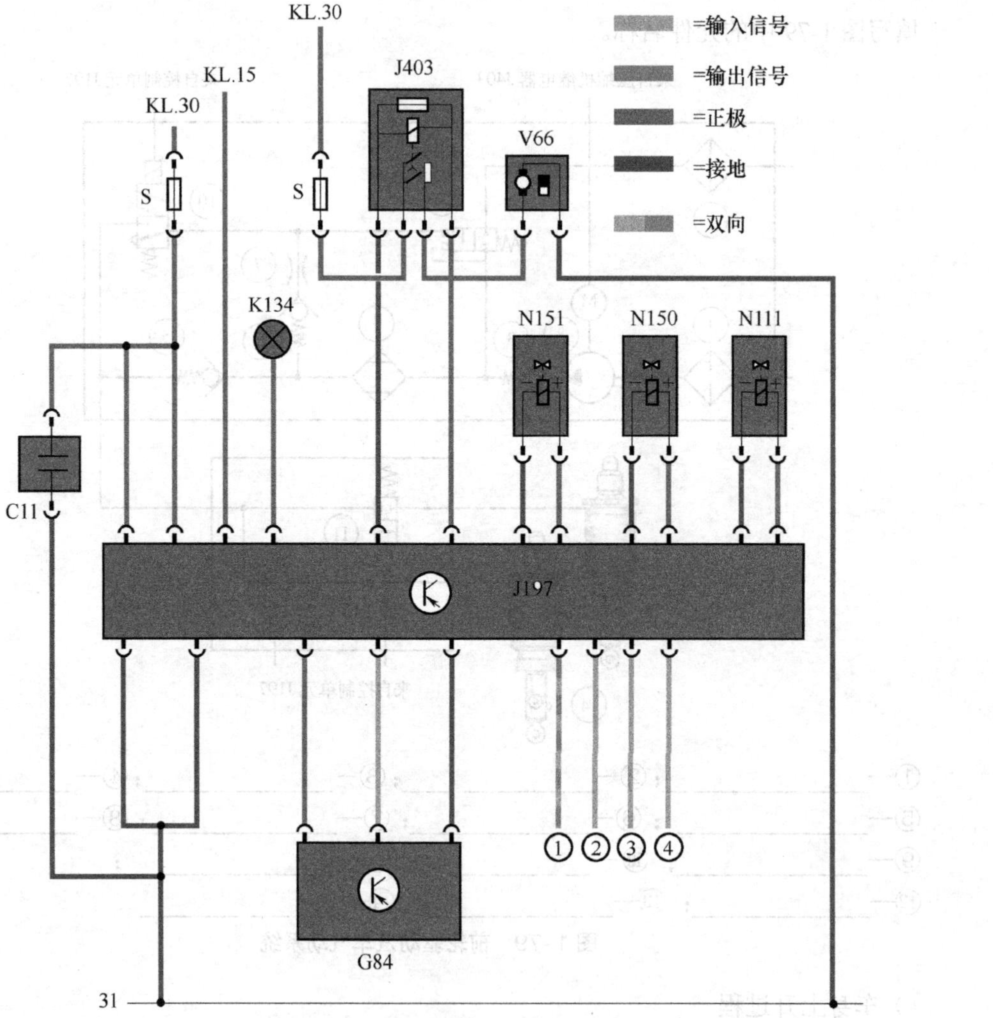

C11—__________；N151—__________；G84—__________；
S—__________；J197—__________；V66—__________；
J403—__________；K134—__________；N111—__________；
N150—__________；①—__________；②—__________；
③—__________；④—__________

图 1-80　后悬架空气弹簧电控系统

1.8 四轮驱动电控悬架

1. 四轮驱动电控悬架简介

【完成任务】根据图 1-82，分析在气囊中若没有空气，气囊会不会损坏？为什么？

____。

2. 模式切换和取消模式

填写图 1-90 中的元件名称。

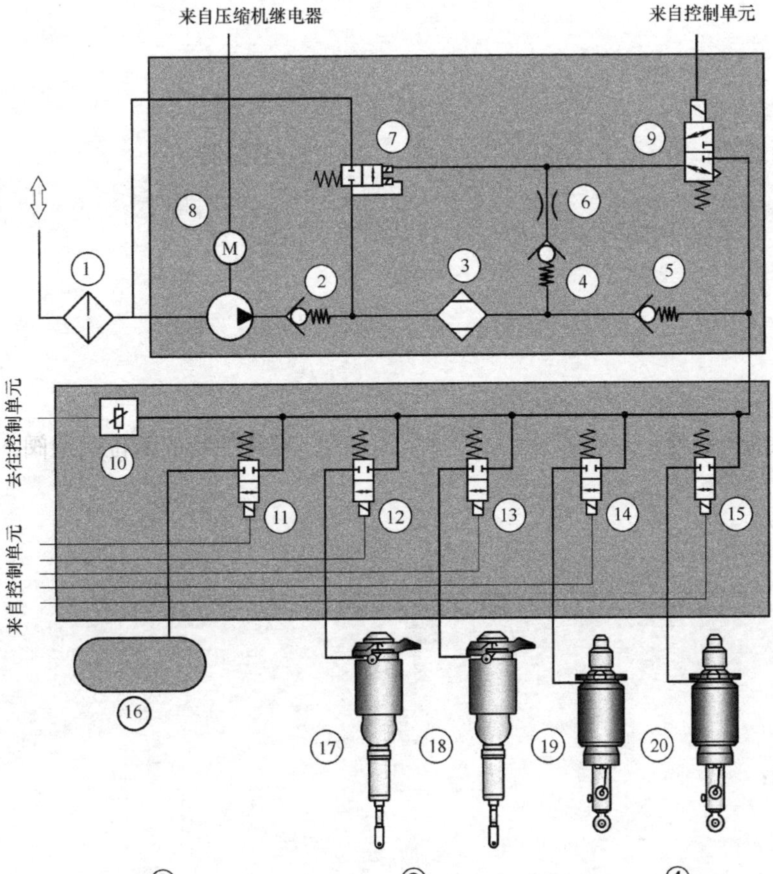

①—__________；②—__________；③—__________；④—__________；
⑤—__________；⑥—__________；⑦—__________；⑧—__________；
⑨—__________；⑩—__________；⑪—__________；⑫—__________；
⑬—__________；⑭—__________；⑮—__________；
⑯—__________；⑰—__________；⑱—__________；
⑲—__________；⑳—__________

图 1–90 四轮驱动悬架控制系统结构

【完成任务】在下面画出图 1-90 所示的气动元件符号。

空气滤清器：

电机：

空气压缩机：

单向阀：

二位两通阀：

干燥器：

两位三通电磁阀：

双路控制的两位两通阀：

节流阀：

3．系统电路图

填写图 1-91 中的元件名称。

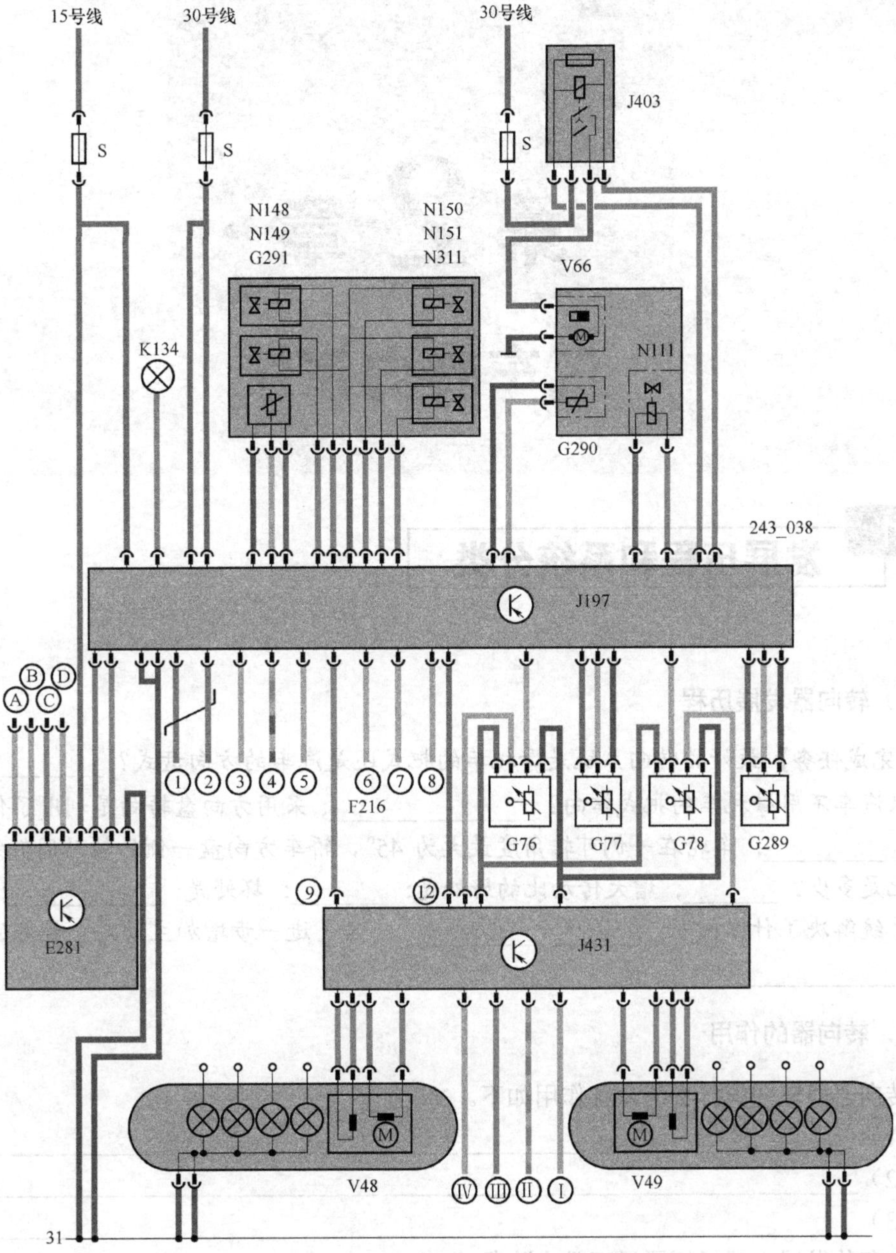

E281—＿＿＿＿＿＿＿＿; F216—＿＿＿＿＿＿＿＿; G76—＿＿＿＿＿＿＿＿;
G77—＿＿＿＿＿＿＿＿; G78—＿＿＿＿＿＿＿＿; G289—＿＿＿＿＿＿＿＿;
G290—＿＿＿＿＿＿＿＿; G291—＿＿＿＿＿＿＿＿; J197—＿＿＿＿＿＿＿＿;
J403—＿＿＿＿＿＿＿＿; J429—＿＿＿＿＿＿＿＿; J431—＿＿＿＿＿＿＿＿;
N111—＿＿＿＿＿＿＿＿; N148—＿＿＿＿＿＿＿＿; N149—＿＿＿＿＿＿＿＿;
N150—＿＿＿＿＿＿＿＿; N151—＿＿＿＿＿＿＿＿; N311—＿＿＿＿＿＿＿＿;
K134—＿＿＿＿＿＿＿＿; V48—＿＿＿＿＿＿＿＿; V49—＿＿＿＿＿＿＿＿;
V66—＿＿＿＿＿＿＿＿

图 1-91　四轮驱动悬架控制电路

·第2章·

汽车转向系统

2.1 发展历程和系统分类

1. 转向器发展历程

【完成任务】最好的转向系统是摩托车的把式还是汽车的方向盘式？____________；为什么汽车不用摩托车的把式转向？____________；采用方向盘转向是利用了什么原理？____________；车轮在一侧可转角度最大为 45°，轿车方向盘一侧的转动周数约 1.5 周，传动比是多少？______；增大传动比的好处是：______；坏处是：__________；采用动力转向系统解决了什么问题？______________；为了进一步增加主动安全最好的转向系统是：____________________。

2. 转向器的作用

转向器即转向执行机构，其作用如下。

（1）____。

（2）____。

（3）____。

汽车的发展先后经历了以下几个阶段：

__________、__________、__________、__________、__________、__________。

汽车转向系统基本分类如图 2-1 所示。随着汽车主动安全系统的推出，转向系统与制动系统等其他系统信息公用，各系统综合调节汽车以实现主动安全成为转向系统发展的主要方向。

请将图 2-1 填写完整。

- 汽车转向系统基本分类
  - 货车、客车转向系统
    - 货车双销式和循环球式（机械式）转向器（为小型货车使用）
    - ______________________
  - 轿车转向助力系统
    - 液压助力转向系统
      - 非电控液压转阀式助力系统（如低档小型轿车或小型货车使用）
      - 电控液压助力转向系统
        - ______________________
        - ______________________
        - ______________________
        - ______________________
    - 电控电动机助力转向系统
      - ______________________
      - ______________________

图 2-1　汽车转向系统基本分类

2.2 货车转向系统（选修）

1．双销式转向器

双销式转向器的结构如图 2-3 所示，其工作原理是：____。

双销式转向器的特点是：____。

2．循环球式转向器

循环球式转向器的工作原理是：____

____。

循环球式转向器的特点是：____

____

____

____。

技师指导

循环球式转向器修理要点主要有以下几点：滑块 3 个齿槽的中间齿槽要对准垂臂的中间齿，同时滑块距两侧轴承的距离要相等；啮合间隙调节方式是向里旋入调节螺钉间隙变小；增减底盖的垫片个数可调节轴承间隙；润滑脂的体积占余下空间的 1/2 ~ 2/3。

3. 货车集成助力转向系统（IPS）

集成助力转向系统（____________________，IPS）是在循环球转向器基础上增加转阀、密封件和限压装置。

动力转向助力油泵的作用是：____

____

____。

行程阀的作用是：____

____

____。

集成助力转向系统（IPS）的结构如图 2-5 所示。

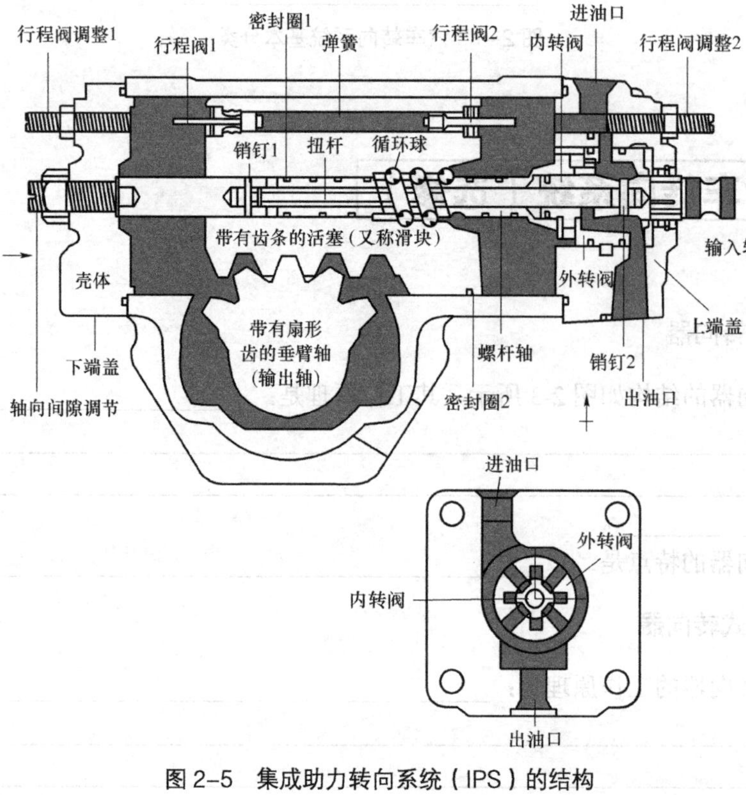

图 2-5　集成助力转向系统（IPS）的结构

1）结构特点：

（1）控制阀（转阀）：____。

（2）精密滚珠轴承：____。

（3）行程卸荷阀：____。

（4）循环球转向机：____。

（5）防尘防水油封：____。

（6）扭杆：____。

（7）活塞两端工作面积均等：____。

（8）高温密封件：____。

（9）手动转向能力：____。

（10）紧凑性：____。

2）工作原理

汽车直线行驶时的油液流动方向如图 2-6 所示。

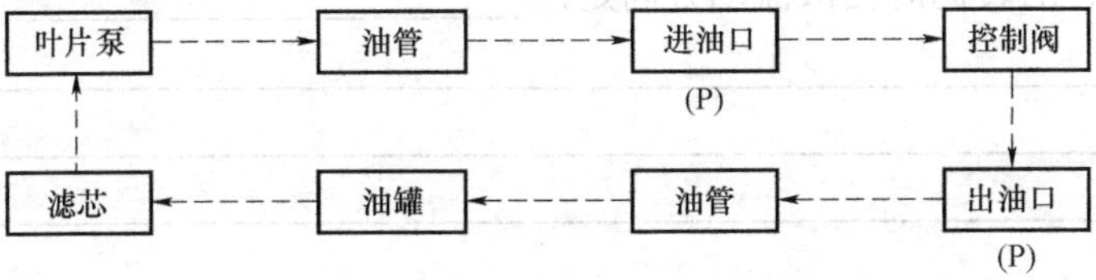

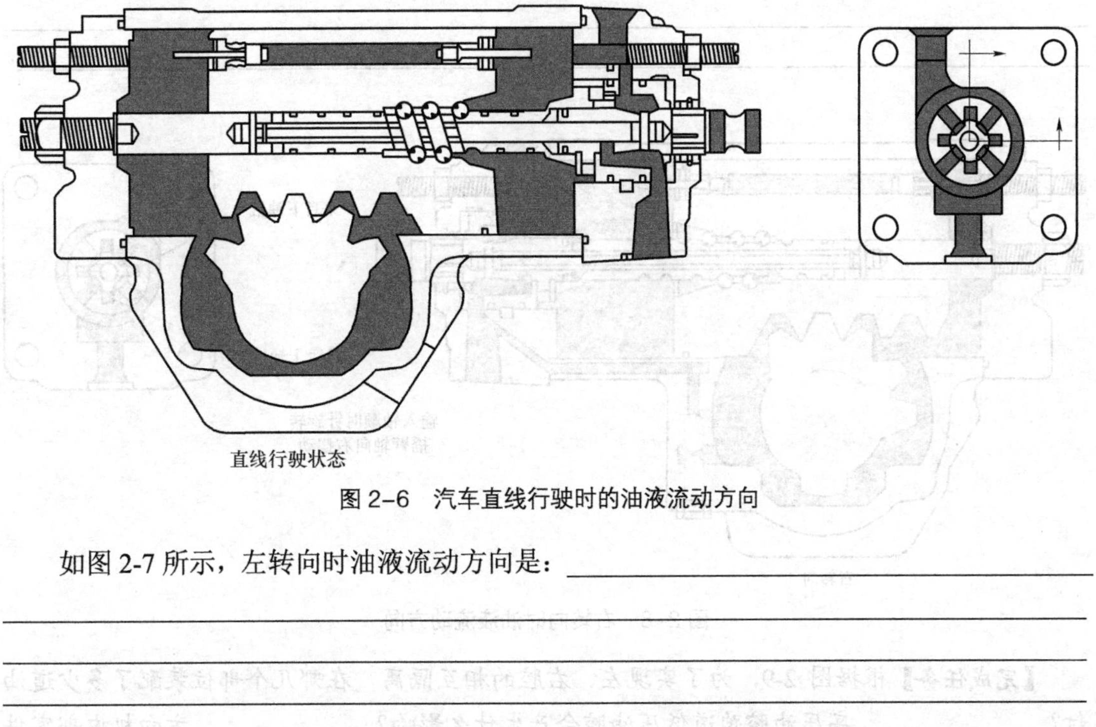

图 2–6　汽车直线行驶时的油液流动方向

如图 2-7 所示，左转向时油液流动方向是：____

____

____

____

____。

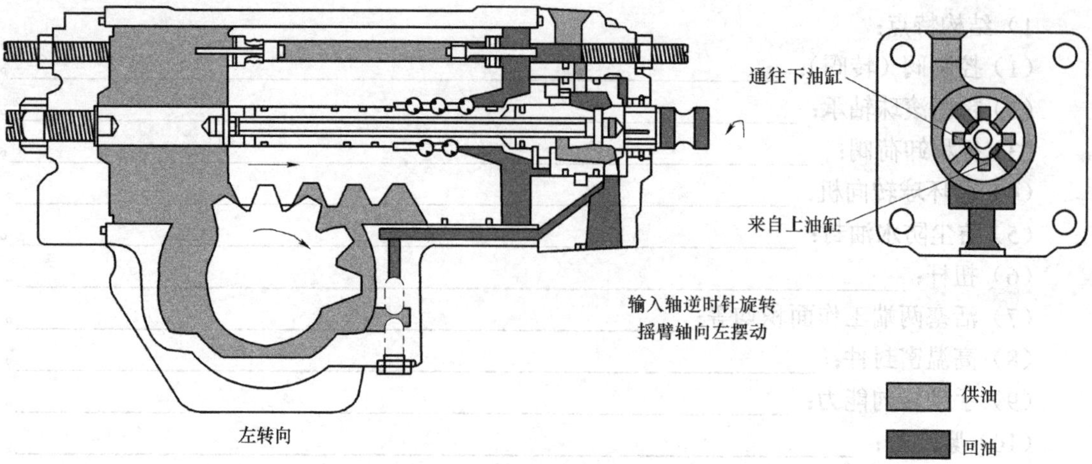

图 2–7　左转向时油液流动方向

如图 2-8 所示，右转向时油液流动方向是：____
____
____
____
____
____
____
____。

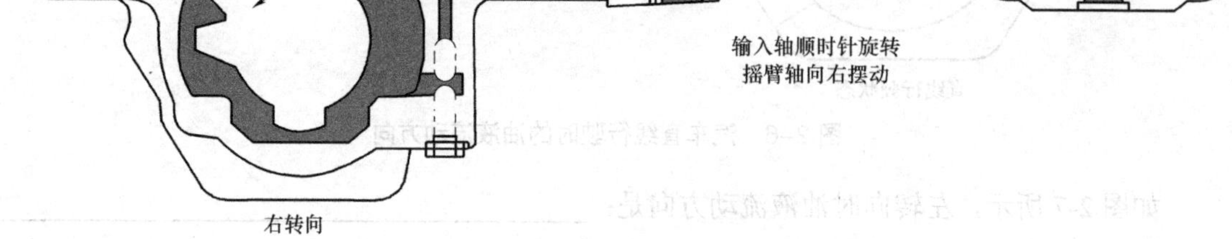

图 2–8　右转向时油液流动方向

【完成任务】根据图 2-9，为了实现左、右腔的相互隔离，在哪几个部位装配了多少道油封？____________；高压油腔跑道低压油腔会产生什么影响？____________；方向机内部零件损坏会不会影响到叶片泵损坏？________；反之成立吗？____________。

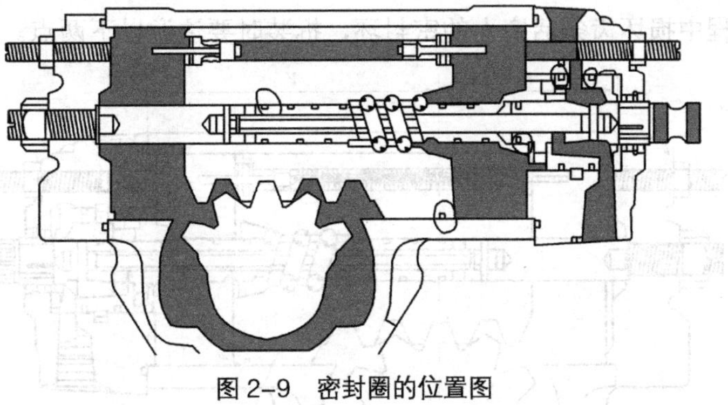

图 2-9 密封圈的位置图

4. 维护保养

维护保养的内容如下：____。

5. 调整

1）端盖调整螺钉的调整（螺杆轴向间隙的调整）

____。

2）侧盖调整螺钉的调整（摇臂轴轴向间隙的调整）

____。

3）行程阀螺钉的调整（调整不对会导致转向不足或过多）

____。

技师指导

工作中，一般不用计算就可将行程阀调整正确，方法是：________________________________。

循环球转向器修理要点主要有以下几点：

____。

6. 长 *V* 结构和短 *V* 结构的判断

由于 IPS 系列整体式动力转向器为适应各车的需要，在结构上有所不同，如图 2-10 所示，为避免在拆装过程中损坏齿条活塞上的密封环，拆装时要注意以下两点。

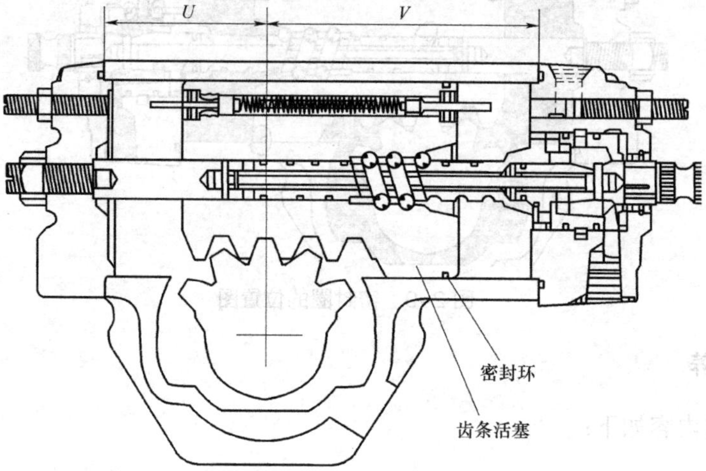

图 2-11　长 V 和短 V 结构

1）长 V 结构

____

____

____

____。

2）短 V 结构

____

____

____

____。

7. 初始检查

如何做初始检查？

____

____

____

____

____。

2.3 轿车液压转向系统

1. 齿轮齿条式转向器优点和缺点

齿轮齿条式转向器原地打转向时，阻力先变__________后变__________，原因是

__________，在低车速时打转向，当转向角度超过一定值时会出现________转向。

2．液压助力转向系统换向阀

1）转阀式

写出图 2-12（b）所示的转阀式液压助力转向系统的工作原理（右转向）：____________
____
____
____
____
____。

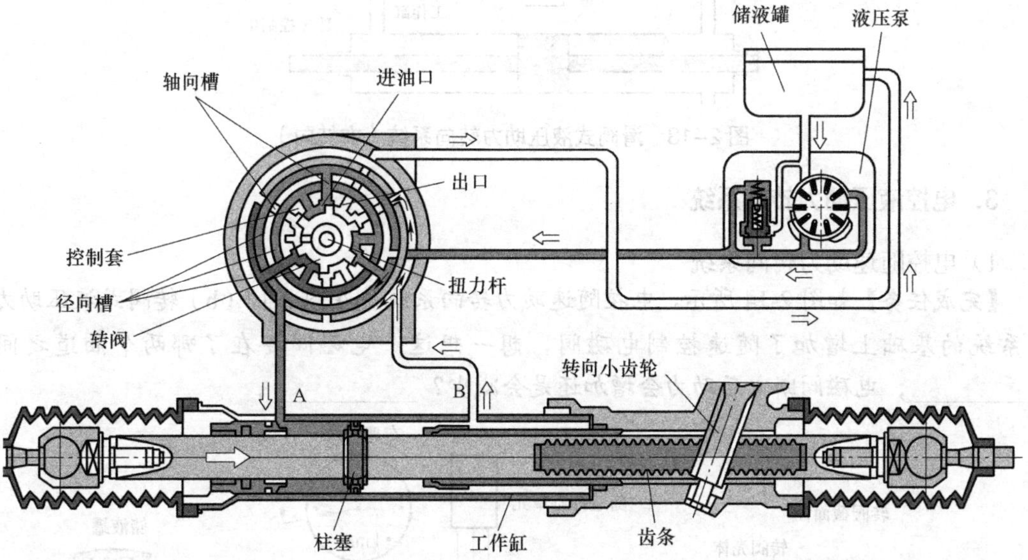

图 2–12　转阀式液压助力转向系统工作原理（右转向）

【完成任务】转阀上的油封有几道？__________；转阀上的油封密封不严出现内漏，是否会降低助力效果？__________；液压泵失效时，通过扭力杆是否可实现转向？________；一旦扭力杆折断将无机械转向，是否还有液压助力转向呢？________。请在图 2-12（b）中找出左转向时的油路走向，完成后在线上打钩________。

2）滑阀式

【完成任务】写出图 2-13 滑阀式液压助力转向系统示意图中左转向的油路走向。提示：滑阀中间细颈部分可以通油。

____
____
____
____
____。

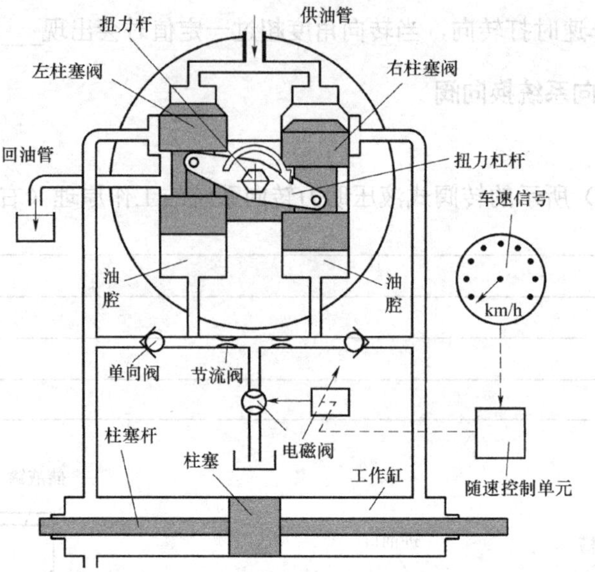

图 2–13　滑阀式液压助力转向系统（右转向）

3．电控液压助力转向系统

1）电控随速助力转向系统

【完成任务】如图 2-14 所示，电控随速助力转向系统是在图 2-12（b）转阀式液压助力转向系统的基础上增加了随速控制电磁阀，想一想这个电磁阀安在了哪两个油道之间？__________；电磁阀断电后助力会增加还是会减少？__________。

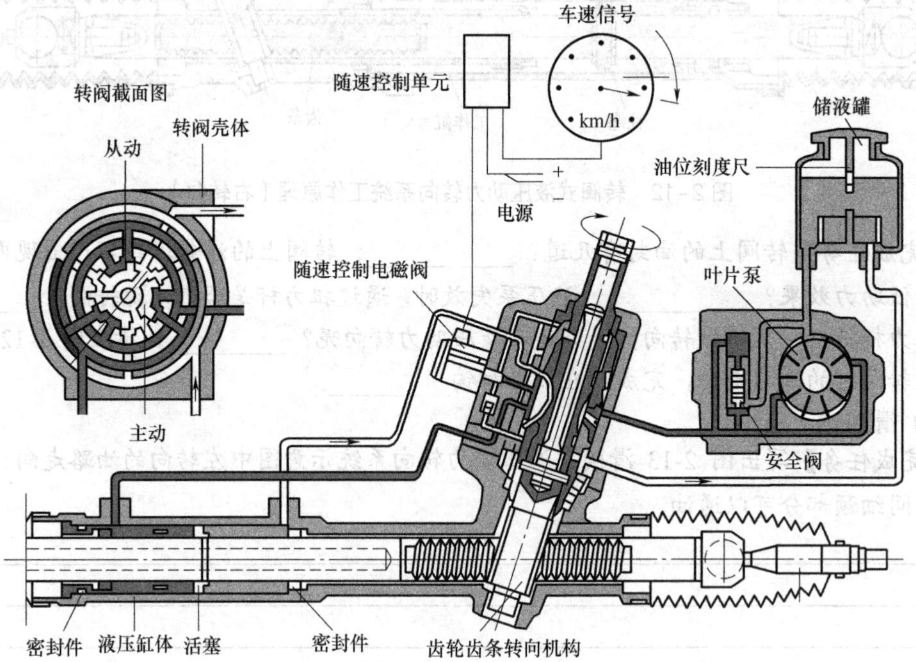

图 2–14　电控随速助力转向系统

2）带路感感应的随速助力转向系统

4．电动液压助力转向系统（EHPS）

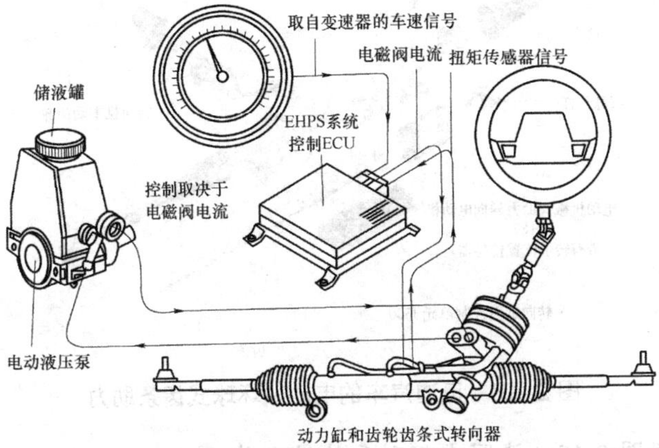

图 2-15　美国通用汽车的 EHPS

【完成任务】车速信号控制可以解决随速助力转向系统的助力问题，那么什么传感器可以解决驾驶员转向用力的意图：__________。图 2-15 所示的 EHPS 中，车速越高，电磁阀的电流是大了还是小了？__________；为什么要这样设计？__________。

5．电动助力转向系统的优点

电动助力转向系统是一项采用现代控制方法的高新技术，与传统液压动力转向相比，它具有下述优点。

（1）____。

（2）____。

（3）____。

（4）____。

电动助力转向系统（________________，EPS）采用直流电动机带动减速机构进行助力，ECU 引入了转矩传感器和车速传感器。ECU 根据方向盘的转矩传感器信号进行助力控制，转矩越大，助力越强，同时根据车速信号进行控制，车速越高助力越弱，使汽车“路感”增强了。

电动助力根据电动机的助力位置分为____________助力、____________助力两种，如图 2-16～图 2-18 所示。电动转向助力是按需消耗能量，省略了液压系统，保养项目减少，降低了环境污染，对低温适应性强。

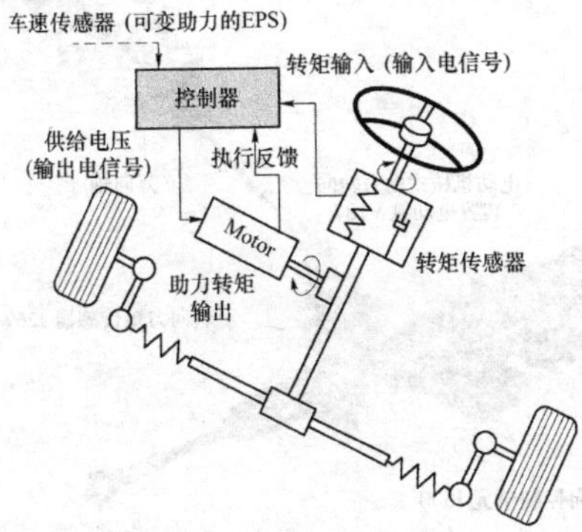

图 2-16　转向柱助力

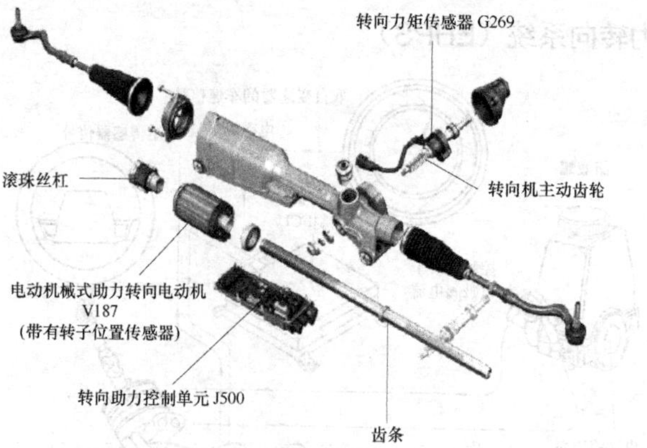

图 2-18 奥迪汽车的电动循环球式齿条助力

【完成任务】根据图 2-18，请写出下列元件的名称。

J500: ____________; G269: ____________; V187: ____________。

2.4 小齿轮助力转向

1. 双小齿轮助力转向

（1）电动机械式助力转向装置的优点是：____
____
____
____。

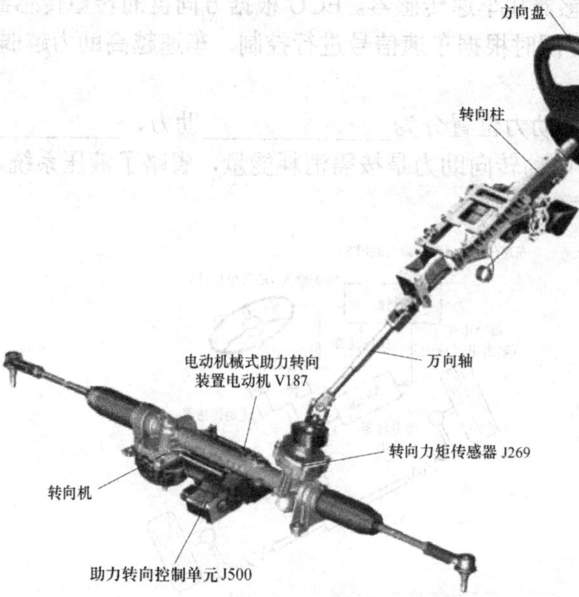

图 2-19 奥迪汽车的双小齿轮电动机械式助力转向系统

（2）转向装置的部件有：____。

（3）结构特点是：____。

【完成任务】 根据图 2-20，请找出下列元件的位置，找出后在线上打“✓”。

转向主动小齿轮：______；转向力矩传感器 J269：______；助力转向控制单元 J500：________；电动机 V187：________；蜗轮蜗杆机构：________；传动小齿轮：________。

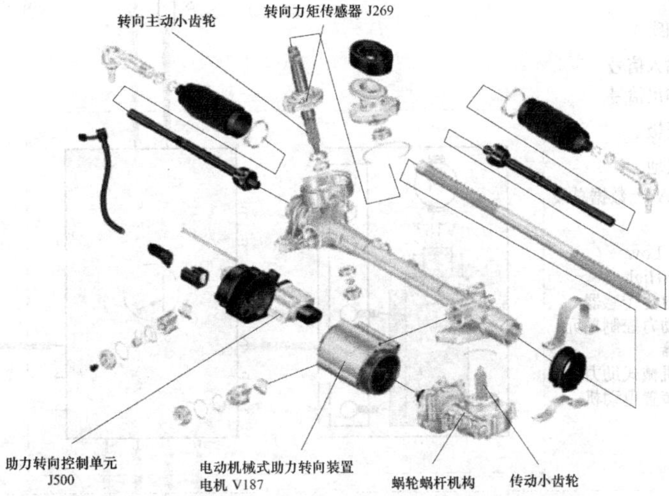

图 2-20　电动机械式助力转向装置及其各个部件

（4）电动机械式助力转向装置的电控系统。

电动机械式助力转向系统的电控系统组成如图 2-21 所示。

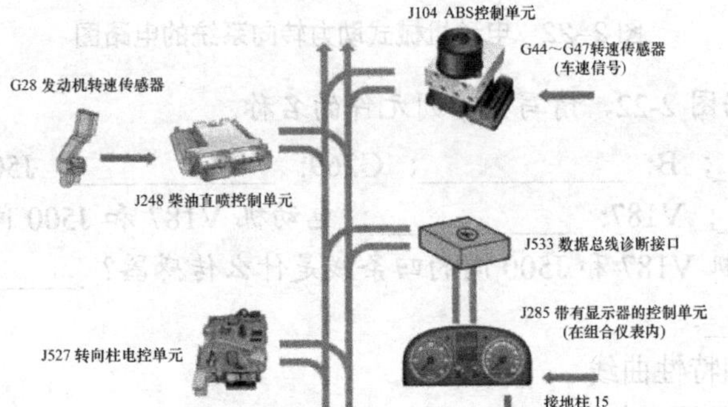

图 2-21　电动机械式助力转向系统的电控系统组成

【完成任务】根据图 2-21 所示，请写出下列元件的名称。

G28: ____________; J248: ____________; J527: ____________; G85: ____________;
J500: ____________; G269: ____________; V187: ____________; K161: ____________;
J285: ____________; J533: ____________; J104: ____________;
G44 ~ G47: ____________。

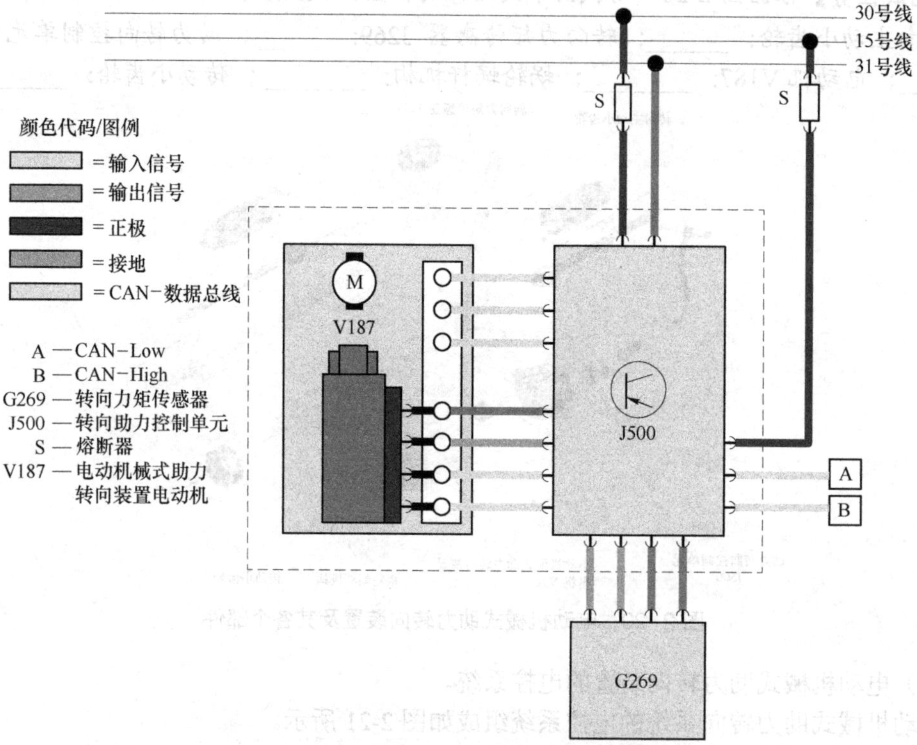

图 2-22　电动机械式助力转向系统的电路图

【完成任务】根据图 2-22，请写出下列元件的名称。

A: ____________; B: ____________; G269: ____________; J500: ____________;
S: ____________; V187: ____________; 电动机 V187 和 J500 间的三条线是什么线: ____________; 电动机 V187 和 J500 间的四条线是什么传感器？____________; 传感器什么形式的？____________。

5）特性曲线族和特性曲线

转向助力的控制是通过控制单元内永久式程序存储器中的一个特定曲线族来完成的。该存储器中存有多达 16 种不同的特性曲线族。例如，在 Golf 2004 车上，就要使用其中的 8 种特性曲线族来工作。

根据要求（如车重），在____________时激活相应的特性曲线族。但是在售后服务中，也可以使用 VAS 5051，通过功能“____________”在“____________”中激活特性曲线族。例如，在更换了控制单元或者更换了转向装置时，就需要进行这样的工作了。

2. 转向过程的工作原理

如图 2-25 所示，转向过程的工作原理是：____________________________________

____

____

____

____。

3．转向装置的机械和电控部分

如图 2-25 所示，双小齿轮式转向系统的机械机构是：________________________________

____

____

____。

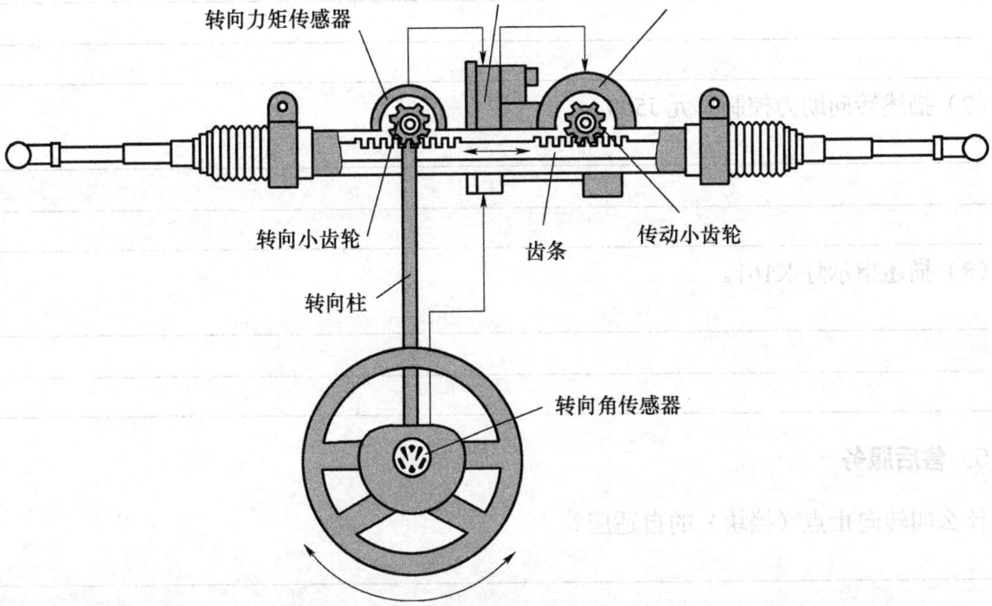

图 2-25　双小齿轮式转向系统的机械部分

4．转向装置的电气部分

（1）描述转向角传感器 G85。

____

____

____。

（2）描述转向力矩传感器 G269。

____

____

____。

（3）描述转子转速传感器。

____

____

____。

（4）描述车速信号。

____

____

____。

（5）描述发动机转速传感器 G28。

____

____

____。

（6）描述电动机械式助力转向装置电动机 V187。

____

____

____。

（7）描述转向助力控制单元 J500。

____

____

____。

（8）描述指示灯 K161。

____

____

____。

5. 售后服务

什么叫转向止点（挡块）的自适应？

____

____。

【完成任务】请写出图 2-32 所示的双小齿轮电动转向系统部件的名称。

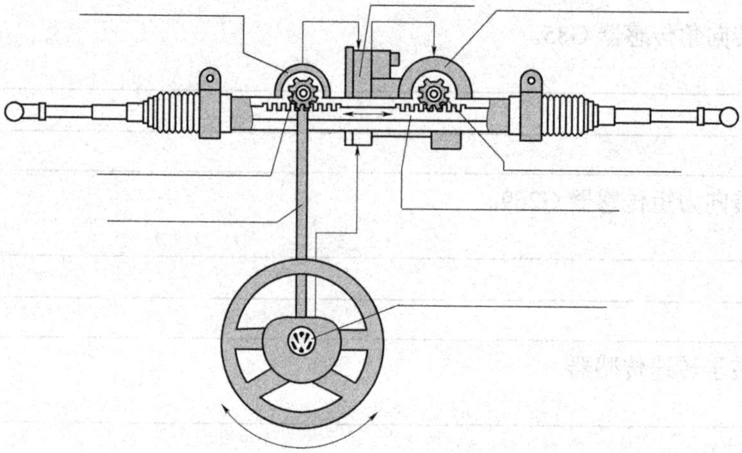

图 2–32　双小齿轮电动转向系统

2.5 主动转向系统

什么是主动转向系统？

____

____

____。

1. 主动转向系统的功能

（1）____

____。

（2）____

____。

（3）____

____。

2. 主动转向系统分类

如图 2-36 所示，根据附加转角叠加方式的不同，主动转向系统可分为________式和________式。对于机械式主动转向系统，典型的一种是德国宝马公司和 ZF 公司联合开发的__________式前轮主动转向（Active Front Steering，AFS）系统，装备于部分宝马 3 系列和 5 系列轿车上；另一种是奥迪的________式主动转向系统（奥迪称其为动态转向系统）。而电子式主动转向系统的代表是____________技术。

请将图 2-36 填写完整。

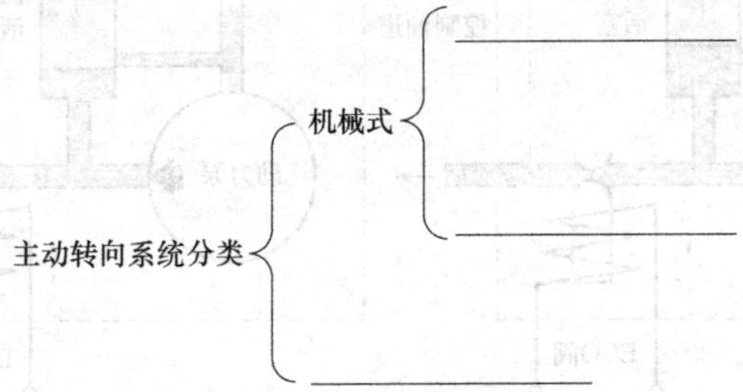

图 2–36 主动转向系统分类

3. 带 ECO 阀的液压随速助力转向系统

写出图 2-37 所示的奥迪汽车带 ECO 阀的液压随速助力转向系统的工作原理。

____

____

____

____

____。

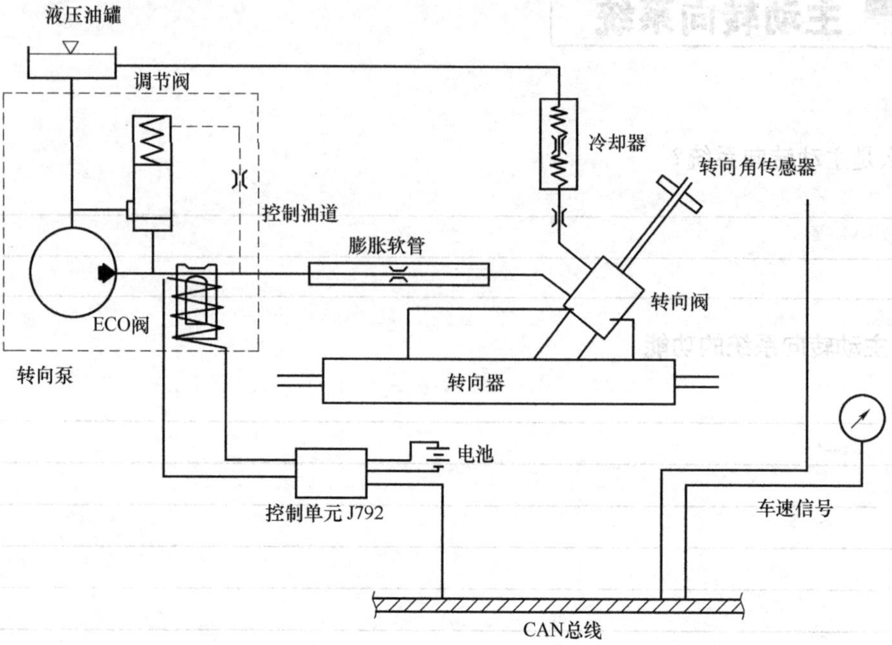

图 2-37　奥迪汽车带 ECO 阀的液压随速助力转向系统

【完成任务】控制 ECO 阀的两个主要信号是：__________；__________。ECO 阀在断电时，开口面积是最大还是最小？__________。

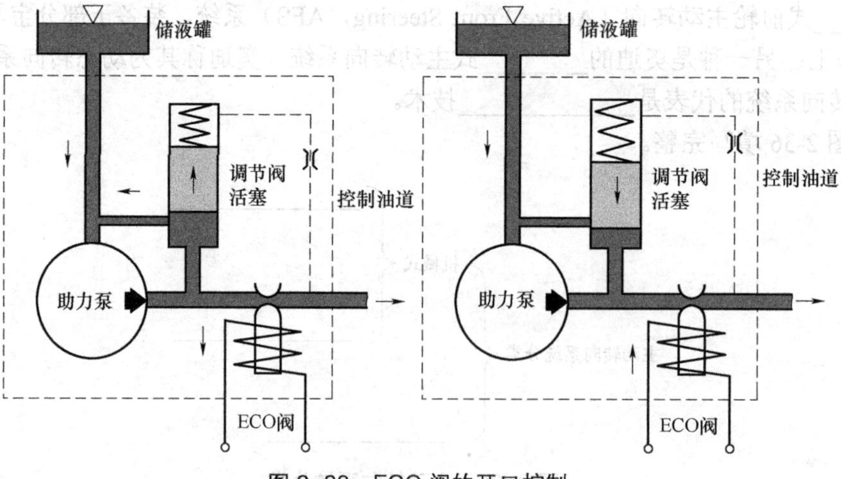

图 2-38　ECO 阀的开口控制

4. “双行星齿轮机构”传动比可变系统的特点

____

____

____

____。

5. “谐波齿轮式”传动比可变系统

1）谐波齿轮减速原理

谐波齿轮依靠柔性轮产生的可控变形波引起齿间的相对错齿来传递力和运动的。具体地来说就是：____
____
____
____
____
____。

2）主动转向系统的工作原理

____
____
____
____
____
____
____。

奥迪汽车的主动转向系统组成如图 2-41 所示，奥迪汽车的谐波减速机构系统构造 1 如图 2-42 所示，奥迪汽车的谐波减速机构系统构造 2 如图 2-43 所示，失效锁止电磁阀的工作原理如图 2-44 所示。

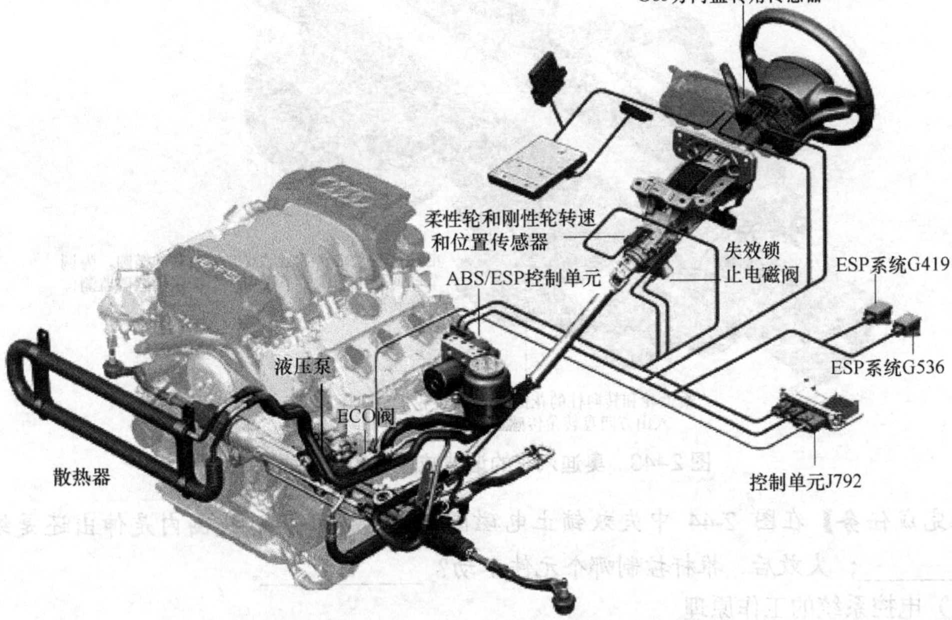

图 2-41 奥迪汽车的主动转向系统组成

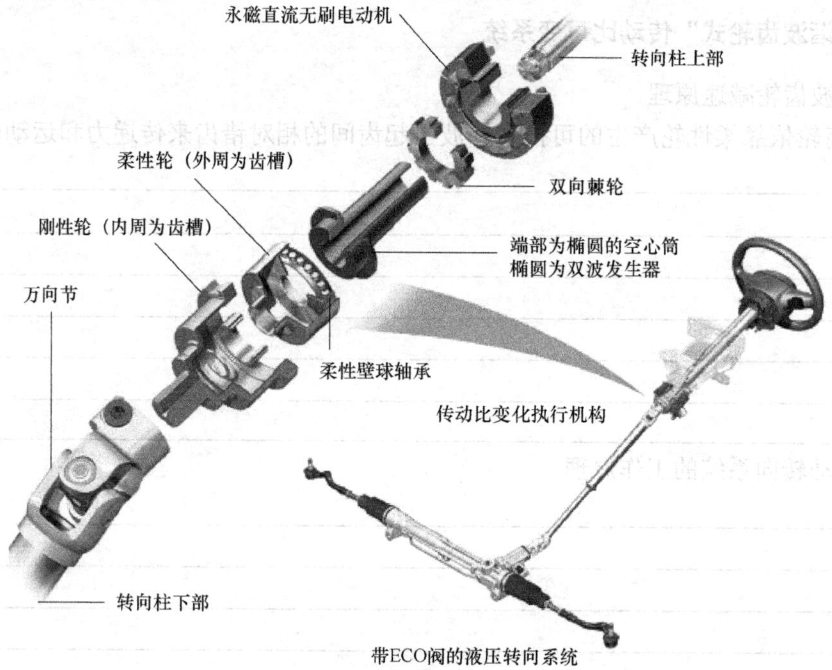

图 2-42 奥迪汽车的谐波减速机构系统构造 1

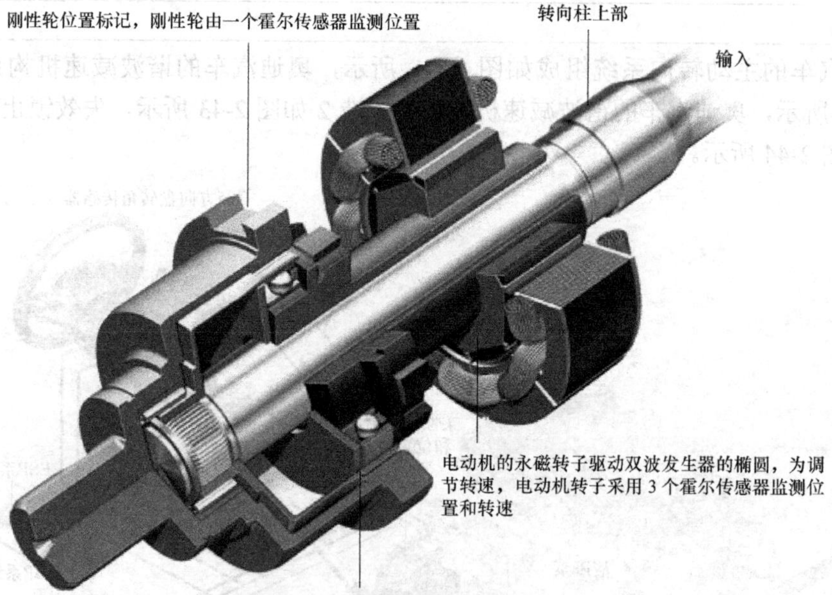

图 2-43 奥迪汽车的谐波减速机构系统构造 2

【完成任务】在图 2-44 中失效锁止电磁阀断电后，推杆从线圈内是伸出还是缩回？____________；失效后，推杆控制哪个元件不动？____________。

3）电控系统的工作原理

____

____

____

______________________________。

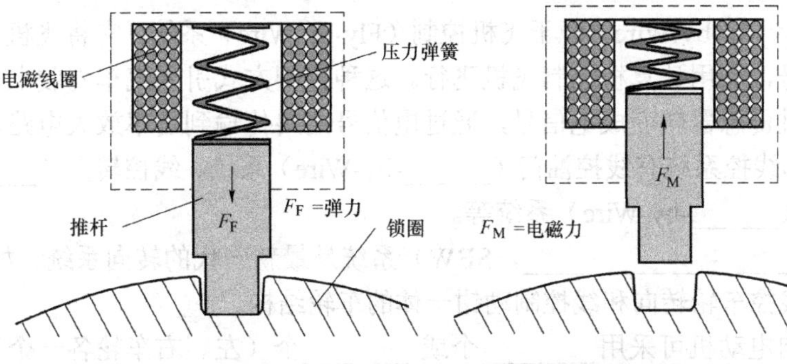

图 2-44　失效锁止电磁阀的工作原理

【完成任务】根据图 2-45，请写出以下部件在进行主动转向控制时的输入和输出信号。

J792 输出数据：______________________________；

J104 输出数据：______________________________；

G85 输出数据：______________________________；

J285 输入数据：______________________________；

G419/G536 输出数据：______________________________；

J519 输出数据：______________________________；

J220 输出数据：______________________________；

J533 输出数据：______________________________；

J393 输出数据：______________________________。

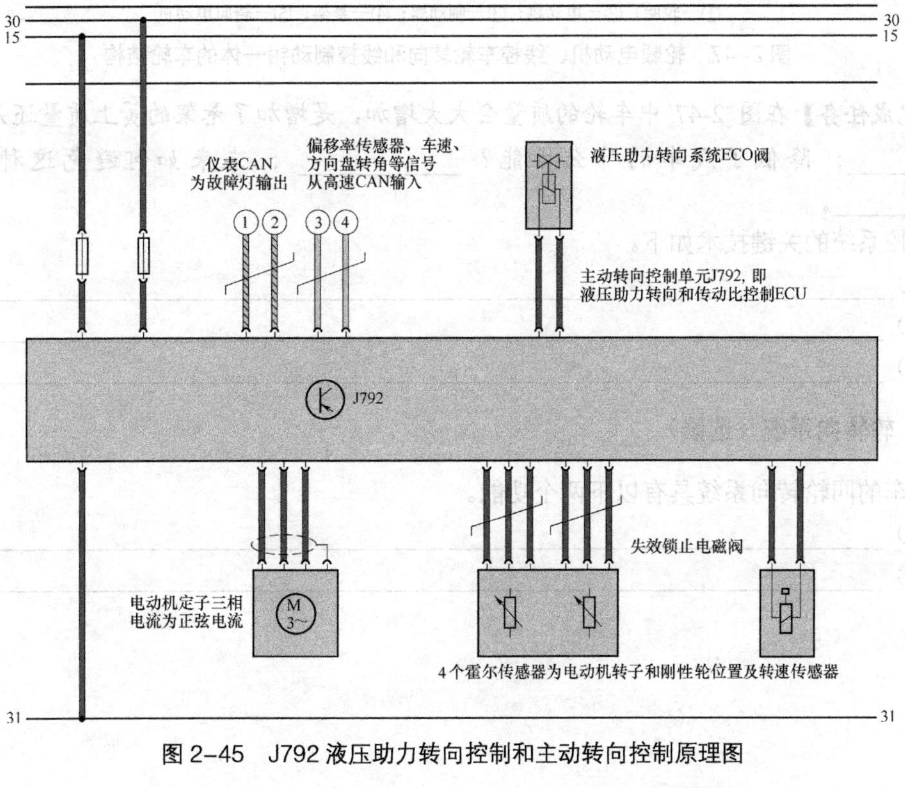

图 2-45　J792 液压助力转向控制和主动转向控制原理图

6．线控转向系统（选修）

线控技术（______-by-Wire）源于飞机控制（Fly-by-Wire）系统，它将飞机驾驶员的操纵命令转换成电信号，利用计算机控制飞机飞行。这种控制方式引入汽车驾驶上，就是将驾驶员的操作动作经过传感器转变成电信号，通过电信号网络传输到功率放大电路，再推动执行机构。典型的汽车线控系统有线控油门（______-by-Wire）系统、线控转向（______-by-Wire）系统、线控制动（______-by-Wire）系统等。

线控转向（______-______-______，SBW）系统是最新一代的转向系统。如图 2-47 所示为轮毂电动机、线控车轮转向和线控制动钳一体的车轮结构。

前轮线控转向电动机可采用________个或________个（左、右车轮各一个）电动机，对于四轮转向则采用________个电动机。

①—轮胎；②—电动机；③—制动器；④—悬架；⑤—转向电动机

图 2-47　轮毂电动机、线控车轮转向和线控制动钳一体的车轮结构

【完成任务】在图 2-47 中车轮的质量会大大增加，是增加了悬架的簧上质量还是簧下质量？______；降低了汽车的什么性能？__________；未来如何避免这种情况？____________。

线控系统的关键技术如下。

（1）____。

（2）____。

（3）____。

7．轮转向系统（选修）

轿车的四轮转向系统具有以下两个功能。

（1）____。

（2）____。

·第 3 章·

传统汽车制动系统

3.1 定义和分类

1. 制动系统定义

以下 6 种功能都有使汽车减速甚至停止的功能，其中前 3 种是制动系统，后 3 种只有制动功能，不能称之为一个系统。

（1）行车制动系统。

____________系统又称“__________”。用脚踩刹车踏板实现“全轮制动”，对于轿车为四轮制动，行车制动系统有独立部件。

（2）驻车制动系统。

__________系统又称“___________”，在停车后，为保持车在原地不动，采用对汽车的部分车轮进行制动的方式，对于轿车为后轮制动。

（3）“货车”的辅助制动系统。

在___________按下或拉下时，利用机械阀___________来增大发动机排气行程阻力的方式来增大发动机制动效果；或者利用传动系统传动轴的转动，带动___________将汽车动能转化为电能，并以热能的形式耗散到大气中去；或在变速器后部增加___________，利用传动系统带动液力缓速器的泵轮，将油液打向涡轮后，再经发动机前部的散热器以热能的形式耗散到大气中去。

（4）什么是发动机制动功能？

____

____

（5）什么是能量回馈制动功能？

____

____

（6）什么是应急制动功能？

____

____

2. 制动系统分类

（1）按制动力的来源分为① __________；② __________；③ __________。

【完成任务】货车的气压助力和轿车的液压助力，在没有助力的情况，哪种还能实现人力制动？

____。

（2）按制动传力介质分为________式、________式、________式和________式。

（3）按制动主缸个数（气压制动按四通阀分出的封闭管路数目），液压传力的制动系统分为__________和__________制动两种，制动主缸采用一个管路时称为单管路制动，制动主缸采用两个时称为双管路制动。

（4）按双回路制动系管路布置形式分类。

① Ⅱ式（前、后式）的特点是：______________________________。

② X 式（对角线式）的特点是：______________________________。

（5）按有无电控系统分为__________系统和__________制动系统，其中电控系统又分为__________和__________两种电控系统。

（6）按行车制动系统是否有能量回馈制动功能，可分为__________和__________两种，电动汽车和混合动力汽车拥有机械摩擦制动和混合制动两种制动。

3.2 单管路制动（选修）

1. 真空增压器的作用

____

2. 真空增压器的工作原理

真空增压器的工作原理如图 3-3 所示。请填写图 3-3 中相应的元件名称。

1）踩下制动踏板

____

____

2）抬起制动踏板

____

____

3）失效替代

____

____

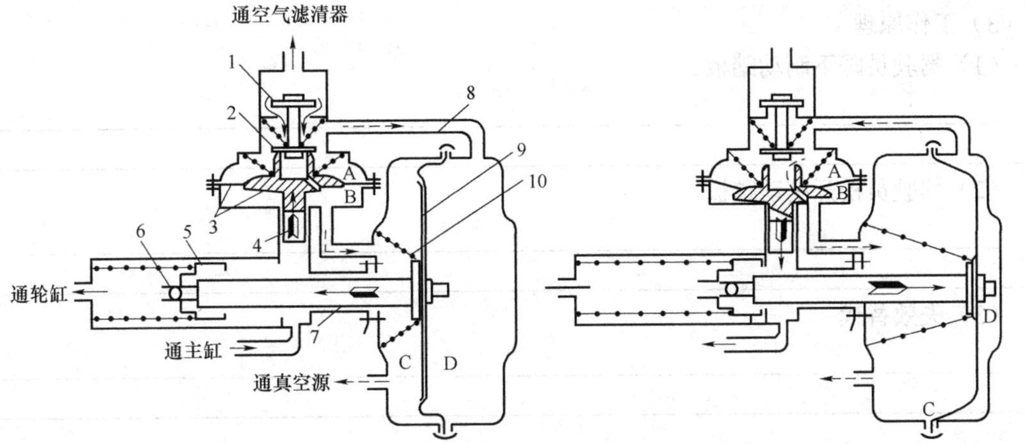

1—__________；2—__________；3—__________；4—__________；5—__________；

6—__________；7—__________；8—__________；9—__________；10—__________

图 3–3 真空增压器的工作原理

3.3 液压双管路制动

1. 制动主缸（总泵）

1）制动主缸的作用

____。

2）制动主缸的结构

双腔串联型制动主缸的结构如图 3-7 所示。

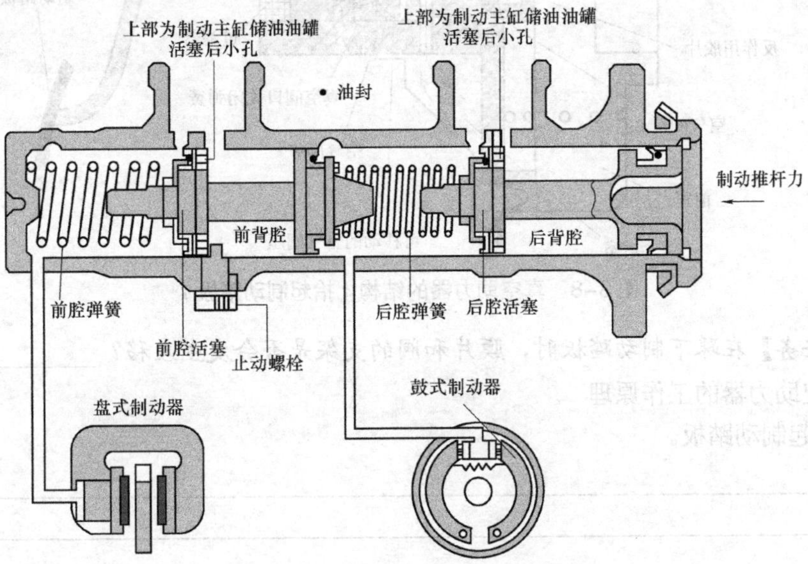

图 3–6 双腔串联式制动主缸的结构

3）工作原理

（1）驾驶员踩下制动踏板。

____

____。

（2）驾驶员松开制动踏板。

____

____。

（3）失效替代

____

____。

2. 真空助力器

1）真空助力器的作用

____。

2）真空助力器的结构

真空助力器的结构（抬起制动踏板）如图 3-8 所示。

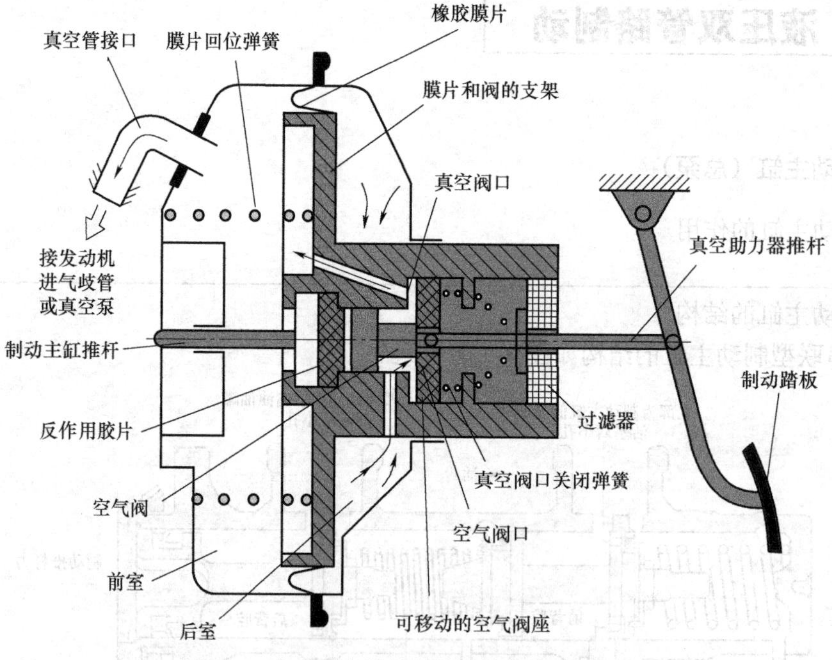

图 3-8　真空助力器的结构（抬起制动踏板）

【完成任务】在踩下制动踏板时，膜片和阀的支架是否会发生左移？________。

3）真空助力器的工作原理

（1）抬起制动踏板。

____

____

____。

（2）踩下制动踏板。

____

____

____。

（3）抬起制动踏板。

____

____

____。

（4）失护替代。

____

____

____。

4）检查真空助力器故障

____

____

____

____。

3．制动管路

连接主缸和轮缸之间的制动管路常采用高压____________或____________管。制动管路将制动液从主缸传送到轮缸和制动钳。制动管路传递并引导液压制动系统的压力制动液。

4．制动力调节装置

1）计量阀的作用

____

____。

计量阀一般放在发动机后部的车身位置，是不可维修部件，须整体更换。对于有计量阀的汽车，在管路放气时要采用先放净后轮管路，等后轮管路压力能建立起来后，才能放净前轮管路，所以人们总结出的放气方法为以制动主缸是基准的“____________”。

【完成任务】传统汽车制动系统放气方法为“由远及近法”。那么，轿车上 4 个车轮的放气的顺序应为：__________；__________；__________；__________。

2）比例阀和感载比例阀的作用

____

____。

5．制动轮缸（分泵）

写出图 3-14 所示的双活塞式制动轮缸的工作原理。

____

____。

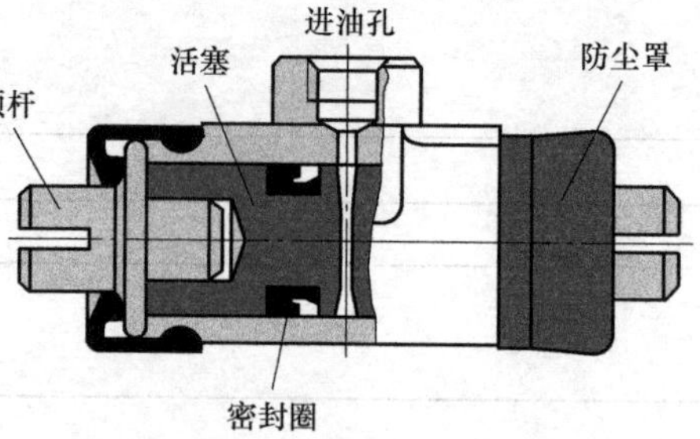

图 3-13　双活塞式制动轮缸

3.4 车轮制动器

1. 鼓式制动器

1）鼓式制动器的特点

鼓式制动器具有的优点是：____

____

____

____。

2）领从蹄式制动器

（1）“领”和“从”的概念。

填写图 3-14 中相应元件的名称。

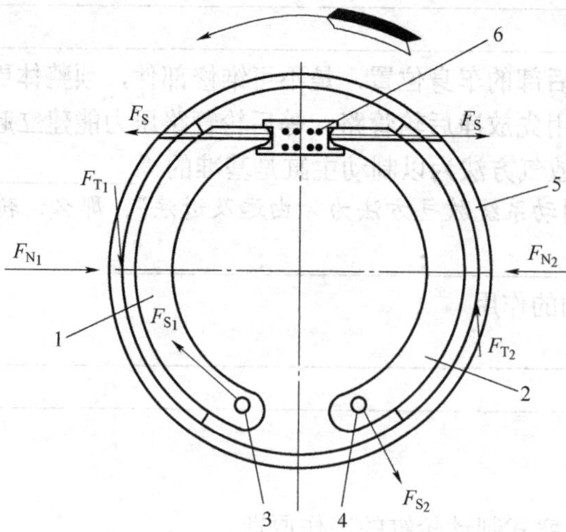

1—__________；2—__________；3，4—__________；5—__________；6—__________

图 3-14　领从蹄式制动器示意图

【完成任务】请说出领从蹄式制动器的“领”和“从”的意义？

____。

（2）领从蹄式制动器举例。

填写图 3-15 中相应元件的名称。

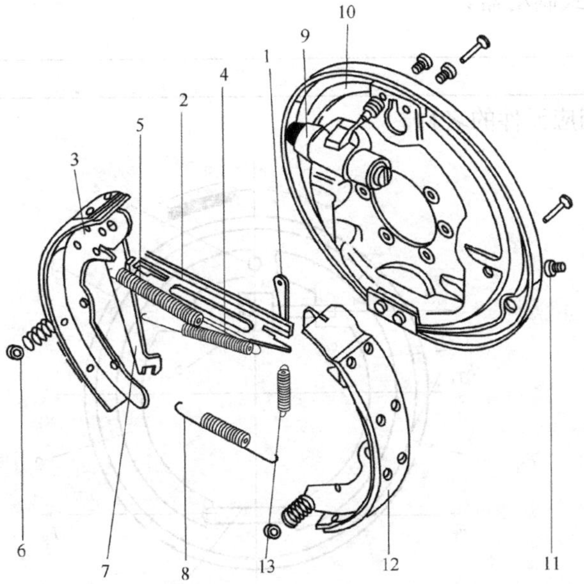

1—__________；2—__________；3—__________；4—__________；5—__________；

6—__________；7—__________；8—__________；9—__________；10—__________；

11—__________；12—__________；13—__________

图 3-15 一汽奥迪 100 型轿车后轮制动器的固定元件

（3）双领蹄式与双从蹄式制动器。

【完成任务】根据图 3-17 提示，在图 3-19 中写出车轮制动器元件名称，引出线采用 45°/水平/垂直线，不要出现交叉。并说出：哪些是行车制动元件？__________________________；

哪些是驻车制动元件？____；

哪些是制动间隙调节元件？______________________________________；

说出制动间隙的调节方法是：____________________________________；

如果在制动蹄片上发现有两条金属线，这两条金属线的作用是：______________。

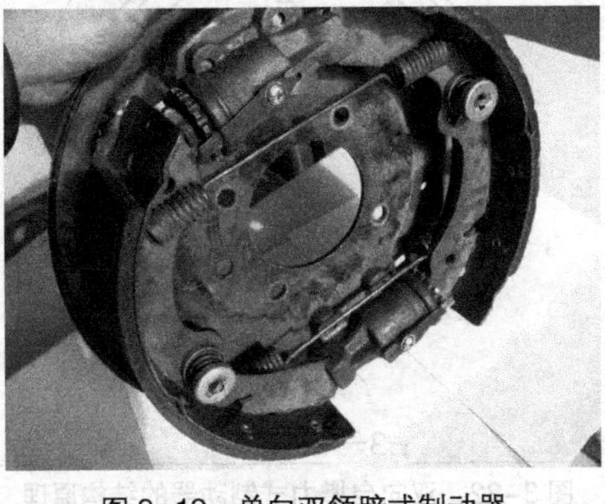

图 3-19 单向双领蹄式制动器

（4）双向双领蹄式制动器。

3）自增力式制动器

自增力式制动器分单向自增力和双向自增力两种，它们在结构上只是轮缸中的活塞数目不同而已。

（1）单向自增力式制动器。

____

____。

填写图 3-21 中相应元件的名称。

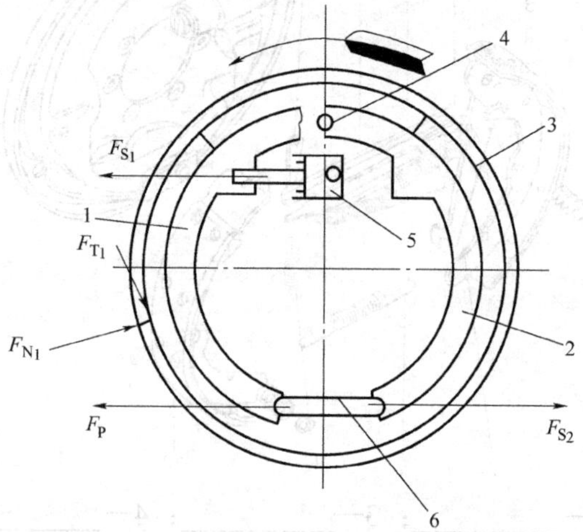

1—__________；2—__________；3—__________；4—__________；5—__________；6—__________

图 3-21　单向自增力式制动器的结构原理

（2）双向自增力式制动器。

双向自增力式制动器的结构原理是：______________________________

____

____。

填写图 3-22 中相应元件的名称。

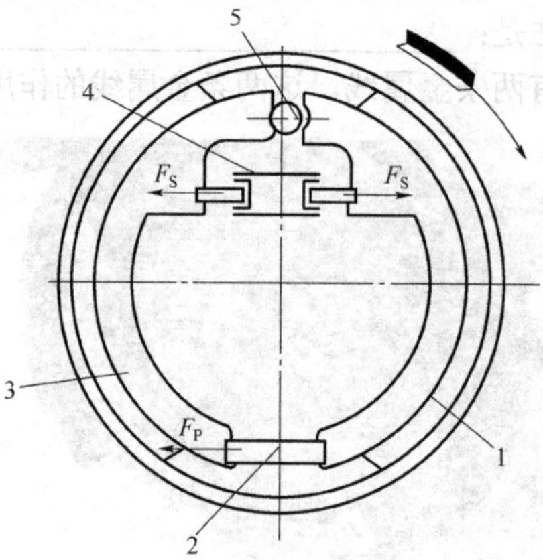

1—__________；2—__________；3—__________；4—__________；5—__________

图 3-22　双向自增力式制动器的结构原理

（4）制动器间隙的调整

在制动器不工作时，其摩擦片与制动鼓之间应留有适当的间隙，一般为__________ mm。制动间隙的调整有__________调整和__________调整两种方法。

（1）手动调整。

① 转动调整__________和带偏心轴颈的__________。

② 转动调整螺母。

填写图 3-23 中相应元件的名称。

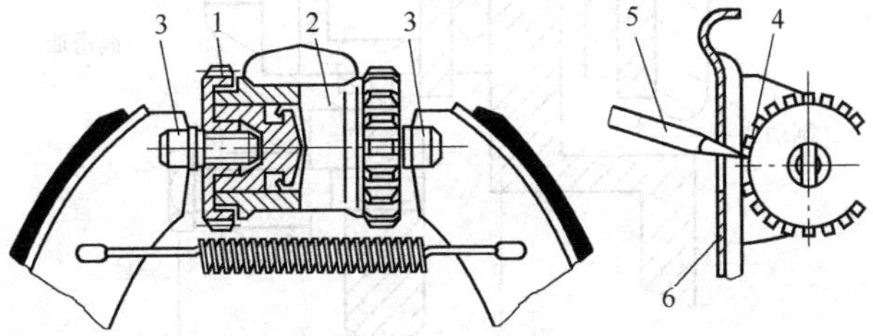

1—________；2—________；3—________；4—________；5—________；6—________

图 3–23　用调整螺母调整制动间隙

③ 调整可调顶杆长度。

填写图 3-24 中相应元件的名称。

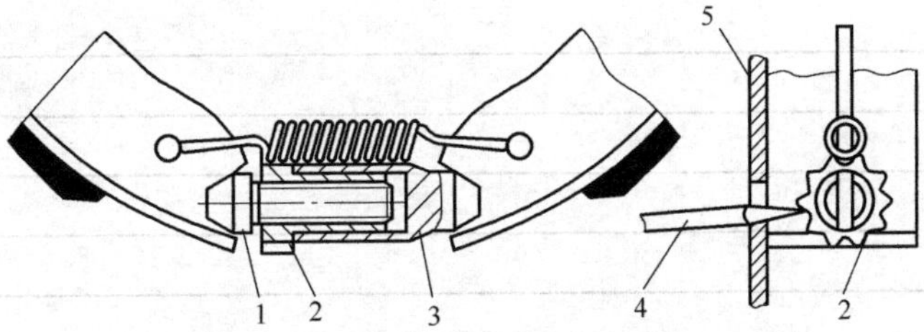

图 3–24　用改变顶杆长度来调整制动器间隙

1—________；2—________；3—________；4—________；5—________

（2）自动调整。

【完成任务】写出鼓式车轮制动器的自动间隙调节元件在车轮制动器上设计的 4 个位置：________；________；________；________。你所在学校有哪种自调间隙装置？________。

2．盘式制动器

1）盘式制动器的特点

盘式制动器与鼓式制动器相比，具有以下优点：____。

2）浮钳盘式制动器

写出图 3-29 所示的浮钳盘式制动器的工作原理。

____

____。

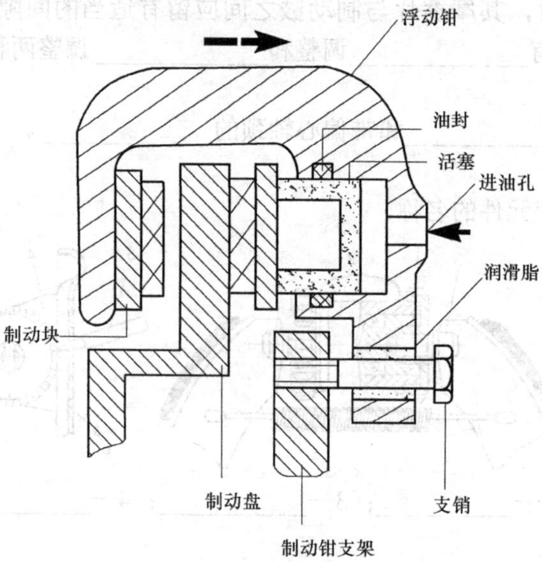

图 3-29　浮钳盘式制动器的结构

3）定钳盘式制动器

写出定钳盘式制动器的基本结构和工作原理，如图 3-34 所示。

____

____

____

____

____

____

____。

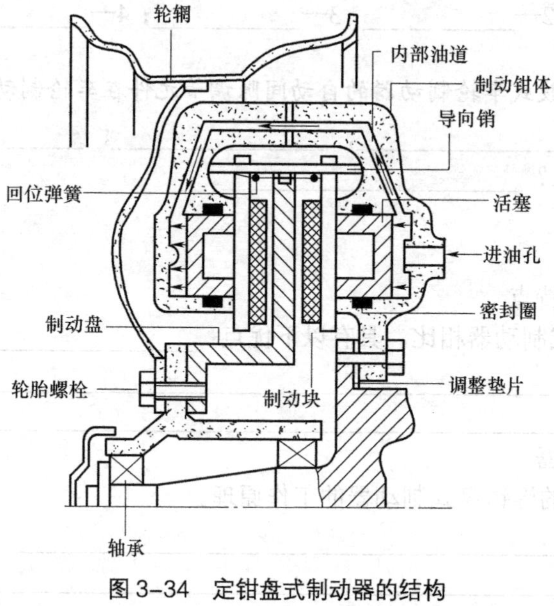

图 3-34　定钳盘式制动器的结构

3.5 驻车制动装置

驻车制动器按其结构形式分为__________式、__________式、__________式和__________式。

1. 中央驻车制动器

技师指导

中央驻车制动器可采用__________驻车制动器和__________驻车制动器，但盘式驻车效果不佳，所以现在几乎不采用。鼓式驻车制动器间隙可从制动鼓的__________看见，在操纵机构上进行间隙调节。

2. 带驻车制动机构的鼓式制动器

填写图 3-37 中相应元件的名称。

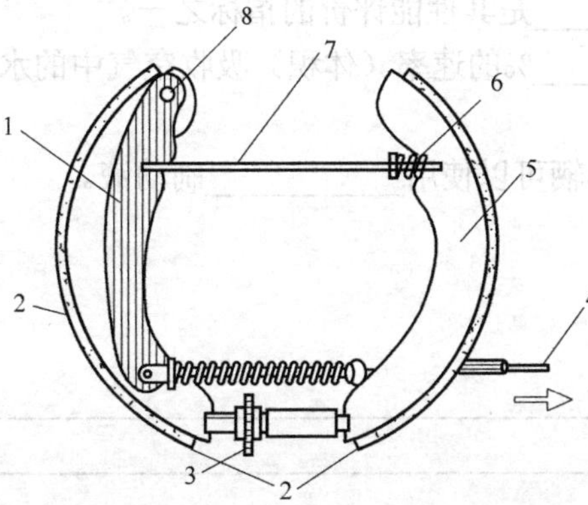

1—__________；2—__________；3—__________；4—__________；
5—__________；6—__________；7—__________；8—__________

图 3-37　带驻车制动机构的鼓式制动器

【完成任务】若调节图 3-37 的调整支销变长，是否能调节驻车制动间隙？__________；是否有必要使左、右两侧制动间隙相同？________；左、右两侧制动间隙不相同时，驻车拉线上的平衡器是否会发生偏摆？________。如果后轮采用“盘式”制动，这种结构是否能用于驻车制动？__________。

3. 盘式驻车制动器

____。

4．带鼓式驻车制动器的盘式行车制动器

____
____。

3.6 制动液和放气

1．汽车制动液种类

制动液俗称“__________”，作为液压制动系统传递压力的液体，其优劣直接关系到制动系统的可靠程度。

目前，常见的车用制动液主要有 3 种，分别是__________、__________和__________。车辆行驶__________年或者__________km 必须更换制动液。

2．制动液指标

对于制动液，__________是其性能评价的指标之一。

制动液每年以__________%的速率（体积）吸收空气中的水分，当制动液吸收水分后，其沸点温度降低。

使用 DOT3 制动液的车辆可以使用__________制动液。

3．制动液放气

1）描述重力排气

____
____
____
____
____。

2）描述压力排气

____
____
____
____
____。

3）描述脉动排气

____
____
____
____

____。

4）描述制动液逆向加注排气

____

____

____

____

____。

5）描述真空排气

____

____

____

____

____。

3.7 制动报警装置

1. 制动钳磨损报警装置

许多盘式制动器上装有制动块摩擦片磨损报警装置，用来提醒驾驶员制动块上的摩擦片需要更换。常见的磨损报警装置有__________报警装置、__________报警装置和__________报警装置3种。

（1）什么是机械声音报警装置？

____

____

（2）什么是电子报警装置？

____

____

（3）什么是触觉报警装置？

____

____

【完成任务】通过盘式制动钳的制动观察窗或制动鼓的制动间隙观察窗看制动块或制动蹄厚度是否合格？____________；前盘式刹车片的使用里程一般为多少km？________；后鼓式制动蹄片的使用里程一般为多少km？________；两者一般有近乎几倍的关系？______。在更换新制动块（刹车片）时，为什么要先将轮缸回位？____________；更换完成后，为什么要多踩几脚刹车踏板？____________。

2．制动液液面报警装置

写出图 3-46 制动液液面过低报警开关的工作原理。

____

____。

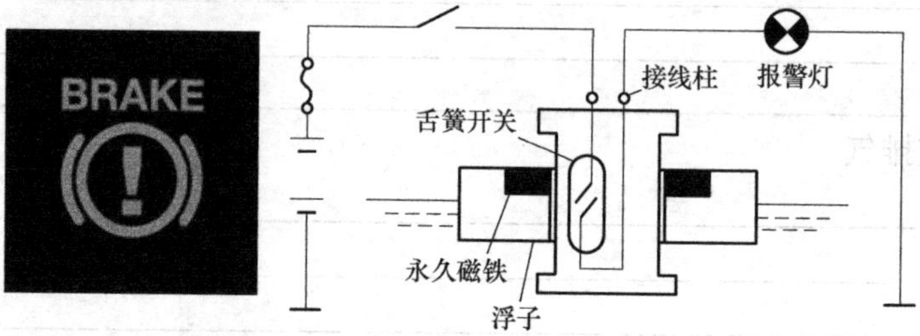

图 3–46　早期制动液液面过低报警开关

3．摩擦片磨损报警装置

写出图 3-47 中磨损检测传感器的工作原理。

____

____。

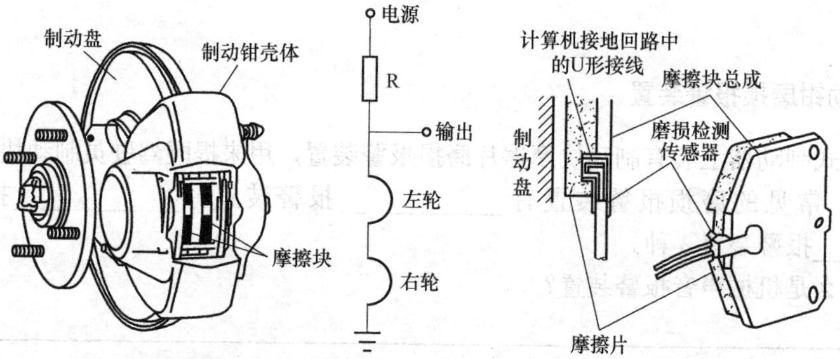

图 3–47　磨损检测传感器的安装位置、电路结构、传感器在制动器上的安装状况

【完成任务】有磨损检测传感器的汽车，正常未报警时断开车轮处的插头是否会报警？__________；用金属线短接仪表侧的两端子时，制动警告灯是否熄灭？__________。

·第 4 章·

电控制动系统

4.1 电控制动系统基础

1. 电子制动与安全系统

电子制动与安全系统（____________），其中包括____________触发的EBD和ABS功能，____________触发的功能有ESP、TCS（ASR）、EDL（德EDS）、BAS等自动制动功能。这些电控制动技术并不一定有必要点亮刹车灯，只有在车速真实有下降时，为警示后车才有必要点亮刹车灯，事实上到目前为止，只有____________或____________时，制动灯才有必要点亮。

2. 电控制动系统简介

1）防抱死制动系统（ABS）

ABS是____________的缩写，简称防抱死制动系统。

没有安装 ABS 的汽车，在行驶中如果用力踩下制动踏板，车轮转速会急速降低，当________超过车轮与地面的摩擦力时，车轮就会被抱死，完全抱死的车轮会使轮胎与地面的________下降，摩擦力下降。如果前轮被抱死，驾驶员就无法控制车辆的行驶方向，如果后轮被抱死，就极容易出现________现象。

装有 ABS 的汽车具有稳定的________，因此具有转向功能，能绕过障碍物，避免碰撞。同时，它还具有________的制动距离和较好的制动稳定性（不侧滑不甩尾）。为什么是相对较短的制动距离呢？因为车辆在遇到较厚积雪路面或软沙地情况下，制动距离反而会有所增加，因为车轮会抱死，从而在车轮前部地面会形成制动________，但配有 ABS 的汽车在车轮前部不能形成楔形物。轿车采用液压 ABS 已经十分普及，客车和货车采用________也逐步增加。

应当注意的是，在遇到紧急情况制动时，装有ABS的汽车会有一些________，有时还会________，这时不能松开踏板，因为这表明ABS开始起作用了。

2）电子制动力分配（EBD）

EBD 是______________________________的缩写，简称电子制动力分配，其作用相当于传统制动系统的____________________。

3）驱动防滑（TCS/ASR）

TCS 是_______________的缩写，即牵引力控制系统，ASR 是_____________的缩写，即驱动防滑系统，两者是不同车型和不同年代的称呼，它们的作用都是防止驱动力大于地面附着力。

4）电子差速锁（EDL）

EDL 是________________________的缩写，即电子差速（锁），德文为 EDS。其功能是当一侧的车轮打滑或者悬空时，利用其差速不差扭的特性来造成另一侧车轮完全无动力，轮速传感器检测时，就会通过电控制动系统对____________的车轮进行制动，从而使驱动力有效地作用到非打滑侧的车轮，保证汽车平稳起步。EDL 在车速低于__________km/h 时才会启动，主要是防止起步和低速时打滑。目前，还只在一些高档车上才装有 EDL。

EDL 只对汽车的加速打滑进行控制，而不对______________________进行干预。

5）发动机制动控制（EBC）

EBC 是___________________的缩写，简称发动机制动控制，德文为 MSR。其作用是在加速踏板突然松开或者带着挡位施加制动时，为了加强发动机制动效果而产生的驱动轮__________，控制发动机电子节气门适当增大来增加发动机动力，或通过变速器升挡方法来__________发动机制动效果。

6）电子稳定程序（ESP）

ESP 是________________________________的缩写，简称电子稳定程序。在车高速转弯时，车身会出现_________转向和__________转向，这时通过对 4 个车轮中的_________车轮进行制动来实现车身稳定。丰田汽车公司将其缩写为 VSC（__________________），即车辆稳定控制，马自达和尼桑汽车公司将其缩写为 DSC（________________），即动态稳定控制。

7）制动辅助系统（BAS）

BAS 是________________________的缩写，简称制动辅助系统。其设计的目的是由于许多驾驶员在紧急情况下迅速制动，但踩制动踏板的___________和____________不足，因而使制动距离较长，有可能导致碰撞事故。制动辅助系统（BAS）能在紧急制动情况下，确保立即产生最大的制动________效果，增加管路液压压强，从而使制动距离显著减小。

3. 制动系统基础知识

1）卡姆摩擦圆

卡姆摩擦圆如图 4-1 所示。

例如，轮胎对地面的压力和附着系数的乘积为 5000N（即 F_{res}=5000N），如果车轮在制动期间抱死（F_U方向向后）或起步时滑转（F_U方向向前），正常行驶时纵向驱动力 F_U为 4000N，则横向转向力 F_S=______________N，可以__________。一种情况是，制动时若驾驶员将制动踏板踩死，当车轮与路面之间发生纯滑动摩擦时，制动力最大可达 5000N，在这种情况下，______________传给路面，汽车失去转向能力；另一种情况是，经常发生在汽车起步时，驾驶员在起步时用低挡大油门加速，车轮因驱动力大于地面附着力 5000N，这时车轮________________________________。

适当地控制轮胎滑动和滚动的比例可以控制轮胎的抓地能力，从而提高汽车驱动能力、制动能力、转向能力和汽车稳定性。

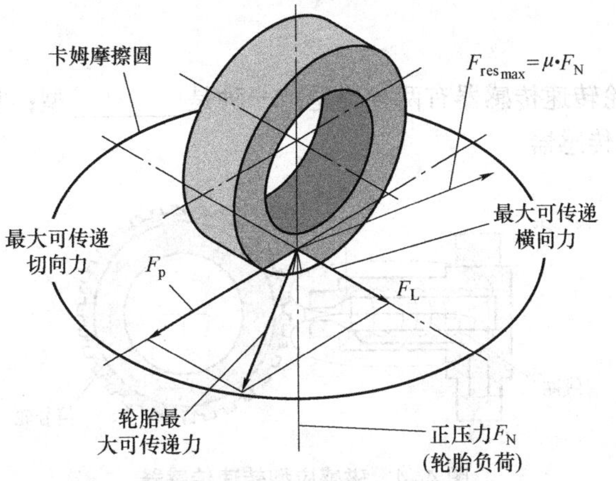

图 4–1 卡姆摩擦圆

2）车轮打滑率和横、纵向附着力

（1）制动时的打滑率。

根据图 4-2，写出什么是制动时的打滑率。

____

____

____

____。

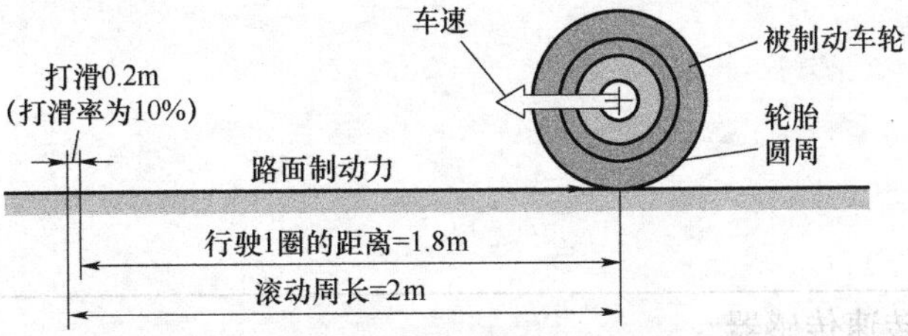

图 4–2 车轮“制动时的打滑率”

（2）横、纵向附着力。

根据图 4-3，写出车轮驱动力、制动力、横向力和打滑率的关系。

____

____

____

____。

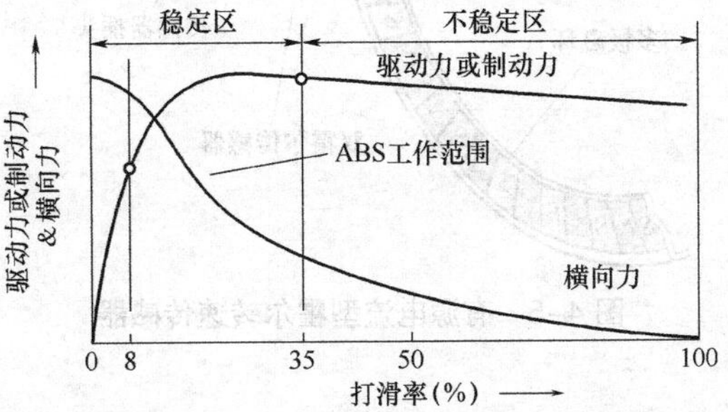

图 4–3 车轮驱动力、制动力、横向力和打滑率的关系

4. 转速传感器

目前，常用的车轮转速传感器有两种类型：一种是________型；另一种是________型。

1）磁感应型转速传感器

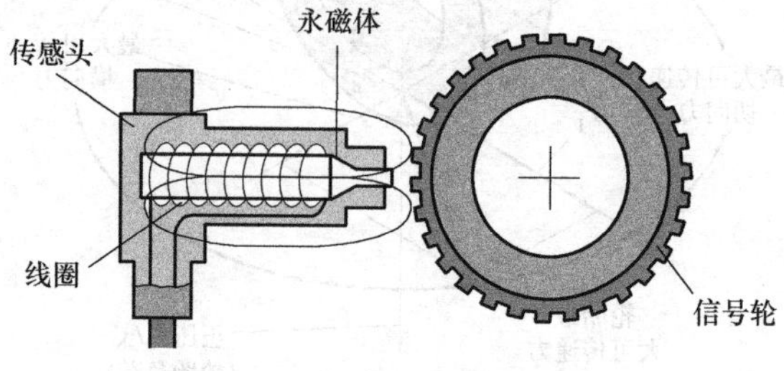

图 4–4　磁感应型转速传感器

【完成任务】调节示波器的幅值为 1V/div，时基为 5ms/div，车轮转速为 60r/min，测量磁感应型转速传感器波形，在下面画出来。

2）电流型霍尔转速传感器

一个霍尔传感器采用两线有源电流型传感器，传感器内部共有两个这样的两线有源电流型传感器，如图 4-5 所示。

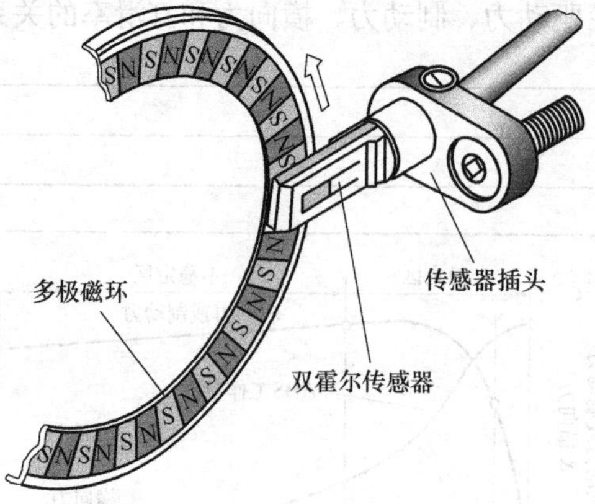

图 4–5　有源电流型霍尔转速传感器

【完成任务】调节示波器的幅值为 1V/div，时基为 5ms/div，分别以车轮转速为 60r/min 和 120r/min 转动车轮，测量两线电流型霍尔转速传感器的波形，在下面画出来。

5．方向盘转角传感器

6．偏移率传感器

填写图 4-8 中相应元件的名称。

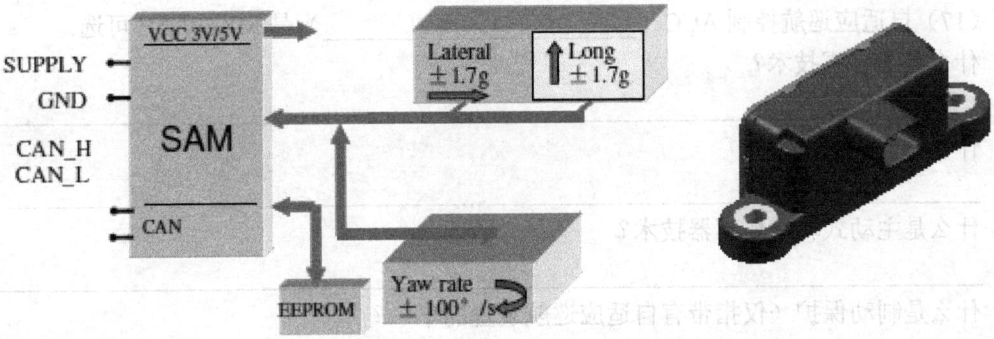

图 4-8　Lateral (__________)、Long (__________)、Yaw rate (__________) 三轴式横摆率传感器

维修更换偏移率传感器或制动防滑控制 ECU 后，制动防滑控制 ECU 侧的减速度传感器和偏移率传感器两者都必须进行__________。

7．电控制动系统的其他功能扩展（自学）

电控制动系统的软件功能有的与制动有关，但近年来增加了许多与制动无关的软件，进一步扩展了电控制动系统的功能。例如，德国大陆公司的汽车制动系统 ABS MK70M 和 ESC MK60/25 E 系统性能如下。

（1）防抱死制动系统 ABS（________________________）是 ESC MK70M 和 MK60/25E 的标配。

（2）电子制动力分配 EBD（________________________）是 ESC MK70M 和 MK60/25E 的标配。

注：ABS 和 EBD 是最基本的功能。

（3）牵引力控制系统 TCS（________________________）是 MK60/25E 的标配。

（4）电子稳定控制 ESC（________________________）是 MK60/25E 的标配。

（5）发动机干预牵引力控制系统 E-TCS（________________________）为 ESC MK70M 可选。

（6）发动机拖滞力矩控制系统 EDC（________________________）是 MK60/25E 标配。

（7）方向回正稳定性控制 ABS Plus 是 ESC MK70M 和 MK60/25E 的标配。

注：以上 TCS、ESC 、E-TCS、EDC、ABS Plus 5 项是常见的功能。

（8）液压紧急制动系统 HBA（________________________）是 MK60/25E 标配。

（9）制动衰退补偿 FBS（________________________）是 MK60/25E 可选。

（10）拖车稳定性辅助 TSA（________________________）是 MK60/25E 可选。

（11）主动防侧翻系统 ARP（________________________）是 MK60/25E 可选。

（12）前轮主动转向 DSR（____）是 MK60/25E 可选。

（13）冷启动/助力失效支持 t（____）是 MK60/25E 可选。

（14）制动预警 RAB（________________________）是 MK60/25E 可选。

（15）胎压检测系统 DDS（________________________）是 ESC MK70M 及 MK60/25E 可选。

（16）坡路起步辅助 HSA（________________________）是 MK60/25E 可选。

（17）自适应巡航控制 ACC（________________________）是 MK60/25E 可选。

什么是数字阀技术？

____。

什么是模拟阀技术？

____。

什么是主动式转速传感器技术？

____。

什么是制动保护（仅指带有自适应巡航装置的车）？

____。

什么是越野（Offroad）模式？

____。

什么叫上下坡辅助？

____。

什么叫挂车稳定性控制？

____。

什么叫防滚翻稳定装置？

____。

什么叫制动器性能防衰退（FBS）？

____。

什么叫制动盘清洗？

____。

4.2 丰田汽车的制动系统

1．主组件

____

____。

2．EBD 控制

1）纵向制动力分配

当车辆直线向前行驶时，如果施加制动，则载荷的转移会__________施加在后轮上的载荷。通过来自速度传感器的信号，制动防滑控制 ECU 确定该状况，并且制动执行器调节后轮制动力分配，以优化控制。

2）横向制动力分配（转弯制动中）

当车辆正在转弯时，如果施加制动，则加在内轮上的载荷____，加在外轮上的载荷_____。

3．制动助力系统 BAS

【完成任务】根据图 4-12，回答以下问题。

如果驾驶员踏下制动踏板很深，但总泵压力信号很小，助力功能是否起作用？__________。

助力功能是由什么来完成的？__________；完成的程度由哪个传感器来确认？__________。

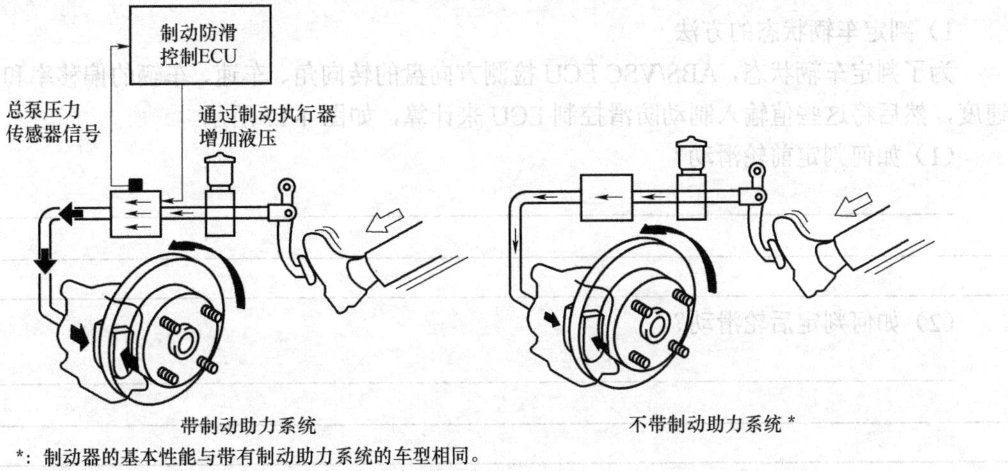

图 4–12　带和不带制动助力系统的制动控制

4．TRC 系统

TRC 系统功能实现方式：____。

5．VSC 系统

VSC 系统功能实现方式：____。

下面两个例子可以看成车轮侧向制动力大于车轮横向抓地力极限的情况。车辆在下列之一的情况下，VSC 系统通过控制发动机输出和各车轮的制动力来帮助控制车辆行驶状况。

（1）和后轮相比，前轮抓地力减小时，出现强的前轮滑动趋势，称为______转向。

（2）和前轮相比，后轮抓地力减小时，出现强的后轮滑动趋势，称为______转向。

不足转向和过度转向如图 4-16 所示。

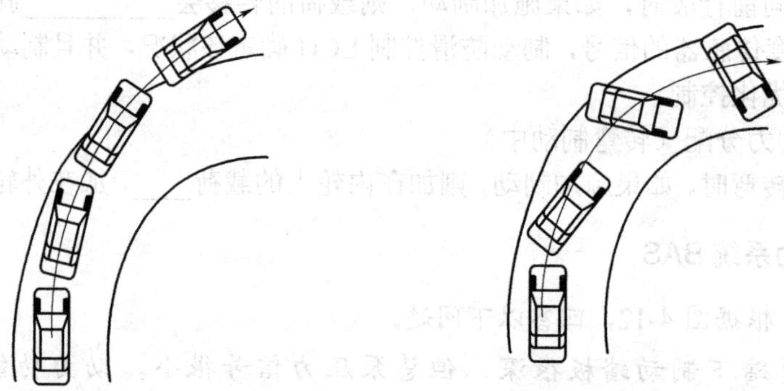

图 4-16　不足转向和过度转向

1）判定车辆状态的方法

为了判定车辆状态，ABS/VSC ECU 检测方向盘的转向角、车速、车辆的偏移率和横向加速度，然后将这些值输入制动防滑控制 ECU 来计算，如图 4-17 所示。

（1）如何判定前轮滑动？

____。

（2）如何判定后轮滑动？

____。

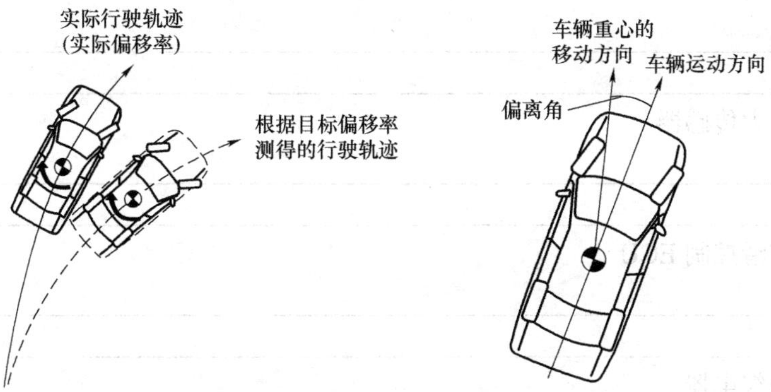

图 4–17　判定前轮滑动和判定后轮滑动

2）防车轮滑动的控制方法（见图 4-18）

（1）如何阻止强的前轮滑动？

____。

（2）如何阻止强的后轮滑动？

____。

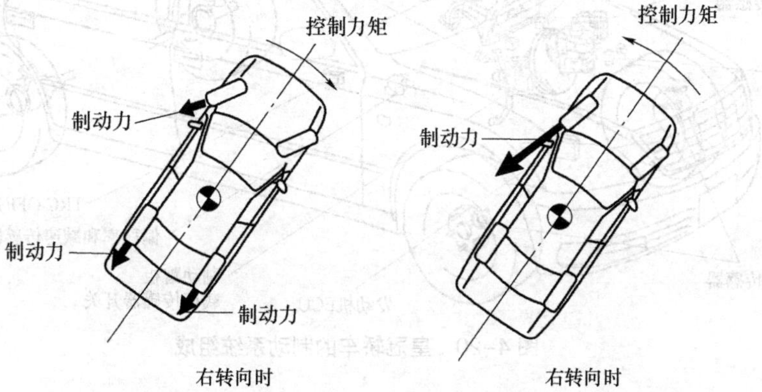

图 4–18　阻止强的前轮滑动和阻止强的后轮滑动的控制方法

6．HAC

什么是 HAC 功能？

____。

7．主组件位置图

丰田皇冠轿车的制动系统组成如图 4-20 所示。

1）制动执行器

____。

2）总泵压力传感器

____。

3）制动防滑控制 ECU

____。

4）电磁阀继电器

____。

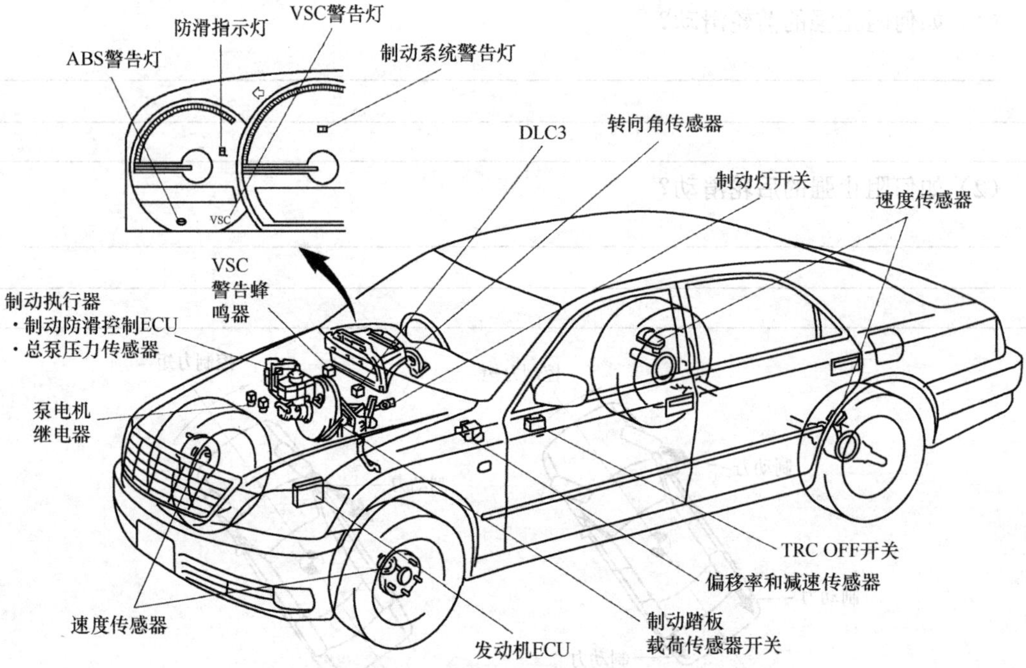

图 4-20　皇冠轿车的制动系统组成

5）组合仪表

（1）制动系统警告灯。

____。

（2）ABS 警告灯。

____。

（3）VSC 警告灯。

____。

（4）防滑指示灯。

____。

（5）速度传感器。

____。

（6）转向角传感器。

____。

（7）偏移率传感器和减速传感器。

____。

（8）泵电机继电器。

____。

（9）制动灯开关。

____。

（10）TRC OFF 开关。

____。

（11）VSC 警告蜂鸣器。

____。

（12）发动机 ECU。

____。

（13）曲轴位置传感器。

____。

8．制动执行器

____。

9．系统操作

正常制动时，所有电磁阀关闭，如图 4-23 所示。

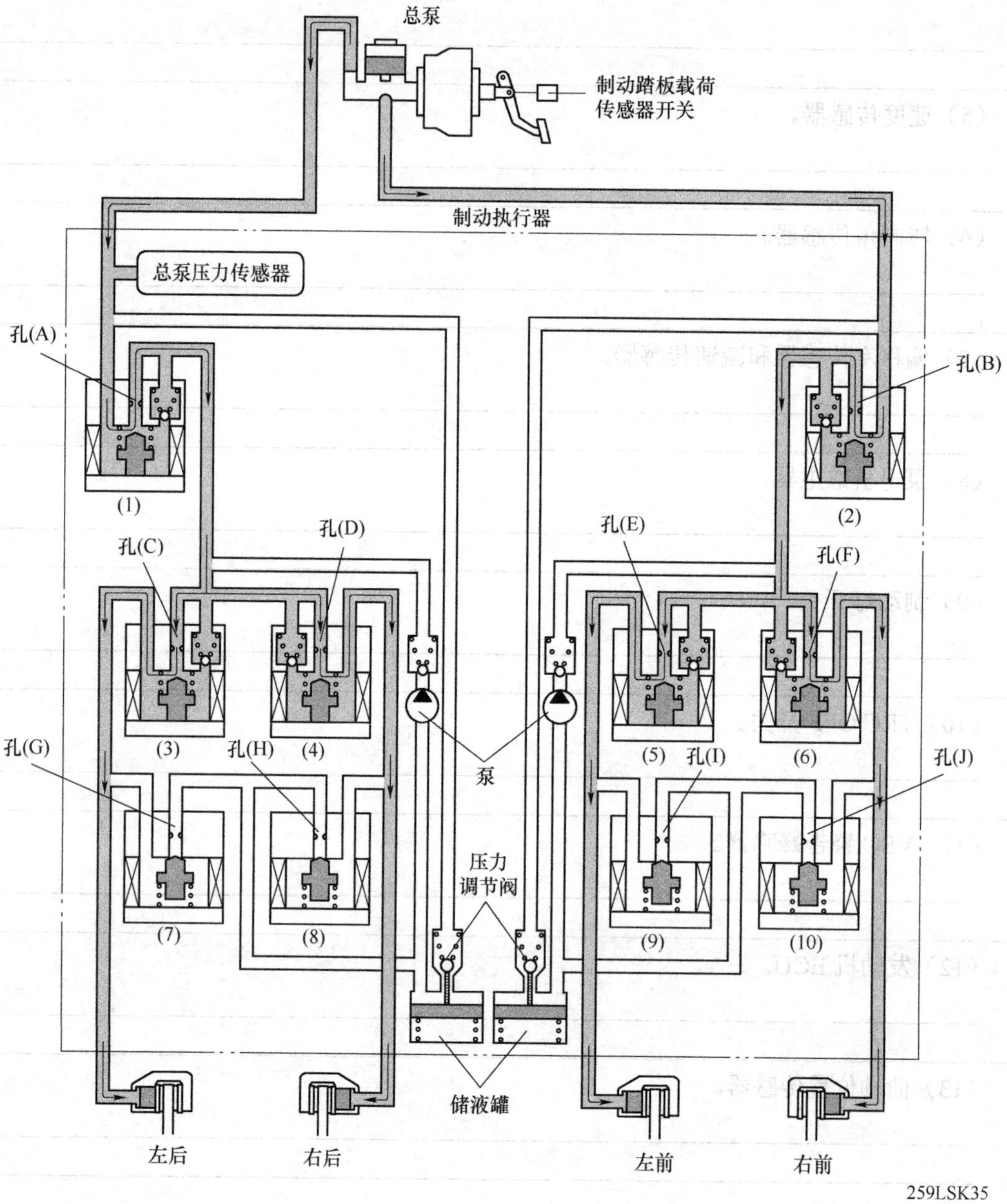

图 4–23　正常制动时所有电磁阀关闭

写出图 4-23 所示正常制动时（所有电磁阀关闭）的工作原理。

____

____

____

____。

制动操作时的增压模式如图 4-24 所示。

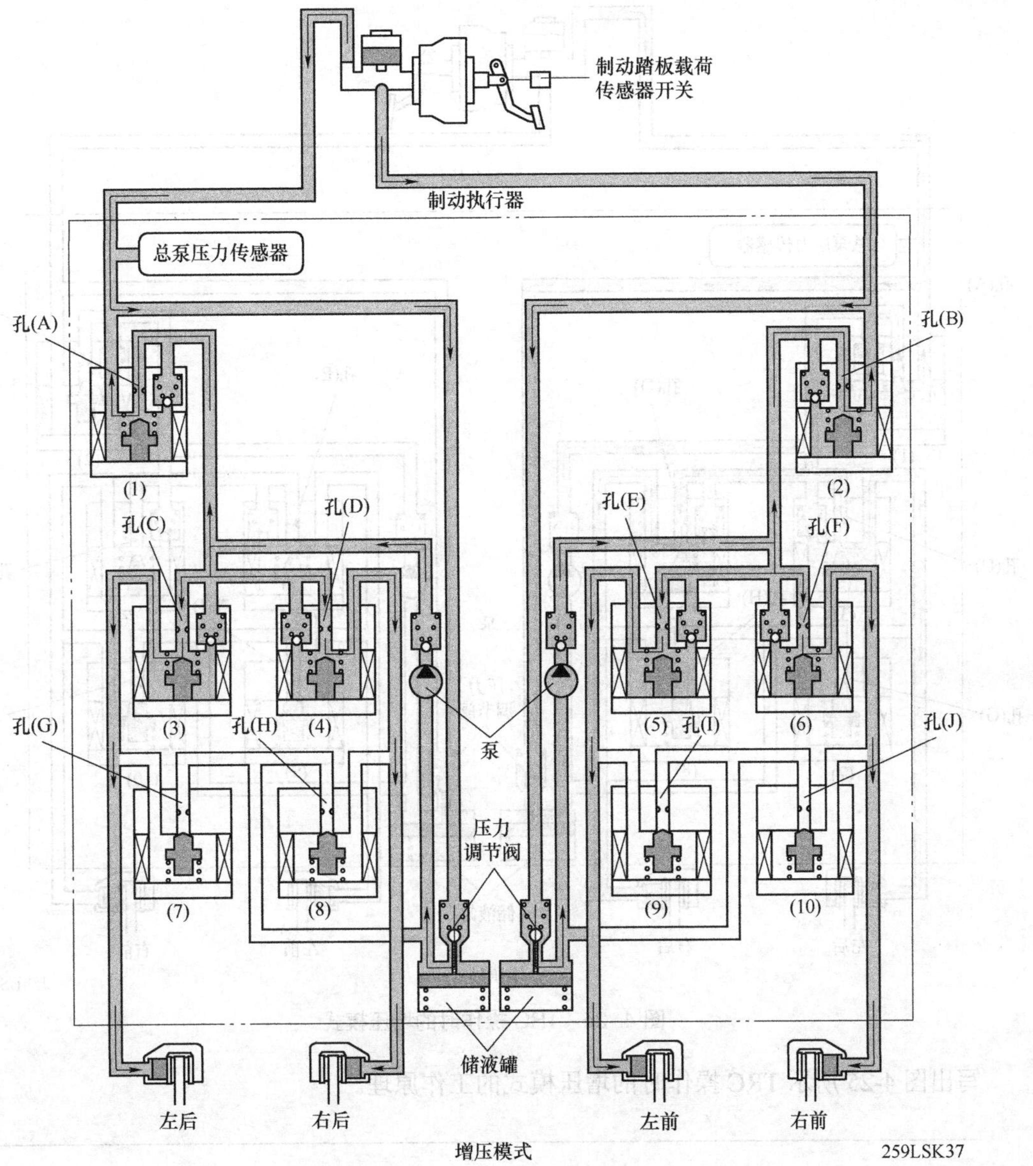

图 4–24　制动操作时的增压模式

写出图 4-24 所示制动操作时的增压模式的工作原理。

____

____

____。

TRC 操作时的增压模式如图 4-25 所示。

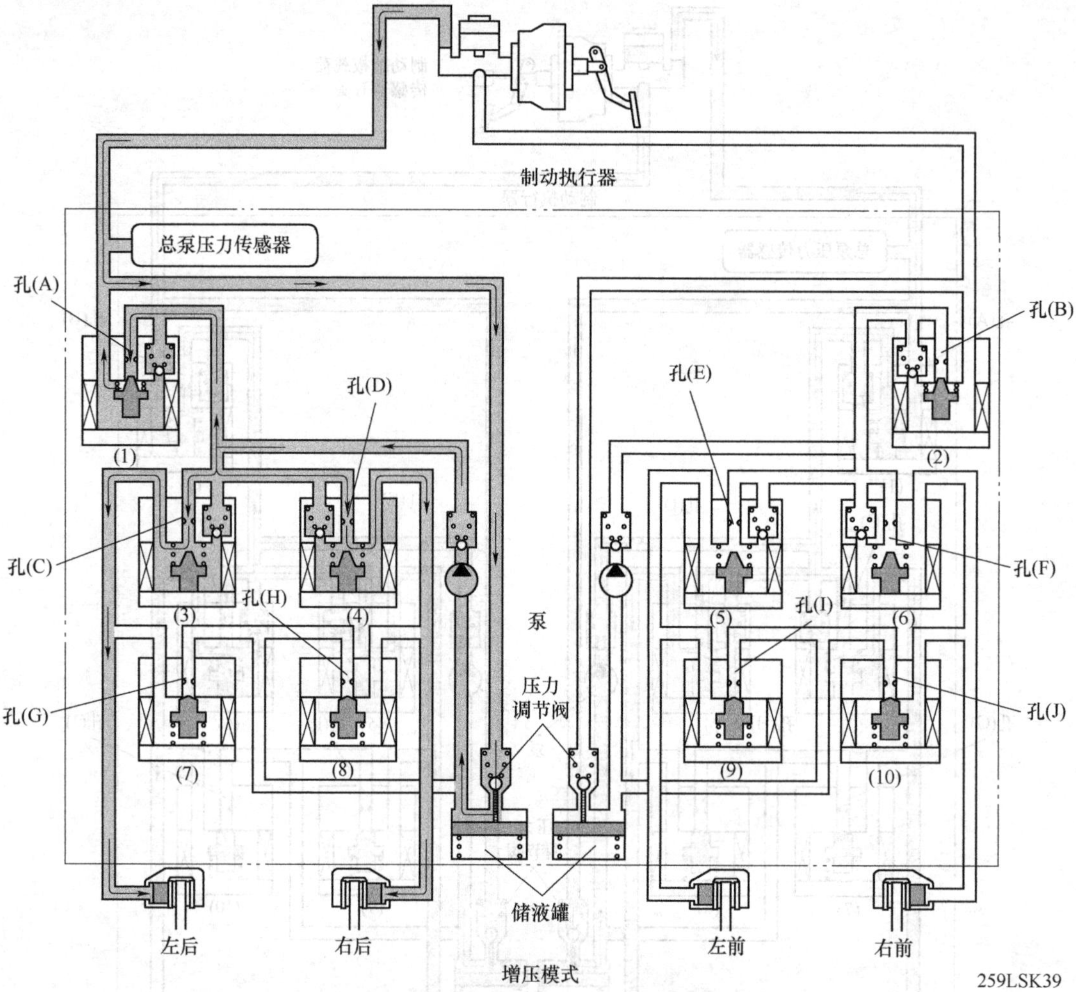

图 4-25　TRC 操作时的增压模式

写出图 4-25 所示 TRC 操作时的增压模式的工作原理。

____

____

____

____。

（1）简述。

VSC 系统通过电磁阀控制由泵产生的液压，并以__________、__________和__________3 种模式，将液压施加到各车轮的制动轮缸，这样就可控制前轮滑动或后轮滑动的趋势。

（2）怎样实现前轮防滑控制（向右转向）？

____

____

____。

VSC 操作时的增压模式如图 4-26 所示。

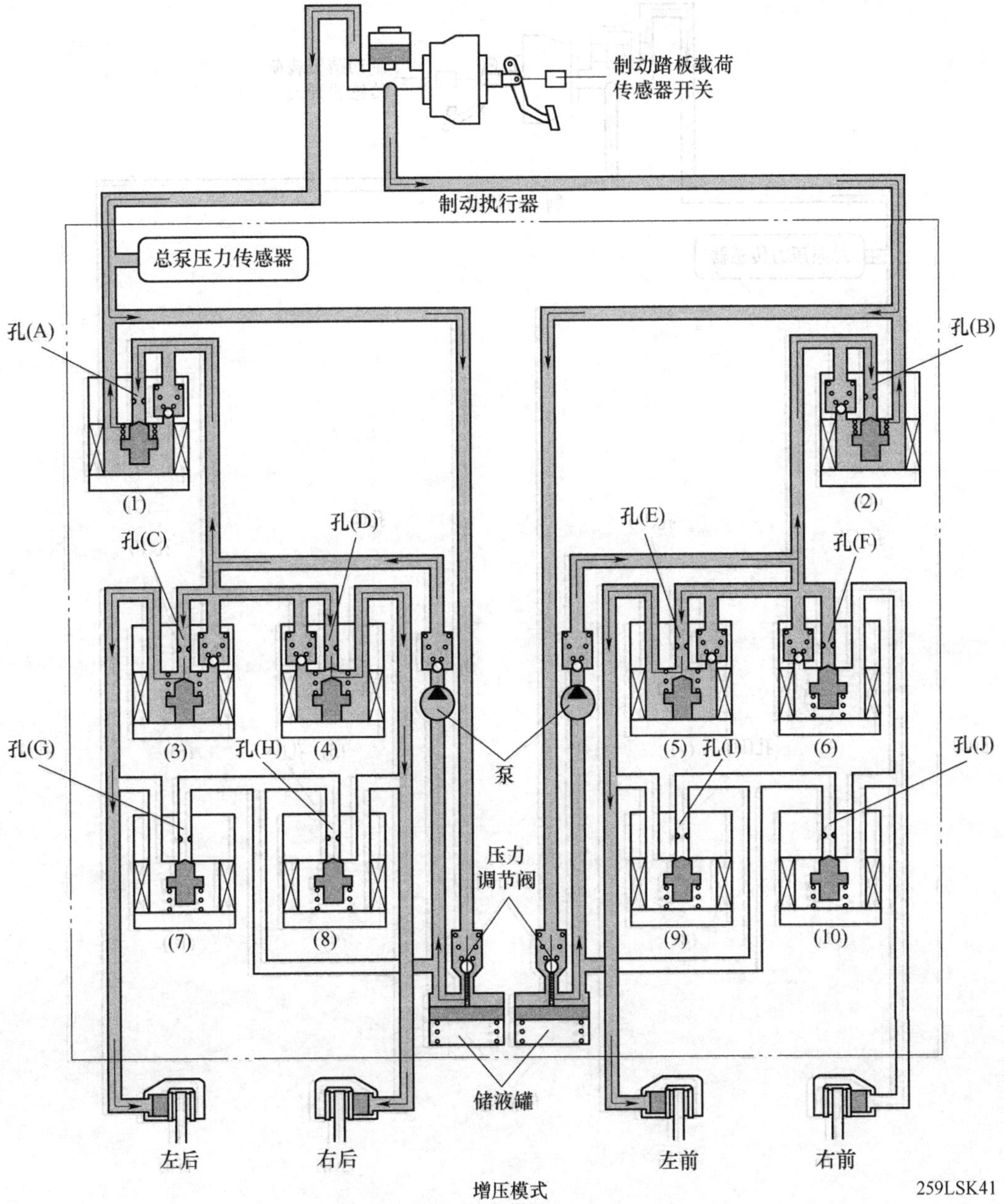

图 4–26　VSC 操作时的增压模式

写出图 4-26 所示 VSC 操作时的增压模式的工作原理。

____

____

____。

后轮防滑控制（向右转）如图 4-27 所示。

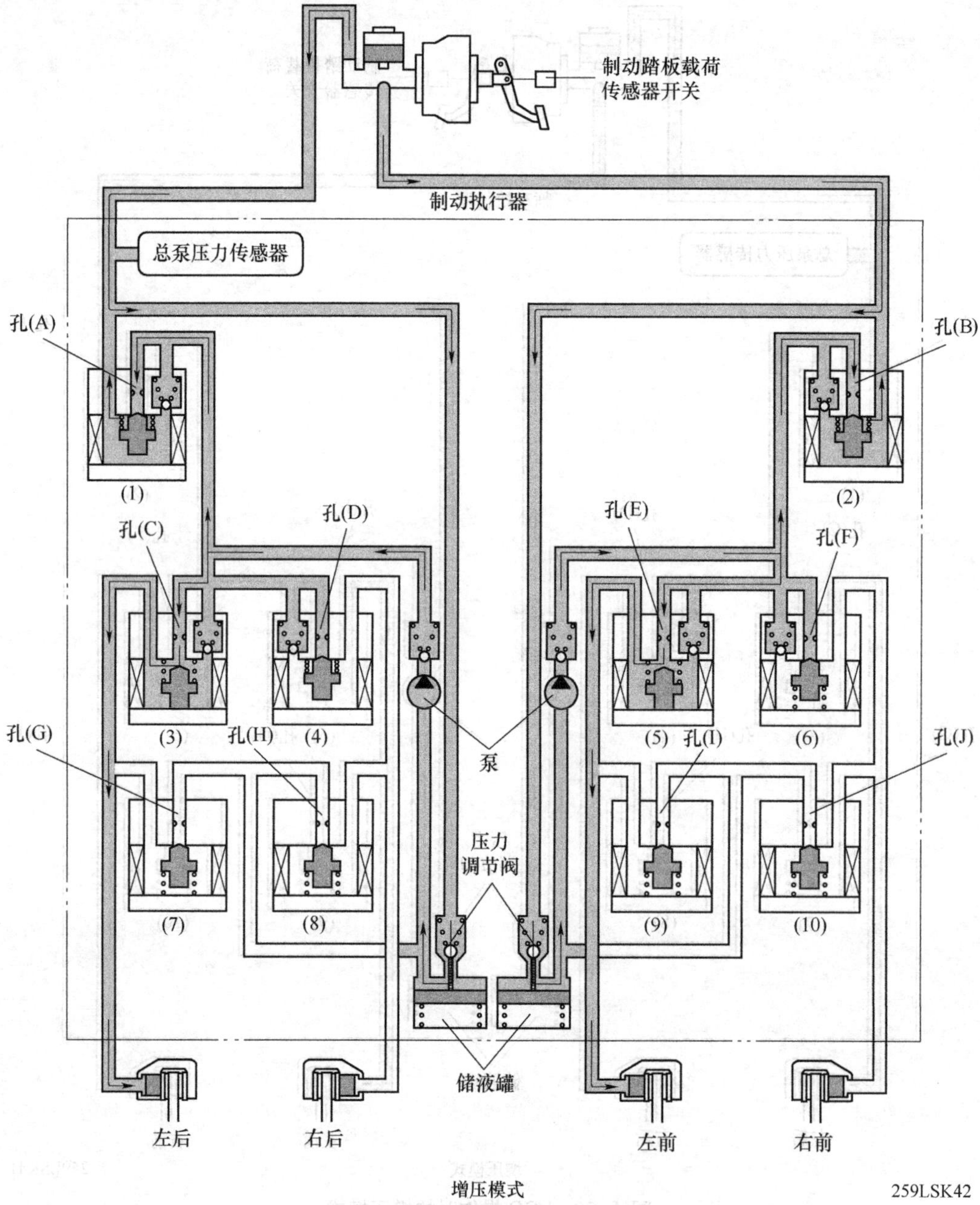

图 4–27　后轮防滑控制（向右转）

写出图 4-27 所示后轮防滑控制（向右转）的工作原理。

____

____

____

____。

HAC 操作时的增压模式如图 4-28 所示。

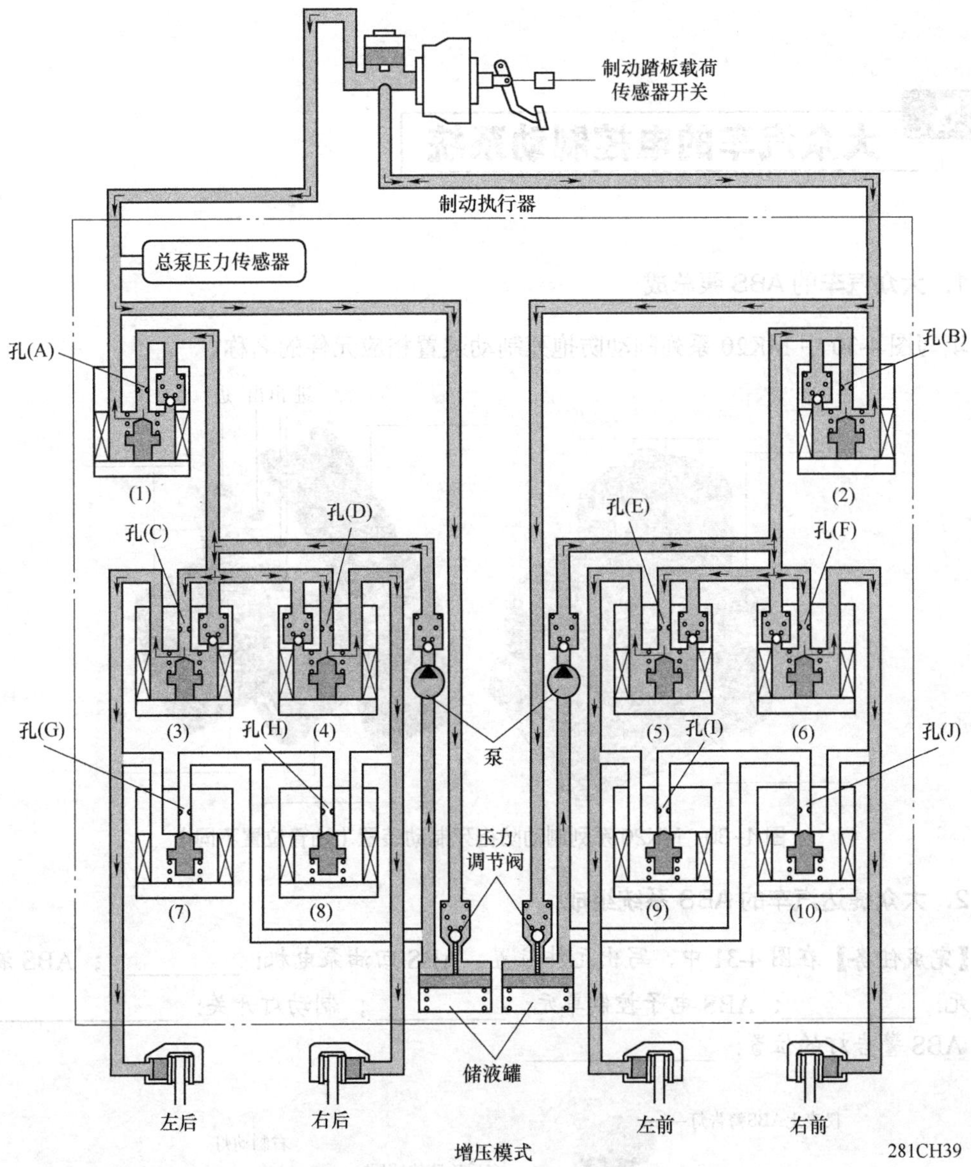

图 4-28　HAC 操作时的增压模式

写出图 4-28 所示 HAC 操作时的增压模式的工作原理。

____

____

____

____

____

____。

4.3 大众汽车的电控制动系统

1. 大众汽车的 ABS 泵总成

填写图 4-30 中 MK20 系列制动防抱死制动装置相应元件的名称。

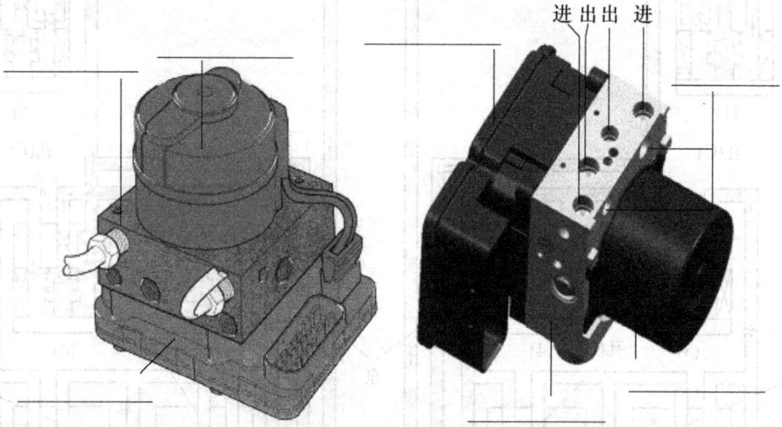

图 4-30　MK20 系列制动防抱死制动装置（油管位置不同）

2. 大众捷达汽车的 ABS 系统组成

【完成任务】在图 4-31 中，写出元件位置，ABS 回油泵电机：＿＿＿＿＿；ABS 液压控制单元：＿＿＿＿＿；ABS 电子控制单元：＿＿＿＿＿；制动灯开关：＿＿＿＿＿＿；仪表上 ABS 警告灯的位置：＿＿＿＿＿＿。

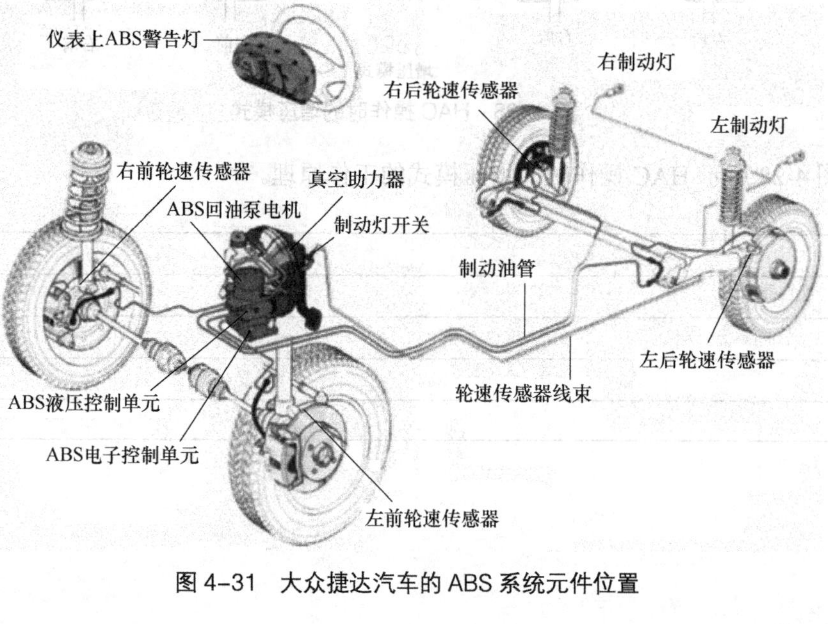

图 4-31　大众捷达汽车的 ABS 系统元件位置

ABS 电控制动系统组成如图 4-32 所示。

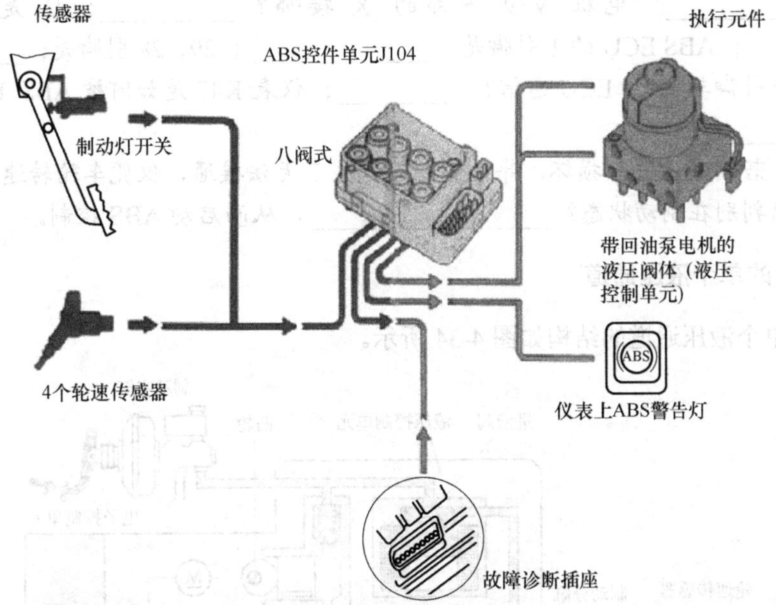

图 4-32 ABS 电控制动系统组成

3. 大众汽车的八阀式 ABS 电路工作原理

大众汽车的八阀式 ABS 电路如图 4-33 所示。

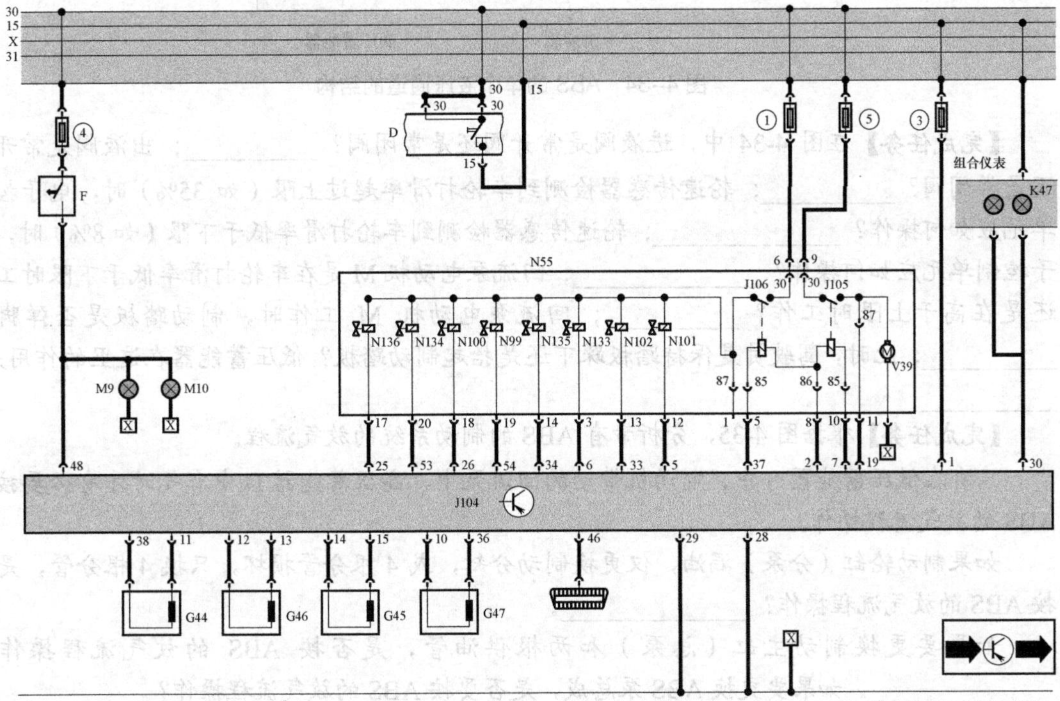

图 4-33 大众汽车的八阀式 ABS 电路

【完成任务】在图 4-33 中，J106 是给谁供电的继电器？________；J105 是给谁供电的继电器？________；电机 V39 下部的 X 接哪？________；D 是什么开关？________；ABS ECU 的 1 引脚是：________；29、28 引脚是：________；诊断仪通过哪个引脚与 ABS ECU 通信？________；仪表 K47 是如何被 ABS ECU 点亮的？________。

制动时，若制动开关 F 损坏，导致制动灯开关 F 无法接通，仅凭车轮转速传感器的急剧降速是否可以判别在制动状态？________，从而启动 ABS 控制。

4．ABS 的单个液压通道

ABS 的单个液压通道的结构如图 4-34 所示。

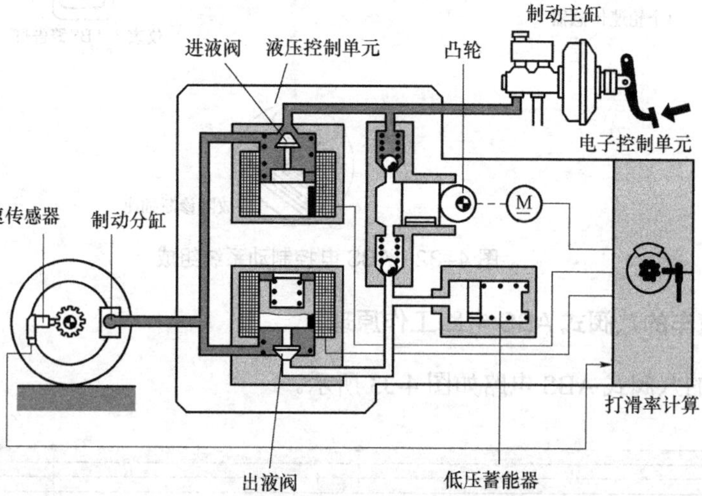

图 4–34 ABS 的单个液压通道的结构

【完成任务】在图 4-34 中，进液阀是常开阀还是常闭阀？________；出液阀是常开阀还是常闭阀？________；轮速传感器检测到车轮打滑率超过上限（如 35%）时，电子控制单元应如何操作？________；轮速传感器检测到车轮打滑率低于下限（如 8%）时，电子控制单元应如何操作？________；回流泵电动机 M 是在车轮打滑率低于下限时工作还是在高于上限时工作？________；回流泵电动机 M 工作时，制动踏板是否弹脚？________；此时，驾驶员是保持踏板踩下还是抬起制动踏板？低压蓄能器在这里的作用是：________。

【完成任务】根据图 4-35，分析带有 ABS 的制动系统的放气流程。

只有在低压蓄能器 S 中、电动机带动的回流泵中、高压蓄能器 D 中有气时才有必要按照 ABS 的放气流程操作。

如果制动轮缸（分泵）漏油，仅更换制动分缸，或 4 根分管损坏，只换 4 根分管，是否按 ABS 的放气流程操作？________。

如果要更换制动主缸（总泵）和两根供油管，是否按 ABS 的放气流程操作？________。如果要更换 ABS 泵总成，是否要按 ABS 的放气流程操作？________。

ABS液压单元　N135　右后ABS输出阀
右前ABS输入阀　N136　左后ABS输出阀
右前ABS输出阀　V39　ABS回流泵
左前ABS输入阀　D　缓冲室
左前ABS输出阀　R　单向阀
右后ABS输入阀　S　蓄液室
左后ABS输入阀

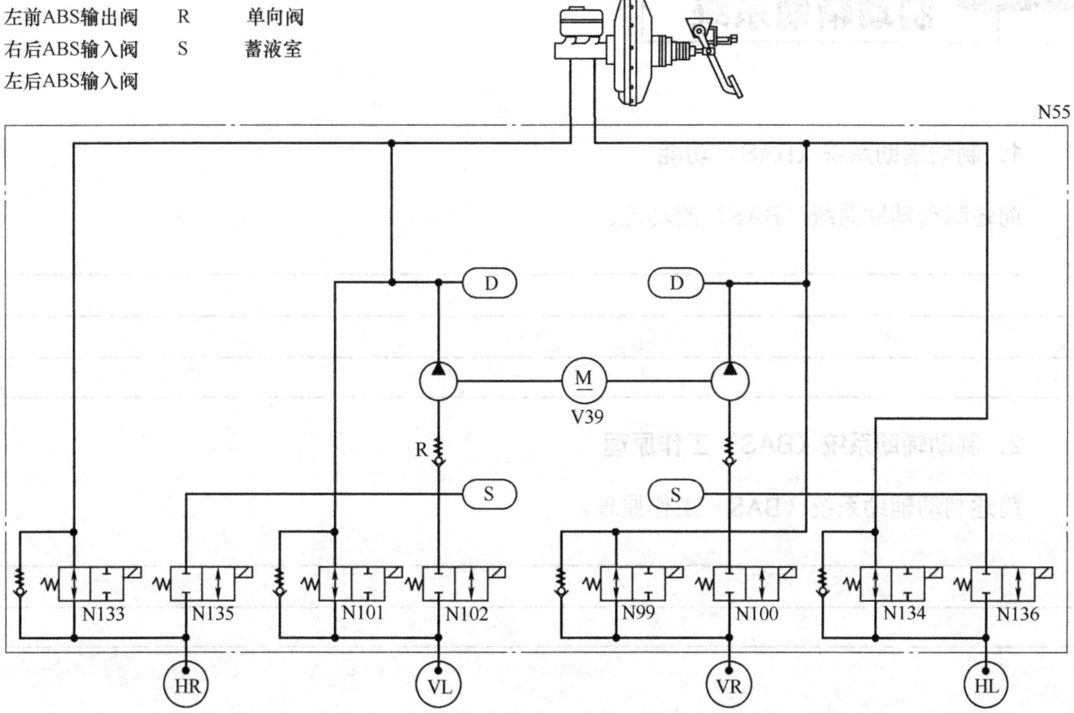

图 4-35　ABS 的原理图

ABS 的放气流程：连接解码器，打开点火开关→选择“刹车防抱死系统”→进行读码→确认无故障码→选择基本设定功能，输入 001 通道→按照提示操作：(a) 踩下制动踏板并且保持住，松开两前轮排气螺栓→(b) 踩下制动踏板 10 次，锁紧放气螺栓→选择基本设定功能，输入 002 通道→踩下制动踏板并且保持住，松开两前轮排气螺栓→踩下制动踏板 10 次，锁紧放气螺栓→输入 003 通道，重复 (a)、(b) 步骤→输入 016 通道，重复 (a)、(b) 步骤→输入 017 通道，结束排气程序。注意，只能按照 001 组到 017 组顺序递增操作，中间不能跳越任何一组操作。若感觉空气还没有排干净，行车 15km 以后，重复 001 组到 017 组步骤，整个程序完成。

在 ABS 的放气流程中反复重复 (a)、(b) 步骤的目的是让哪个阀打开？__________；操作过程中电机工作是发生在步骤 (a) 还是步骤 (b)？__________。18 次循环后，低压蓄能器 S 中、__________和高压蓄能器 D 就充满了制动液。

无诊断仪更换 ABS 泵时，在常规排气后，找一个空旷的地方，猛加速，再猛刹车，注意不要松开刹车踏板，立即进行排气，反复几次即可。试想：为什么要“猛加速，再猛刹车，不要松开刹车踏板，立即进行排气”？______________________________。

这样的放气方法要几人操作？__________；放气时是否需要举升机？________；叙述一下确切的操作过程：____。

4.4 制动辅助系统

1. 制动辅助系统（BAS）功能

简述制动辅助系统（BAS）的功能。

____。

2. 制动辅助系统（BAS）工作原理

简述制动辅助系统（BAS）工作原理。

____。

4.5 电动真空泵

1. 电动真空泵的作用

简述电动真空泵的作用。

____。

2. 电动真空泵的分类

（1）什么叫可控式电动真空泵？

____。

（2）什么叫可调式电动真空泵？

____。

4.6 电子驻车控制技术

1. 电子驻车制动系统简介

EPB 是____________________的缩写，译为电子驻车制动，是指利用线控技术将行车过程中的临时性制动和停车后的长时性制动功能整合在一起，并由电子控制方式实现的停车制动技术，以替代传统意义的手刹车功能。

2. 电子驻车制动系统分类

EPB 系统从节省能量的角度来说可以分为两大类；第一类是________________，然后作用到制动盘上，其典型代表是 Continental Teves（德国大陆和戴维斯）公司研制的制动器；第二类是电动机通过一个________________机构，间接作用到制动盘上，可以大大降低系统所消耗的能量。

3. 电子驻车制动系统功能

电子驻车制动系统需要实现的功能有：____________________________________

____。

4. 大众迈腾汽车的 EPB 系统

驻车制动系统的组成如图 4-44 所示。

【完成任务】根据图 4-44，写出下面元件的功能。

E538: ________________; E540: ____________________; J104: __________;
液压离合器位置传感器 G476: __________。

【完成任务】根据图 4-45 和图 4-46，完成下列任务。

永久磁铁的位置：______________；离合器开关有几个引脚？______________；其中 1 引脚和 5 引脚是什么作用？______________；在图 4-46 中，3 个信号输出是离合器踏板抬起时，还是踩下时的输出信号？________________。

发动机控制单元 J220 检测离合器开关的作用是：＿＿＿＿＿＿；电子机械驻车控制单元检测离合器位置的作用是：＿＿＿＿＿＿；车载电源控制单元 J519 检测离合器开关的作用是：＿＿＿＿＿＿。

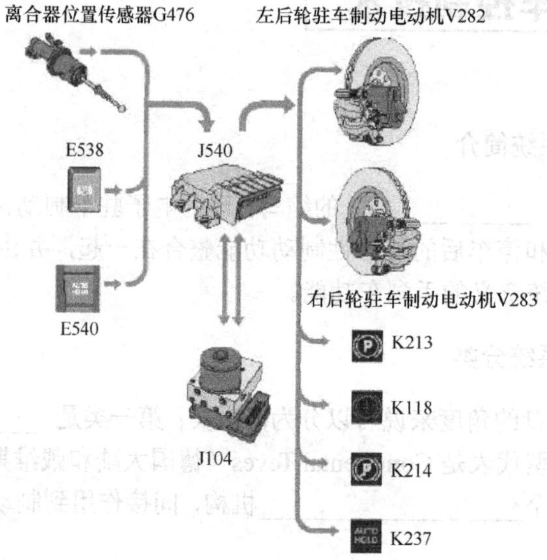

图 4-44　驻车制动系统的组成

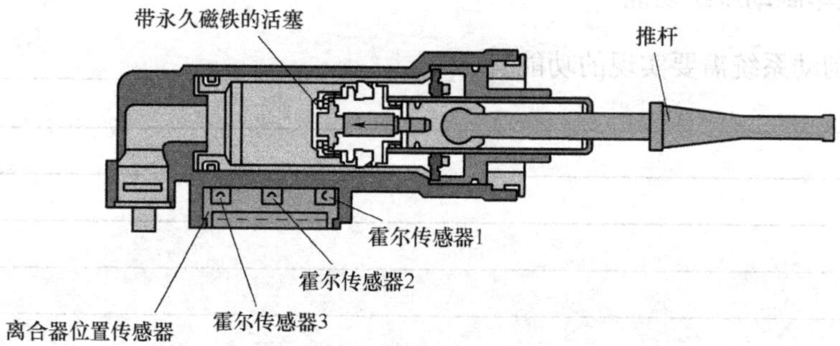

图 4-45　离合器位置传感器中 3 个霍尔传感器位置

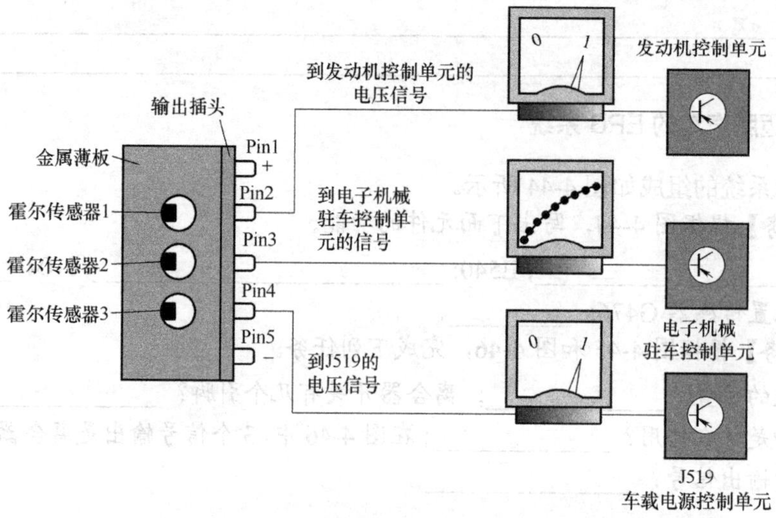

图 4-46　离合器位置信号类型和相应的控制单元

【完成任务】根据图 4-47，画出 K213、K118、K214、K237 的符号，并说出它们之间的区别。

K213 符号：__________；K213 功能：__________；K118 符号：__________；
K118 功能：__________；K214 符号：__________；K214 功能：__________；
K237 符号：__________；K237 功能：__________。

图 4-47　行车制动和驻车制动灯

电子机械式驻车制动系统控制单元 J540 具有驻车制动功能、动态紧急制动功能、动态启动功能、AUTO HOLD 功能。

（1）什么是驻车制动功能？

____。

（2）什么是动态紧急制动功能？

____。

（3）什么是动态启动功能？

____。

（4）什么是 AUTO HOLD 功能？

____。

·第5章·

气压制动系统

5.1 气压制动技术

1. 重型汽车制动的特点

1）制动系统

______________系统和______________系统是汽车制动的两个系统，但在货车上，特别是重型货车上必须装备有________________系统，辅助制动有_______________制动、________________和_______________制动 3 种，排气制动和电力缓速制动通常可以联合使用。

2）多管路制动

行车制动至少是______________系统，制动系统采用前、后布置，如果前管路储气筒制动管路失效，后管路储气筒压力能使车辆有效停止。对于后轮采用______________时应设计第三管路储气筒解除弹簧驻车，一般采用 4 个回路。对于重载且经常下长坡的汽车，是采用气压作用控制______________来实现缓速制动的。

3）全轮制动

行车制动必须作用在所有车轮上，具有均匀的制动效果，驻车制动可作用在______________车轮上。

4）渐进功能

制动控制必须具有渐进功能，例如，挂车制动要_________于前车；前、后制动力分配要有要求。

5）报警和保护

气压制动结构上必须具有声或光报警装置和保护装置，例如，储气筒气压低时，气压报警开关触发的仪表报警；保护装置如气压高时储气筒上的______________；另外，还要设计______________螺钉。

6）辅助用气

对于有______________、气动______________、气压______________的客车或卡车，

要从第四回路引出气管，大多也专有储气筒，虽然它们与气压制动无关。

7）泄荷装置

空气压缩机要设计泄荷装置，早期控制泄荷采用可调的______________，现在多由干燥器引出管路进行控制。

8）干燥

空气要经干燥器内______________筛出水分后进入管路，防止生锈和结冰。干燥器内的分子筛在再生储气筒的作用下把水排出，干燥器内要设计自动开关控制的加热器，以防止排水口结冰。

2. 主车制动系统的结构

填写图 5-1 中相应元件的名称。

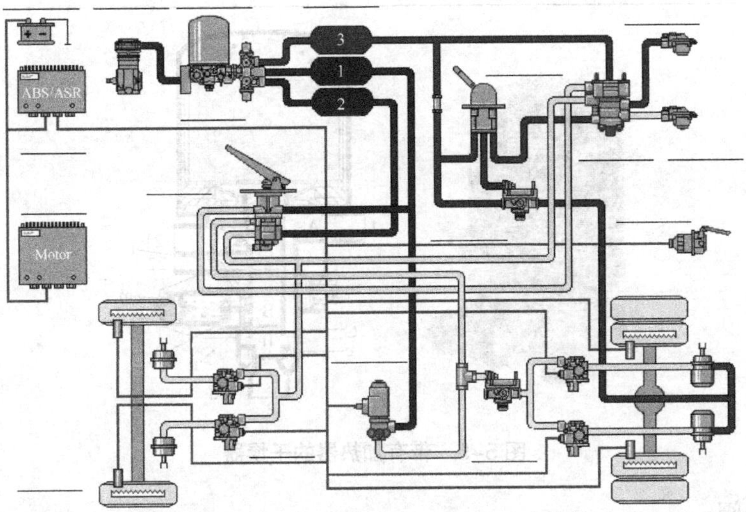

图 5–1 主车制动系统气动元件和管路的连接（手驻车阀处于解除状态）

3. 主要部件的结构和工作原理

1）带弹簧驻车的制动气室结构

写出图 5-4 所示气压制动器的组合制动气室的工作原理。

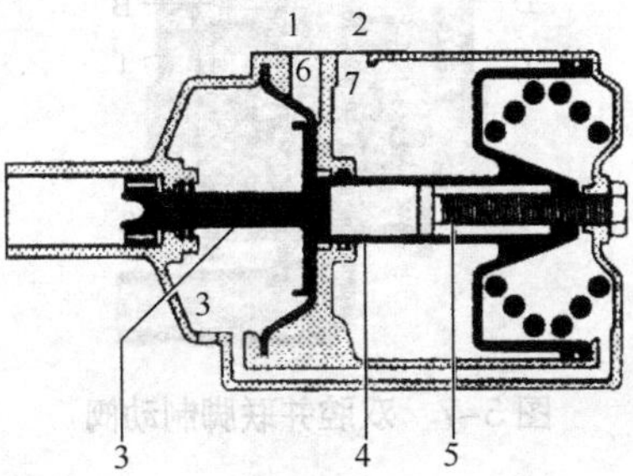

1—____________；2—____________；3—____________；4—____________；

5—____________；6—____________；7—____________

图 5–4 气压制动器的组合制动气室

____

____

____

____

____。

2）干燥器

写出干燥器（见图 5-5）的工作原理。

____

____

____

____

____。

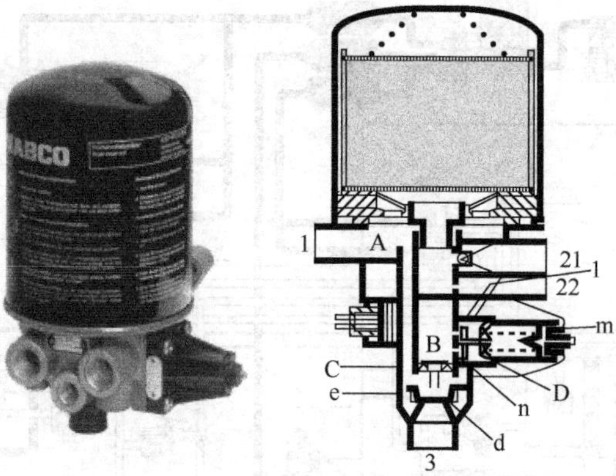

图 5–5　带有加热器的干燥器

3）脚制动阀

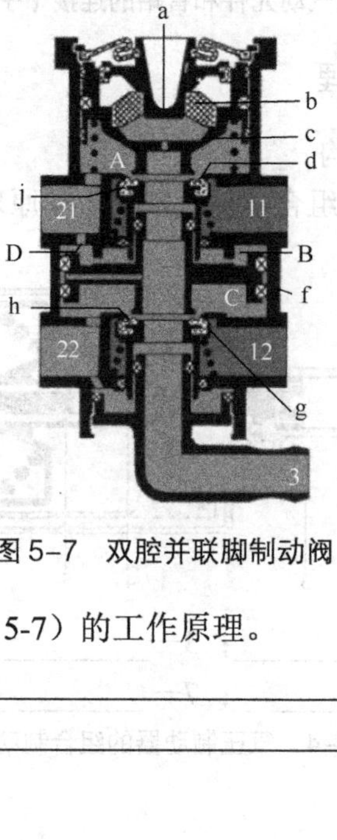

图 5–7　双腔并联脚制动阀

写出双腔并联脚制动阀（见图 5-7）的工作原理。

____

____

____

____。

4）手制动阀

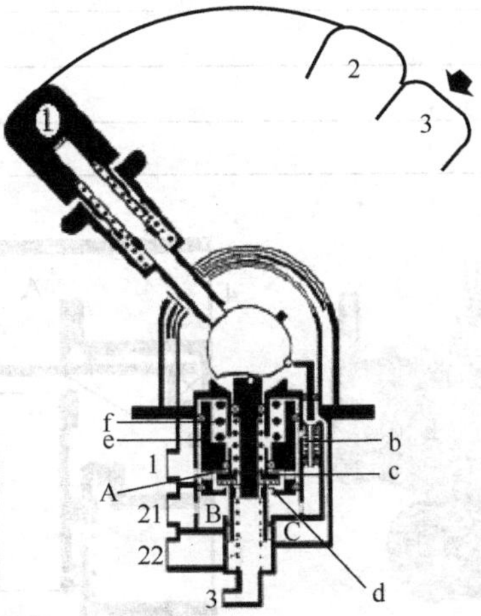

图 5–8　手制动阀结构（行车位置）

写出手制动阀（见图 5-8）的工作原理。

____

____

____

____。

5）四回路保护阀

写出四回路保护阀（见图 5-9）的工作原理。

____

____

____

____。

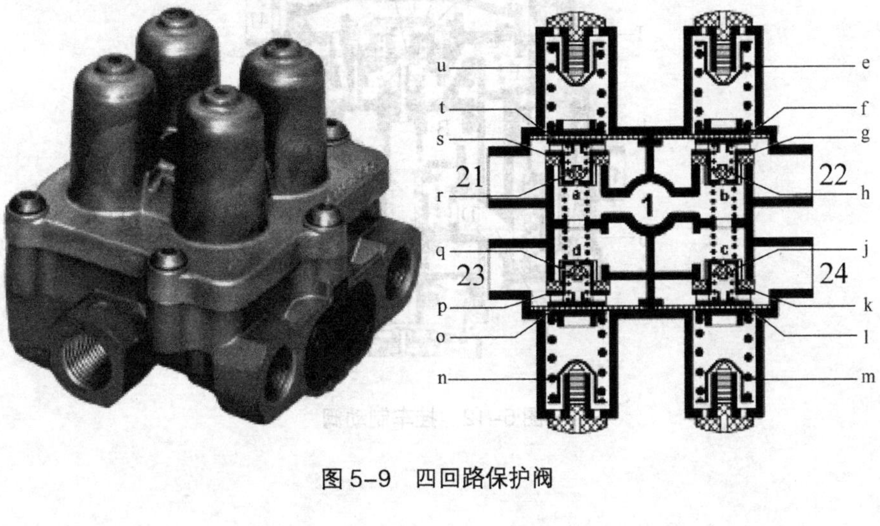

图 5–9　四回路保护阀

6）继动阀

写出继动阀（见图 5-11）的工作原理。

____

____

____

____

____。

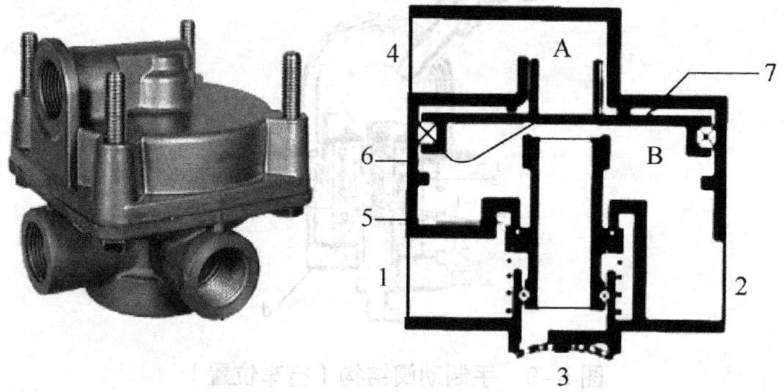

图 5-11　继动阀

7）挂车制动阀

写出挂车制动阀（见图 5-12）的工作原理。

____

____

____

____

____

____。

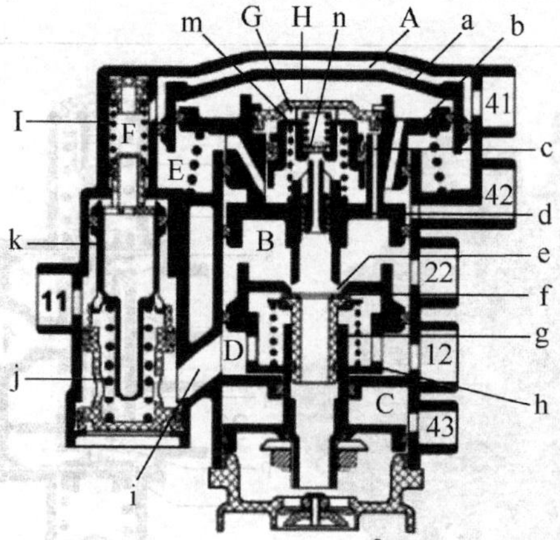

图 5-12　挂车制动阀

5.2 WABCO 汽车的气压制动系统

1．发展历史

2．ABS 装置的工作原理

气动 ABS 的结构如图 5-13 所示。

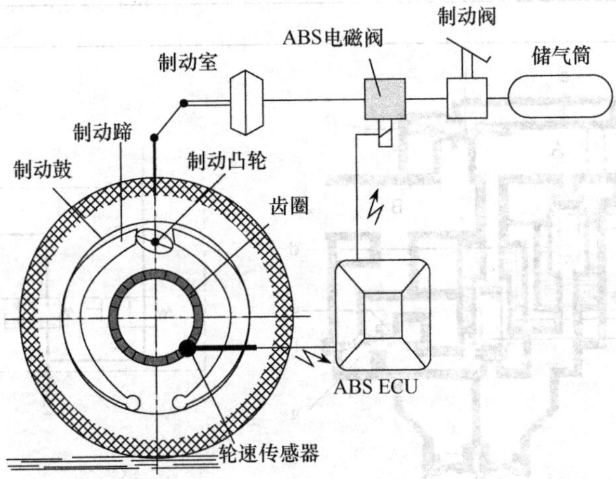

图 5–13　气动 ABS 的结构

ABS 电磁阀本质上是两个两位两通电磁阀或一个三位三通电磁阀，国内多为两个两位两通电磁阀。

简述 ABS 装置的工作原理。

1）防抱死降压状态

____

____。

2）防抱死保压状态

____

____。

3）防抱死升压状态

____

____
____
____
____。

3．ABS 气压调节器

写出 ABS 气压调节器（见图 5-15）的工作原理。

____
____
____
____。

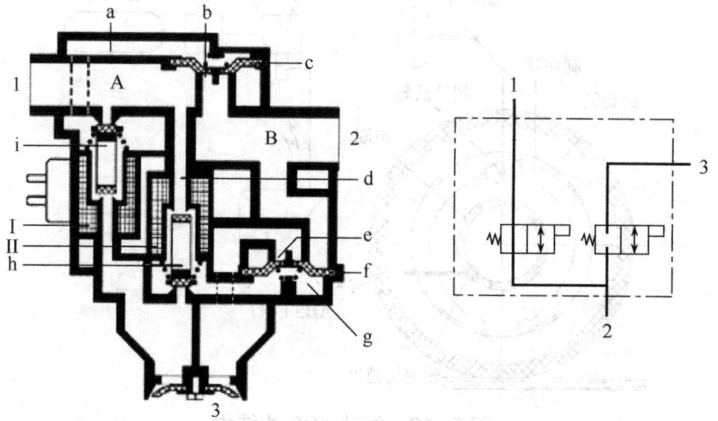

图 5–15　ABS 气压调节器

4．ASR 工作方式

什么叫桥控？

____
____
____。

发动机控制内容是：____
____
____。

5．ISO 7638 电源线

ISO7638（见图 5-17）电源线的作用是：____
____
____
____。

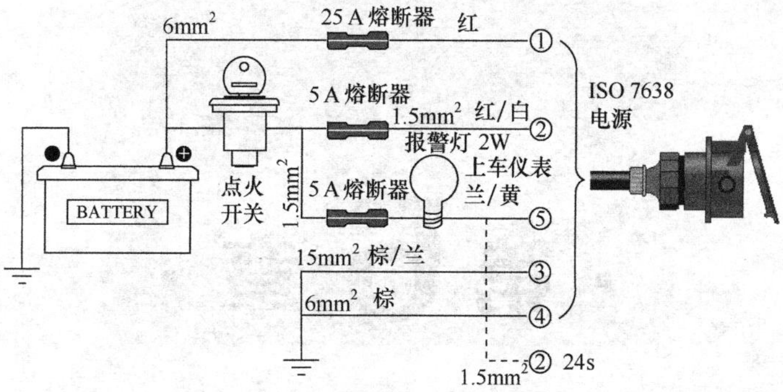

图 5–17　ISO 7638 电源线

5.3 汽车辅助制动系统

1. 排气制动

简要说明排气制动的工作原理。

____。

2. 电涡流缓速器

简要说明电涡流缓速器的工作原理。

____。

3. 液力缓速器

简要说明液力缓速器的工作原理。

____。

·第 6 章·

电动汽车线控制动系统

电动汽车包括__________汽车、__________汽车、__________汽车，本章详细介绍混合动力汽车的混合制动系统，对于纯电动和燃料电池汽车若采用线控制动系统，其原理与丰田普锐斯混合动力汽车基本相同。

6.1 电动汽车制动系统

1．再生制动

（1）再生制动的功能是什么？

____

____

____

____。

（2）再生制动分析结论是什么？

____

____

____

____。

（3）混合制动比例分析结论是什么？

____

____

____

____。

2. 减速度法能量回收

汽车减速度大说明驾驶员施加的制动力大，制动时是以制动减速度为控制目标的，所以也根据汽车减速度进行能量回收控制。例如，某后轴驱动客车利用减速度限值再生制动方法如下。

1）减速度小于 0.15g

____

____。

2）减速度介于 0.15～0.4g

____

____。

3）减速度介于 0.4～0.7g

____

____。

4）减速度大于 0.7g

____

____。

6.2 带有真空助力器的制动系统

在国内纯电动汽车和一部分混合动力汽车采用带有真空助力器的制动系统，因此有必要了解一下这样的制动系统。

1. 真空度

如图 6-4 所示的真空表，真空表的指针是________型。在空气中，真空表的指针指在最右侧 0 位。当气压低于一个大气压，即出现真空度时，指针开始反转，反转为________值。计算结果表明，当最小真空度为-________kPa 以上时（即表针向左摆得越多助力效果越好），才可为制动系统提供满足设计要求的制动助力。

图 6-4 真空表指针（逆时针转动，所以为负值，负号不代表数值大小）

2. 真空源

传统内燃机轿车制动系统的真空助力装置的真空源来自于发动机的进气歧管，真空度负压一般可达到____________Pa。

3. 压力延时开关

压力延时开关又称压力开关，为常闭开关，当真空度大到一定值时____________开，电动真空助力制动系统控制如下。

（1）接通汽车 12V 电源，由于事先压力延时开关闭合，真空泵大约工作 30s 后，开关断开，此时真空罐内压力大约为-____________kPa。

（2）当真空罐内压力增加到-____________kPa 时，压力延时开关再次闭合。

（3）当真空罐内压力增加到大约-____________kPa 时，压力报警器发出信号。

4. 压力传感器

电动真空泵控制也可采用电控单元控制，只要把压力开关换成____________传感器，电动真空泵由控制单元控制继电器即可，国内的一些纯电动汽车里，由____________传感器（见图 6-6）、____________ECU、____________工作继电器、____________电动机组成的一个闭环真空度控制系统，保证制动时真空助力器的正常工作。

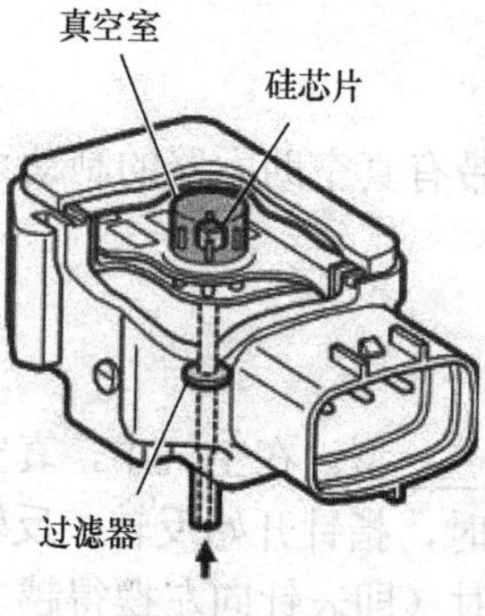

图 6-6　真空度传感器（绝对压力传感器）

6.3 线控制动系统

1. 线控制动系统简介

【完成任务】什么是线控制动系统？____________________________；

ECB 是什么的缩写？____________________；ECB 和传统的制动系统的区别是：____。

2．线控制动系统功能

简述线控制动系统功能。

____

____

____

____

____。

3．线控制动系统组成

（1）行程模拟器的作用是什么？

____

____

____

____。

（2）备用电源装置的作用是什么？

____

____

____

____

____。

丰田 Prius 混合动力汽车的主要组件位置如图 6-9 所示。

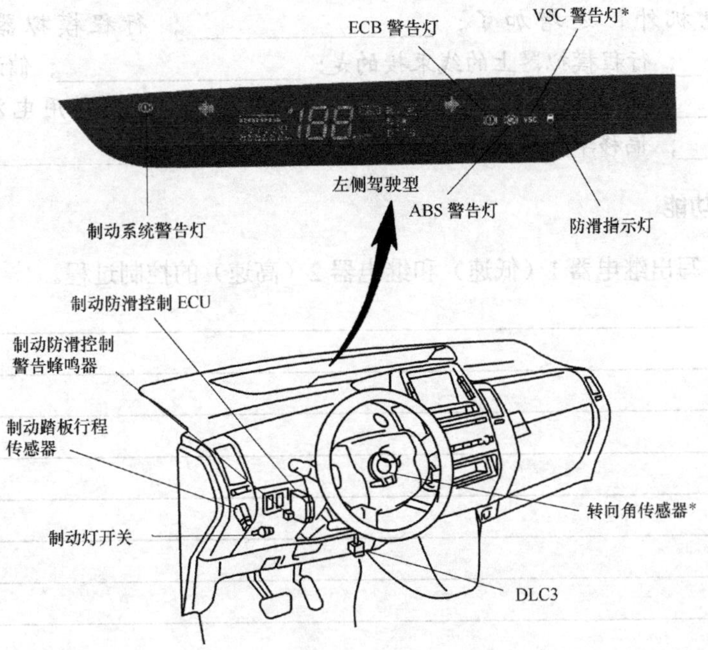

（a）

图 6–9　丰田 Prius 混合动力汽车

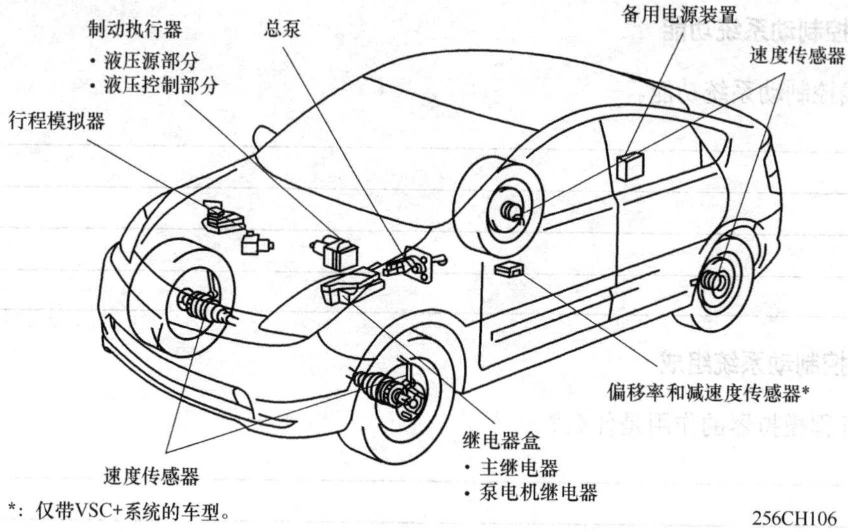

（b）

图 6–9 丰田 Prius 混合动力汽车（续）

【完成任务】在图 6-9（a）中，画出制动警告灯和 ECB 警告灯的符号：________；ABS 故障警告灯的符号：________；车身稳定系统警告灯的符号：________；防滑指示灯的符号：________；制动防滑 ECU 的位置：________；蜂鸣器的作用：________；制动踏板行程传感器的位置和作用：________；方向盘转角传感器的作用：________。

【完成任务】在图 6-9（b）中，制动总泵是否有真空助力器？________；制动执行器上除了电机外，还增加了：________；行程模拟器的作用是：________；行程模拟器上的线束接的是：________；储液罐的位置是：________；备用电源的位置是：________；备用电源的作用是：________；偏移率和减速度传感器的作用是：________。

4. 主要组件功能

根据图 6-10，写出继电器 1（低速）和继电器 2（高速）的控制过程。

____
____
____
____
____
____
____
____
____。

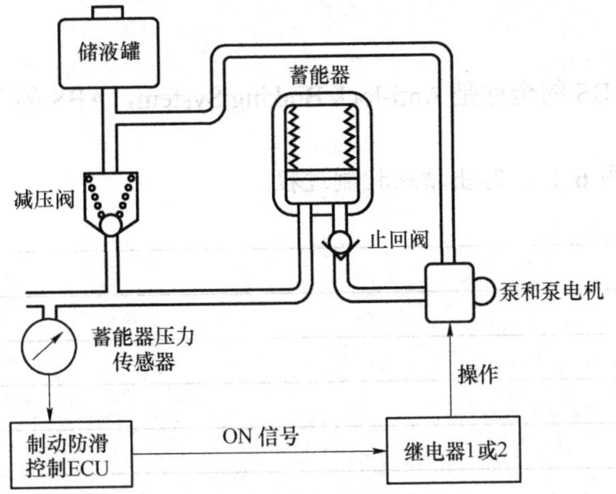

图 6-10　继电器 1（低速）和继电器 2（高速）的控制过程

6.4 线控制动系统原理

1. 电动汽车电子制动力分配

EBD 的英文全称是＿＿＿＿＿＿＿＿＿＿＿＿，德文缩写为 EBV。

前、后轴制动力比例关系如图 6-11 所示。

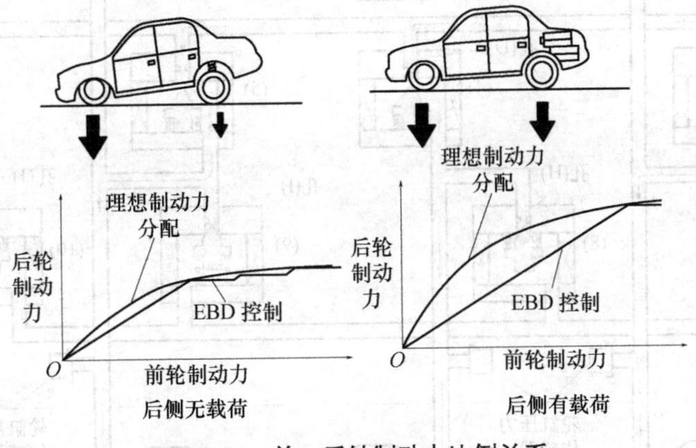

图 6-11　前、后轴制动力比例关系

【完成任务】根据图 6-11 写出前、后轴制动力比例关系，写出 ABS 系统是如何完成 EBD 功能的：＿＿＿＿＿＿＿＿＿＿＿＿＿＿＿＿＿＿＿＿＿＿＿＿＿＿＿＿。

EBD 系统的工作原理如下。

制动防滑控制 ECU 根据 4 个车轮速度传感器发出的信号来计算各车轮的转速和减速度，并检查车辆滑移状况。根据打滑率的情况，制动防滑控制 ECU 控制供压阀和减压阀，以便用下列 3 种模式来调节各轮缸的液压：＿＿＿＿＿＿模式、＿＿＿＿＿＿保持模式和＿＿＿＿＿＿模式。

2. 线控液压制动

防抱死制动系统 ABS 的全称是 Anti-lock Braking System，ABS 的工作原理如下。

1）增压过程

【完成任务】根据图 6-13，写出增压控制过程。

____

____

____

____

____

____

____。

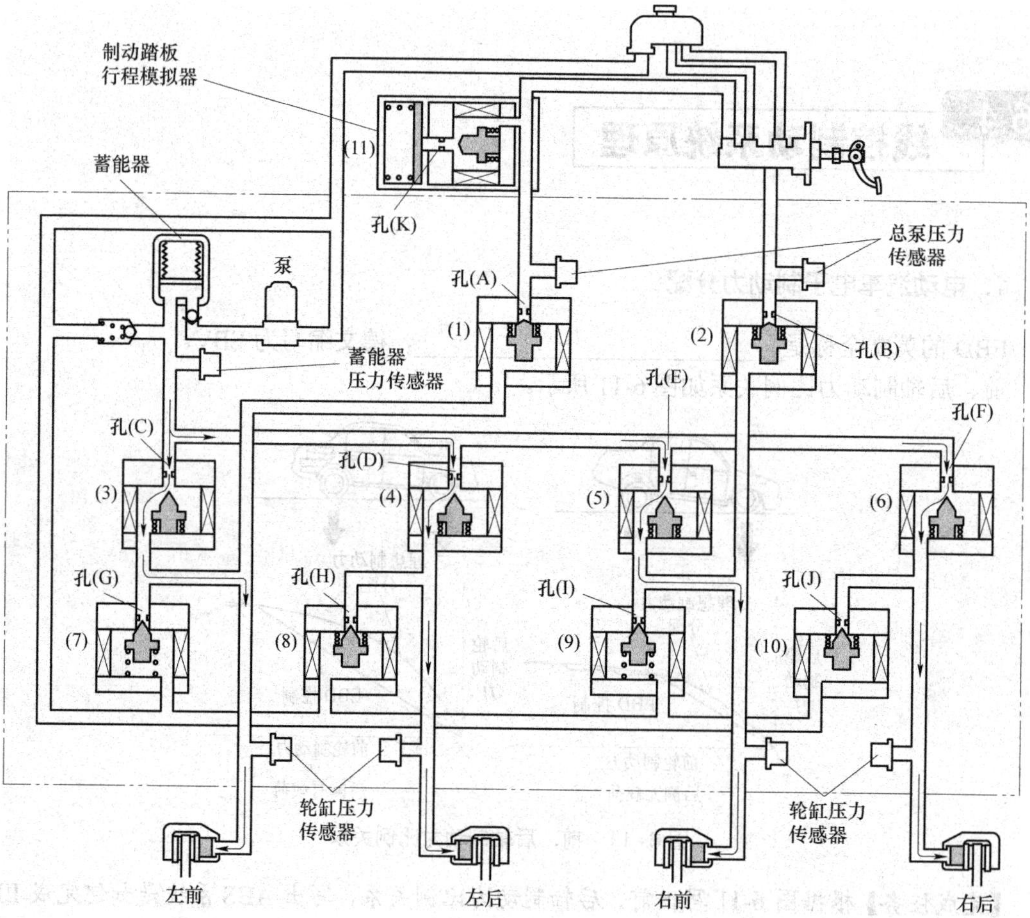

图 6-13　增压过程

2）保持过程

【完成任务】根据图 6-14，写出保压控制过程。

____

____

____

____
____
____
____。

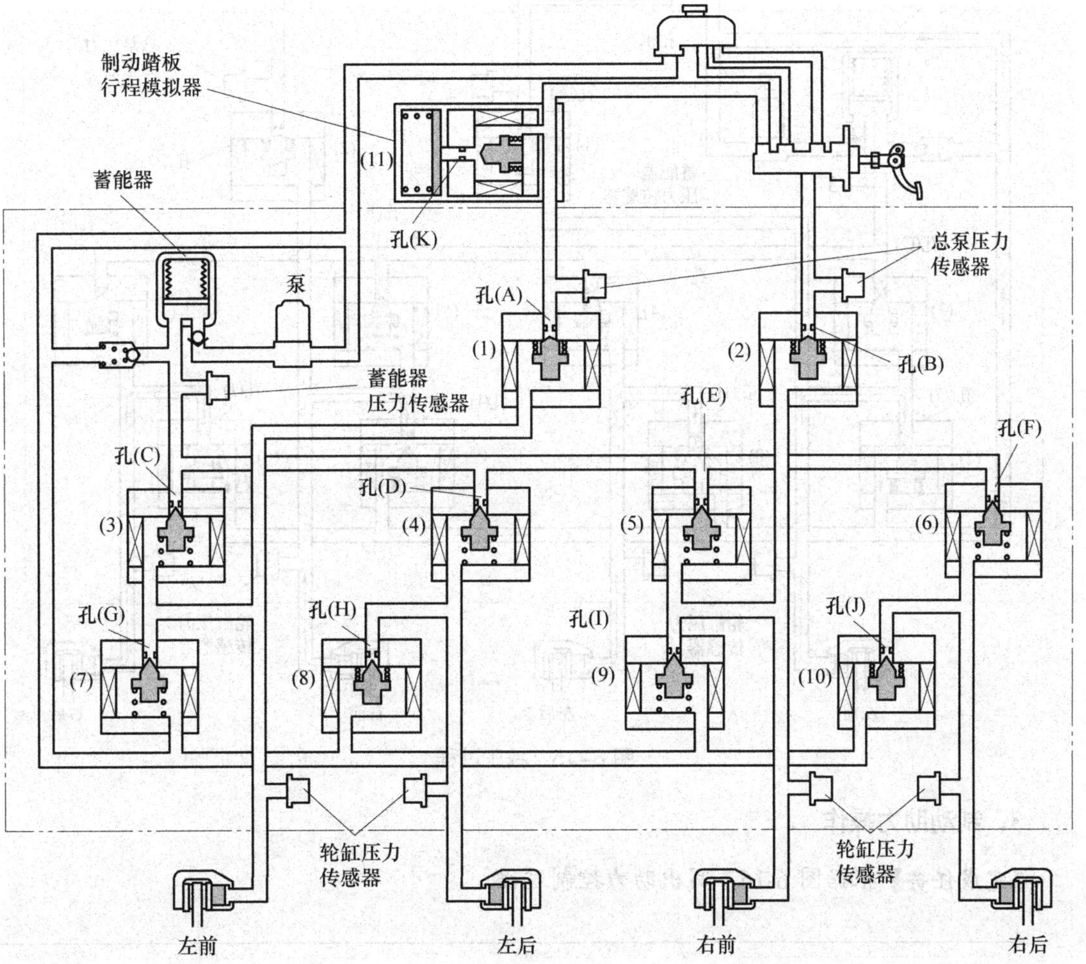

图 6–14　保持过程

3）减压过程

【**完成任务**】根据图 6-15，写出减压控制过程。

____
____
____
____
____
____
____。

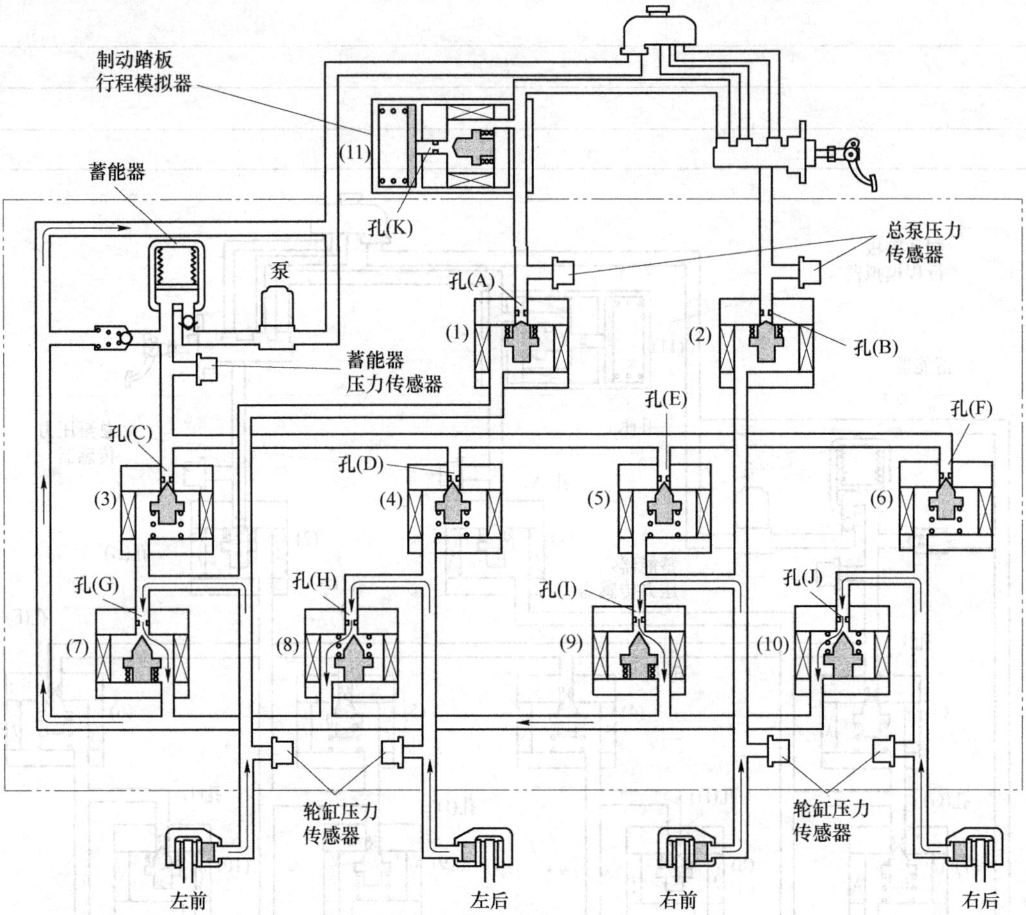

图 6–15　减压过程

3. 制动助力操作

【完成任务】根据图 6-16，写出助力控制过程。

____

____

____

____

____

____

____

____

____

____

____。

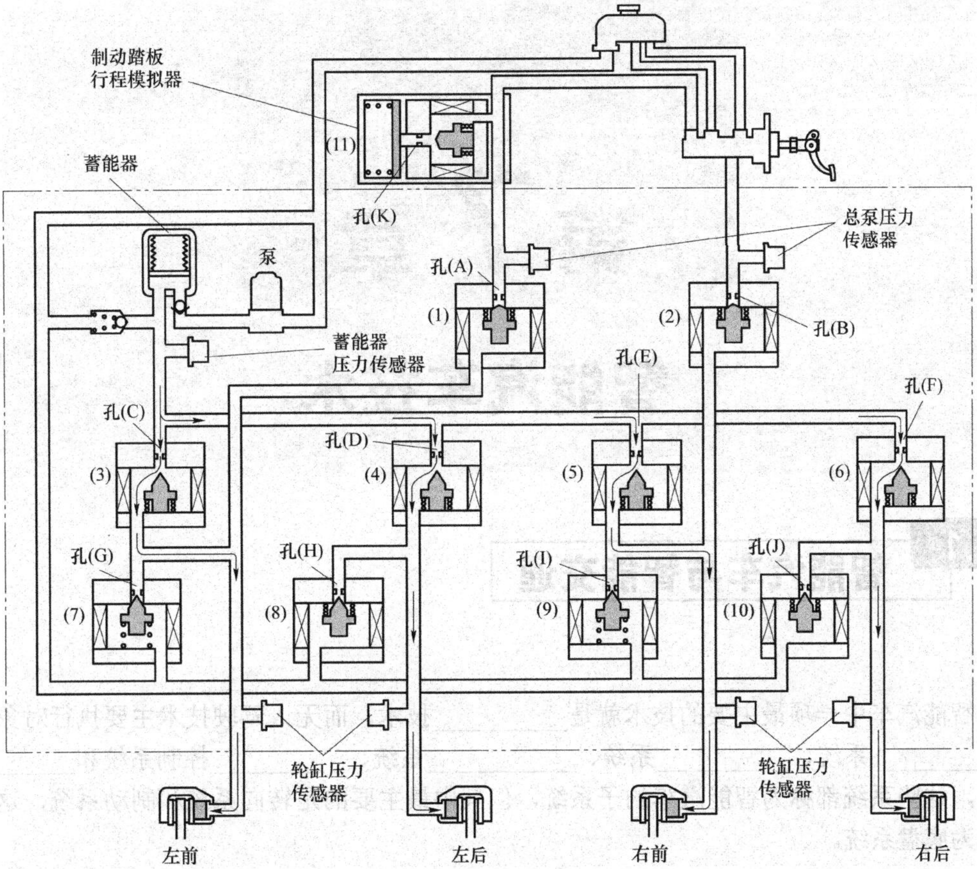
制动踏板
行程模拟器
(11)
孔(K)
蓄能器
泵
孔(A)
(1)
(2)
总泵压力
传感器
孔(B)
蓄能器
压力传感器
孔(E)
孔(F)
孔(C)
孔(D)
(3)
(4)
(5)
(6)
孔(G)
孔(H)
孔(I)
孔(J)
(7)
(8)
(9)
(10)
轮缸压力
传感器
轮缸压力
传感器
左前
左后
右前
右后

图 6–16　制动助力操作

·第 7 章·

智能汽车技术

7.1 智能汽车与智能交通

智能汽车中一项最主要的技术就是__________技术，而无人驾驶技术主要执行对象依次为__________系统、__________系统、__________系统、__________控制系统和__________系统，这些系统都称为智能汽车的子系统，但其中最主要的是转向系统和制动系统，这里将其列为底盘系统。

1. 汽车发展史

ITS 是__________________________（美国）/__________________________（欧洲）的缩写。

ITS 的定义：利用信息、通信、控制技术把车辆、道路、使用者紧密结合起来，以解决交通事故、拥堵、环境污染及能源消耗等问题为目的的，具有智能化特征的现代交通系统（ITS 不仅仅是一个交通管理系统）。

2. ITS 构成

ITS 是复杂的应用系统，其主要构成如下。

（1）先进交通管理系统（______________________________，ATMS）；

（2）先进交通信息服务系统（______________________________，ATIS）；

（3）先进车辆控制与安全系统（______________________________，AVCSS）。

AVCSS 的初级目标是现在的驾驶辅助系统（______________________________，ASV/DAS），终极目标是智能汽车（________________________，IV）与智能公路（________________________，IH）。

ITS 智能交通系统优势>先进车辆控制及安全系统（_______）优势>高级智能汽车无人驾驶（_______）优势>初级智能汽车的驾驶辅助系统（_______）/先进安全汽车（_______）优势。

3．基于ITS的智能汽车系统分类

1）自主式

基于车载的驾驶辅助系统称为自主式，如现代汽车的 __________系统等。

2）协调式

基于“__________通信”、“____________通信”、“______________移动通信”的驾驶辅助系统，实现__________，三网合一。

4．智能汽车关键技术

1）传感技术

（1）利用___________的视觉技术检测障碍物的位置。

（2）利用_____________检测前行车辆位置、速度信息。

2）通信技术（Beacon、DSRC、3G/4G）

（1）数台_____________行驶必须采用的技术。

（2）__________通信技术。

3）横向控制

（1）利用_________的横向控制。

（2）利用_________的横向控制，如利用磁标对无人驾驶大巴车的转向控制。

（3）利用_________的横向控制，如利用地面标线对转向进行控制。

（4）利用____________的横向控制。

4）纵向控制

（1）利用_________测车间距离的纵向控制。

（2）利用_________测车与车之间距离的纵向控制。

（3）利用_________测车与车之间距离的纵向控制。

（4）利用_________通信及_________雷达的车队列（platoon）行驶纵向控制。

7.2 智能汽车发展现状

1．日本ITS智能汽车

为满足上述公交智能化的客观需求，日本在公交智能化方面做了大量工作，其做法和成功经验值得我们借鉴。

日本城市公共交通系统智能化的发展过程经历了3个阶段：20世纪70年代末开始应用的_____________系统，即公共汽车接近显示系统；80年代初开始应用的运行管理系统，其中包括__________统计、运行监视和运行控制：90年代初开始应用的综合管理系统，其中包括_________业务改进和_________支援系统。而90年代以后，国家开始正式开发智能汽车。

先进安全汽车（_______________，ASV）的基本配置如图7-4所示，写出其主要配置。

____

____

____

____

____。

尼桑汽车的基于“__________通信”的__________防撞系统，可以相互通信告诉各自的位置、速度、方向等，让对方知道 “我在这里”。

2. 美国 ITS 智能汽车

美国ITS的研究开发历史可以追溯到1967年美国公共道路局和GM通用汽车公司进行的电子路线引导系统ERGS（____________________），由于在政策和资金等方面没有继续得到支持，1971年该计划终止。

在受到日本和欧洲交通信息化和智能化进展的冲击下，特别是进入20世纪80年代后期，冷战的结束和军转民的需要，促使美国开展了ITS的有关研究开发工作，后期如图7-6所示。

IVBSS：____________________________，集成车载安全系统项目。IVBSS 的主要目的是集成现有的安全和碰撞防止系统，使其能够在多种环境下提供可靠合理的报警信息。

VII：________________________，车路协同系统项目。VII 提供基于车路协同的行车辅助服务，提高交通安全和流畅性。在全美国建立车车、车路通信系统，实现车路一体化交通。

CICAS：______________________________ 协同式交叉路口碰撞防止系统。CICAS 应用先进车辆技术、先进道路设施技术加强驾驶员对路口交通状况的感知能力，并安全通过路口。

在VII基础上，美国交通运输部发起了______________________________。IntelliDrive 应用“车—车、车—路、车—X”的无线通信技术，感知车辆周围360°范围内的危险。

3. 欧洲 ITS 智能汽车

（1）eSafety综合项目充分利用先进的信息与通信技术，加快安全辅助系统的研发、推广和应用，为道路交通安全提供全面的解决方案，它包括PReVENT、CVIS、I-Way、Car2Car等70余个子项目。

（2）PReVENT项目利用先进的信息、通信和定位技术，开发自主式和协调式主动安全系统，降低事故发生率和减小事故严重性。若转弯过后有交通事故、冰雪路面、施工现场，该系统提醒驾驶员注意。低能见度下，该系统提醒驾驶员注意前方车辆。

（3）I-Way项目（____________________）通过提供实时的、来自附近车辆的信息和来自路旁设备的信息，来增强驾驶员的感知能力和对危险状况的反应能力。

（4）Car2Car项目推动“车—车、车—路”通信技术及其接口的标准化；发展战略和商业模式，推进车—车通信技术市场化。

（5）智能速度控制项目（____________________，ISA），在有速度限制的地方自动控制车速。

4. 我国 ITS 智能汽车

基于交通信号灯的交叉路口安全辅助系统具有________报警功能和________辅助功能，基于车路通信的驾驶辅助系统要使用具有____________的交通信号灯。

未来智能汽车的特点：使用________作为动力，并采用________方式。汽车可通过道路基本设施和路旁辅助设备实现无线互联。这些依赖于 GPS 定位技术、GIS 信息、V2X 通信等技术。

清华大学和中国第一汽车集团以______________混合动力汽车为原型，开发了智能汽车样车。该样车同时具有混合动力及智能安全辅助行驶的系统功能，降低油耗 35%～45%，降低尾气排放 20%～30%，同时具有定速巡航、自适应巡航和主动避撞功能。

7.3 无人驾驶技术

1. 无人驾驶技术的分级

目前，国际上有________个机构在对无人驾驶技术分级。

第一个是根据______________（SAE）的定义，无人驾驶技术共分为__________级。SAE 的分类标准是按照司机从完全掌控驾驶到汽车完全自动驾驶，从无自动化到完全自动化展开的。

第二个是___________的分级，共有__________级，标准是考虑一个是 TFC（见图左侧纵轴），即 Time For Collision，也就是汽车距离（假设会）发生碰撞需要的时间，和在发生碰撞前这一段时间的安全措施；另一个就是碰撞之后的安全措施，最简单的例子是安全带。

根据 NHTSA 的定义，0-4 级分级是这样区别的：如果是________控制，那么为零级；如果一辆车在行驶中只有________或________某一方面控制，为自动一级。如果同时具有纵向和侧向的自动控制，为____________________________。在此基础上，如果汽车对所有_________________________，则是三级。在前三级的基础上，如果整个驾驶能够形成一个__________，完全自动驾驶，则是四级。

2. 无人驾驶技术的功能

为了实现无人驾驶的理想，各大整车厂和供应商目前正在开发高级驾驶员辅助系统（________），随着 ADAS 慢慢被完善，车辆也在一步一步从 NHTSA 的 0 级过渡到 4 级，实现完全自动化。ADAS 目前已开发 14 个功能。

1）自适应巡航控制（________________，ACC）

____

____

____

____。

2）自动紧急制动（______________，AEB）

____
____
____。

3）智能前照灯控制系统（____________，AFS）

____
____
____
____。

4）盲点监测（____________，BSM）

____
____
____
____。

5）注意力检测系统（____________，DMS）

____
____
____
____。

6）前方碰撞预警（____________，FCW）系统

____
____
____
____。

7）抬头显示器（____________，HUD）

____
____
____
____。

8）智能车速控制（____________，ISA）

____
____
____
____。

9）车道偏离告警（____________，LDW）

____
____
____
____。

10）夜视系统（____________，NVS）

____

____

____

____。

11）泊车辅助（____________________，PA）

____

____

____

____。

12）行人检测系统（____________________，PDS）

____

____

____

____。

13）交通信号及标志牌识别（____________________，RSR）

____

____

____

____。

14）全景泊车辅助系统 （____________________，SVC）

____

____

____

____。

3. ADAS 技术的分布情况

如图 7-26 所示，先进驾驶辅助系统主要通过长、中、短距雷达（____________）、超声波（____________）、摄像机（____________）、光探测雷达（____________）这 4 种元件来实现外部环境识别，包括障碍物的位置、速度和加速度等。

超声波实现驻车辅助（____________________）。短距探测雷达实现十字路口交通警告（____________________）、盲点检测（____________________）、后碰警告（________________）；中距探测雷达实现紧急制动（____________________）、行人检测（____________________）和碰撞避免（____________________）；长距探测雷达实现自适巡航控制（____________________）。前部摄像机实现交通标志标线（____________________）识别和道路偏离警告（____________________）功能，左右及后部摄像机实现全景摄像（____________________）。

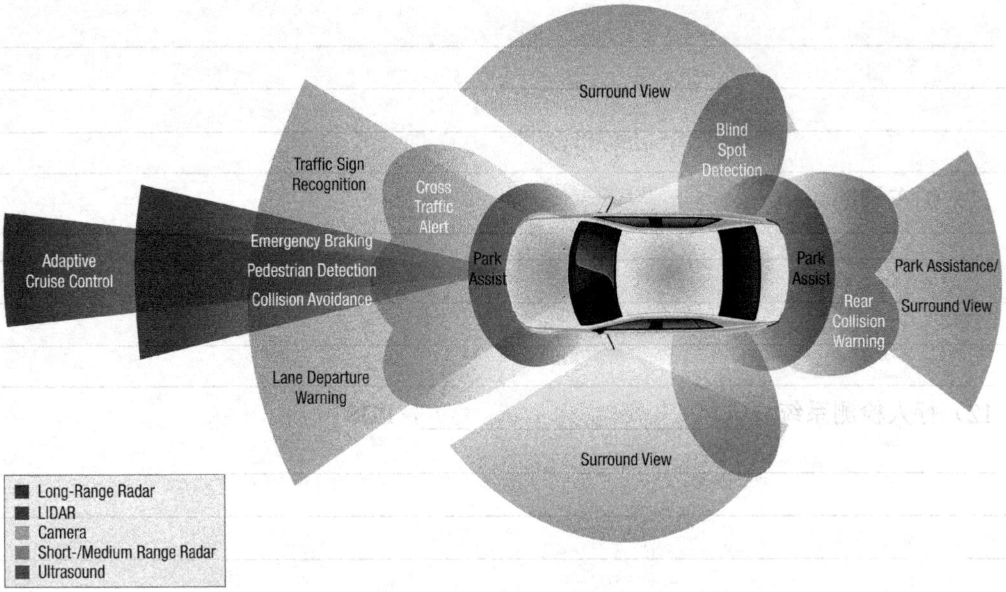

图 7–26　长中短距雷达、超声波、摄像机、光探测雷达

4. 无人驾驶技术传感器

目前，用于周围环境感测的传感器主要有以下几种，它们的作用是什么？

1）图像传感器

____

____

2）雷达

____

____

3）超声波

____

____

4）激光雷达

____

____

根据图 7-28，写出激光雷达的实体扫描原理。

____

____

____

____

____

____。

●使用多边镜（旋转多面镜）的3D激光扫描仪的基本原理

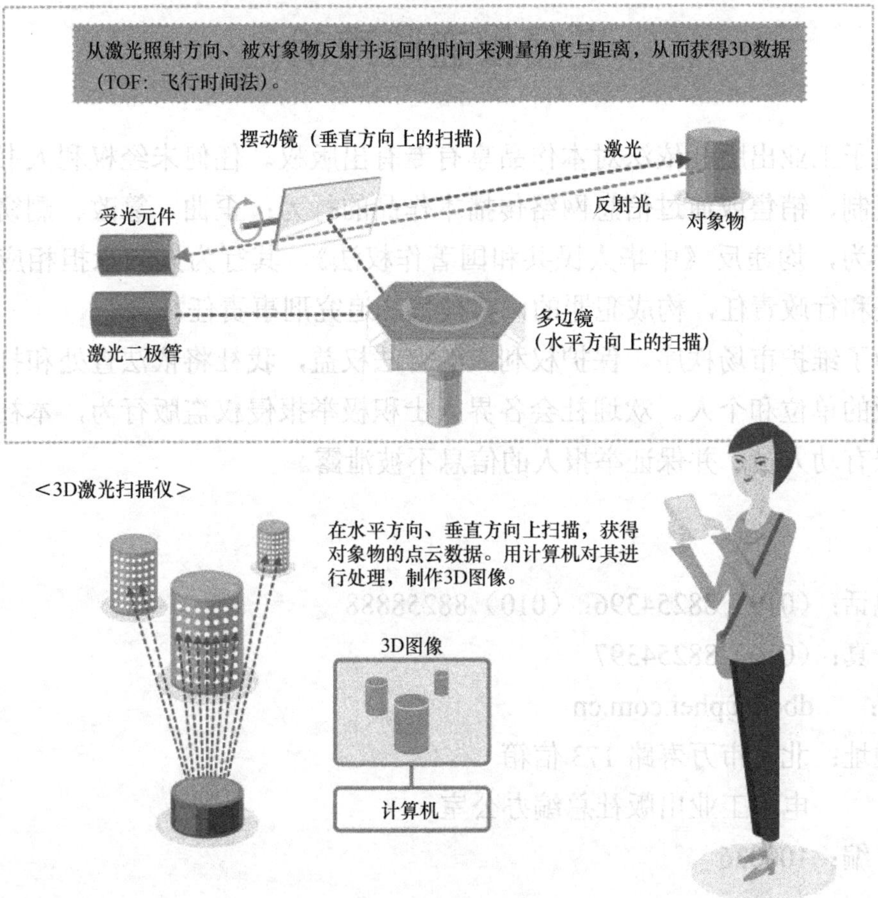

图 7-28　激光雷达的实体扫描原理

反侵权盗版声明